臺灣歷史與文化 研究輯刊

八　編

第 24 冊

張文環及其日據時期文學研究（下）

陳 英 仕 著

花木蘭文化出版社

國家圖書館出版品預行編目資料

張文環及其日據時期文學研究（下）／陳英仕 著 — 初版 —
新北市：花木蘭文化出版社，2015〔民104〕
目 4+274 面；19×26 公分
（臺灣歷史與文化研究輯刊 八編；第 24 冊）
ISBN 978-986-404-450-4（精裝）
1. 張文環 2. 臺灣文學 3. 文學評論 4. 日據時期
733.08   104015146

ISBN-978-986-404-450-4

9 789864 044504

臺灣歷史與文化研究輯刊
八 編 第二四冊   ISBN：978-986-404-450-4

張文環及其日據時期文學研究（下）

作　　者　陳英仕
總 編 輯　杜潔祥
副總編輯　楊嘉樂
編　　輯　許郁翎
出　　版　花木蘭文化出版社
社　　長　高小娟
聯絡地址　235 新北市中和區中安街七二號十三樓
　　　　　電話：02-2923-1455／傳眞：02-2923-1452
網　　址　http://www.huamulan.tw 信箱 hml 810518@gmail.com
印　　刷　普羅文化出版廣告事業
初　　版　2015 年 9 月
全書字數　496142 字
定　　價　八編 29 冊（精裝）台幣 58,000 元

張文環及其日據時期文學研究（下）

陳英仕　著

目

次

下　冊

第六章　張文環返臺後至
光復前作品探究

　　張文環於旅日期間總共創作了八篇小說，由內容觀之，除了反映其帝都經驗的〈父之顏〉和〈父親的要求〉外，他在創作之初，即明確地替自己的文學路線定位，那就是以故鄉的人事為題材，描寫山村部落的眾生相，使他的作品一開始便散發著濃郁的鄉土氣息。而在主題思想上，舉凡婚戀問題、愛情問題、社會問題、家庭問題，張文環皆有所披露，並從中體現出殖民體制和封建陋習對人民的壓迫及束縛。然而，我們在張文環的小說裡，幾乎看不到他以作者之姿，跳出來為苦難時代下不幸的大眾發出不平之鳴，或以尖銳的批判言辭向殖民主及不公不義的社會提出抗議，而是藉由人物心理的生動刻劃、環境場面的細膩描寫，讓讀者的情緒能融入小說中，與裡面那些生活於社會底層的小人物共享時代脈動，從而產生更深、更強烈的藝術感染力，如此客觀冷靜的敘述模式，便成了張文環小說慣用的手法和特色。

　　但張文環旅京期間的創作，雖努力於挖掘鄉土經驗與書寫地方人事，也嘗試各種人物形象的塑造，不過其返臺前所創作的最後兩篇小說〈部落的元老〉及〈豬的生產〉，較之先前的作品卻呈現主題不清、思想模糊的現象，且這種現象還延續到返臺後的第一篇創作〈兩個新娘〉上。究其主因，可說是張文環意圖拓展題材、表現不同風格所致，直到長篇力作《山茶花》的出現，才一掃陰霾，達到形式與內容完整的統一。值得注意的是，對於自己創作的困境與作品的缺失，張文環也有所意識。因此，尚處摸索題材、鍛鍊技巧、思考文學方向階段的張文環，遂於返臺前，特地拜訪了旅日期間對自己創作上啟發、勉勵甚多的日本左翼作家平林彪吾。張文環回憶道：

> 我就談一些臺灣鄉下的生活狀況讓他聽，松本先生聽後勉勵我加
> 油，激勵我應再進一步努力才行。不過我是覺得不但是一步、連二
> 步、三步都還是努力不夠。「不，你就照剛才講給我聽的一樣寫就
> 好！」他的話就這樣不可思議地縈迴在我耳裡。〔註1〕

這段回憶文透露的是，張文環當時的苦惱並不在於素材的缺乏，而在於素材的統合、編列與掌控，以及該用何種手法或技巧來呈現。然平林的回答看似言簡意賅，毫無論解，但對張文環來說卻有如醍醐灌頂，令他茅塞頓開、受用不盡。依平林之意，他肯定張文環選擇故鄉書寫的路線，而表現的方法就是「自然」，像說故事般，先將手中素材充分剪裁和掌握，再依次娓娓道出，如訴己事，自能感動人心。換句話說，故鄉書寫的要點就在自然而不造作，不需太多的理論、修辭或技巧，只要將作者的所知所感次第鋪陳、如實描繪，便能達到最好的藝術效果。

平林的建議在張文環返臺後的創作中得到落實，這從《山茶花》、〈論語與雞〉、〈夜猴子〉、〈閹雞〉等多篇體現作者故鄉（梅山）經驗的膾炙人口小說便得印證，奠定了張文環在臺灣文壇獨樹一幟的風格和地位。本章所論內容，即一九三八年張文環離京返臺至一九四五年臺灣光復前發表在各刊物的小說和翼贊言論，藉以探究此一時期作家的書寫脈絡與文學歷程，及隱含在作品中的「言外之意」。

第一節　作品探究

一、〈兩位新娘〉

該篇小說是張文環一九三八年四月由日返臺後的首作，刊登於《風月報》上。就內容觀之，它在題材上與離日前最後發表的兩篇作品——〈部落的元老〉、〈豬的生產〉實有同質性，描寫的均是鄉間或部落的軼聞軼事，並以村翁、老嫗為主角，通過他們的日常生活與人際關係，透視殖民社會底下臺灣民眾的思想感情，以及糾結於內部的矛盾和衝突，因此這三篇小說可說是張文環返臺前試圖摸索文學路線、落實故鄉書寫的實驗之作。換句話說，〈兩位

〔註1〕張文環著，賴淑譯：〈懷念平林彪吾〉，原載《臺灣日日新報》，1940 年 4 月13 日，收入陳萬益主編：《張文環全集》（臺中：臺中縣立文化中心，2002 年3 月），卷 6，頁 51。

新娘〉的創作構思應於張文環返臺之前就已底定，但迫於斯時環境險峻，已無餘裕，故只好留待回臺再行完成。

〈兩位新娘〉通篇分作三小節，第一小節講述的是四十二三歲就當祖父的阿福伯睹物思人，看見亡妻生前最愛的石榴樹，回憶起昔日兩人常為該不該將它砍掉而爭執吵架的種種。如今陰陽兩隔，這棵曾讓他十分厭惡的石榴樹，現在卻反而成為緬懷妻子的精神寄託——彷彿「鄉下姑娘」般的石榴花，「好像表現著妻樸素的性質似地，覺得可愛」〔註2〕。另一方面，擁有一雙子女的阿福伯，女兒已結婚生子，而剛從公學校畢業的兒子進發則在自家經營的金紙店幫忙生意，但正值青春期的進發免不了對異性產生好奇，遂開始與店裡的女工調情起來，這讓顧慮風評的阿福伯決定提早給兒子娶媳婦，於是在鄰村老人的介紹下談妥了親事。

第二小節則描寫進發結婚宴會的熱鬧場面，以及婚後所衍生出來的家庭紛爭。或許是受結婚喜慶氣氛的影響，即便婚禮結束，家中的空氣仍躁動著，不論是進發還是店裡的女工都因此未能專心工作，這讓看在眼裡的阿福伯感到憂心。與此同時，女工之間又流傳著公公對媳婦不滿的耳語，致使阿福伯一個洗臉盆掉落的舉動，引起媳婦以為是對她不高興，才故意把臉盆的水潑出來的誤會，這讓公媳兩人的感情從此決裂，就連進發也不明究理地坦護妻子，使福伯失望不已。在旁人看來，阿福伯與兒媳失合的原因係新娘出轎的時間和雙親相沖所致，而他自己也認同此一說法。為了解決厄運，阿福伯遂在他人的勸說下找上盲眼的卜卦師阿順，並依其指示，於近郊的三叉路口挖了三個洞，分別埋下裝有自己及兒媳三人出生年月的小壺。但福伯的做法卻因破壞道路建設而遭人舉發，不僅在派出所被警察打紅了雙頰，還被以妨害交通的罪名罰金。

第三小節寫身心受創的阿福伯不甘自己孤守鰥夫生活，賺錢照顧兒子卻換來今日凄慘的遭遇，於是他決心再婚。就在媒人的介紹下，阿福伯像做夢般的娶了鄉村一位三十初頭的小姐，她是街上公學校的畢業生，算得上智識階級的女性。尤令阿福伯驚喜的是——「而且，是處女。咦！我該怎麼講，像我這種年齡，卻真的要娶一個處女？」〔註3〕有了媒人的促成，親事進行的

〔註2〕張文環著，陳千武譯：〈兩位新娘〉，原載《風月報》第74期，1938年10月，收入陳萬益主編：《張文環全集》，卷1，頁152。

〔註3〕同註2，頁162。

很順利，阿福伯如願地迎娶了新婚妻子，也不再考慮別人的閒話，過著屬於自己的幸福日子。以上，是〈兩位新娘〉的情節梗概。

其次，我們要探討的是小說中所呈現的社會圖譜及思想意涵。

（一）隱含於風俗描寫下的批判意識

發端於二十世紀二〇年代的臺灣新文化運動，由於受到中國五四新文化運動標榜「民主」、「科學」精神的影響，使臺灣知識分子也開始對傳統封建陋習和不合時宜的民俗活動進行反省和批判。這從臺灣新文學早期的作品，如賴和的〈鬥鬧熱〉、〈赴會〉、〈歸家〉、〈蛇先生〉以及龍瑛宗的〈黃家〉、朱點人的〈蟬〉等小說和登載於《臺灣民報》上具有理性、進步觀念的社論，便可看出時下風氣。因此，臺灣知識分子最初對傳統風俗舊慣的描寫，是基於提倡新文化以啟蒙民眾的社會責任，其立意是很明顯的，故作品所呈現出來的批判意識，也就相對強烈。而身為臺灣智識階層，又曾赴日接受現代文明洗禮的張文環，當然也繼承了臺灣新文學反帝反封建的現實主義精神，從他早期涉及風俗描寫的幾篇小說中，我們亦可發現潛藏於作品內部的批判性格。

張文環將傳統風俗作為素材融入小說之中始於〈部落的元老〉，其後與漢民族文化相關的民俗舊慣書寫，似乎就成了張文環小說不可或缺的有機部分，不僅是其文學特色的主要標誌，亦為他博得了「臺灣風俗作家」的稱號。而在〈兩位新娘〉中，作者首先披露的便是傳統婚俗上的聘金制度。臺灣新文學運動的先鋒張我軍，曾在〈聘金廢止的根本解決法〉一文中揭示聘金制度產生的根由：

> 在大家族主義底下的結婚簡直是女子的人身買賣。從男家說是「娶入」，從女家說是「嫁出」，這正如商品自甲之手賣入乙之手，不過易買賣為嫁 娶罷了。男家的家長欲生兒育孫以傳家，不惜出幾百塊錢娶一個媳婦。這樣的兩家交易後的女子便為男家之從屬人了，一切事都不得不服從男家的指揮。女家呢？二十年（結婚年齡假定二十）的心血所養成的一個女子，一定不肯平白地送給他家為從屬人，為他家生兒育孫，所以受男家的所謂聘金寧可說是當然的。〔註4〕

〔註4〕張我軍：〈聘金廢止的根本解決法〉，原載《臺灣民報》3卷4號，1925年2月1日，收入張光正編：《張我軍全集》（臺北：人間出版社，2002年6月），頁91。

不論是男方送定的聘金，或是女方回禮的嫁妝，皆屬於婚俗儀式的重要一環，而聘金、嫁妝的多寡，也常被男女雙方及其親友拿來比較彼此家世和衡量社會地位的憑據。更有甚者，一些不肖的父母或較貧窮的家庭，竟把女兒的婚嫁當作是改善家庭經濟、謀取暴利或是籌措兒子將來娶媳費用的契機，故意把聘金提高，造成男方的困擾和壓力。所以，因聘金問題導致雙方爭執或不快，致使良緣告吹或為日後的婚姻生活埋下導火線的亦不乏聽聞。如小說之中，男女雙方就在嫁妝與聘金上相互角力與算計。女方以「現在是文明開化的時代」〔註5〕為藉口，認為嫁妝可以在街上買現成的，不必搬來搬去，一切從簡；但在聘金及訂婚禮餅上可就不能馬虎，一切須依女方的要求辦理。如此雙重標準，福伯了然於心：

> 這真是狡猾，福伯仔雖然這麼想，但是既然喜歡那個女孩子，稍為不合理也勉強答應了。（中略）嘴說文明開化，是很好聽，這種騙人的鄉下農民，福伯仔雖然覺得很不愉快，可是這也就是這個社會的風俗，不得不忍耐，福伯仔就答應了對方所有的要求。〔註6〕

然福伯的妥協卻沒有換來好的結果，那個先前觀察「像是明是非的女孩子」〔註7〕，讓他甘願用三百圓聘金、二百盒禮餅為代價娶回來的媳婦，竟會在婚後不久，即以不敬的話忤逆自己，這無疑與張我軍所云，花幾百塊就能使女子變成夫家順從者的說法大相逕庭。作者如此安排，讓媳婦挑戰公公的權威，亦等同挑戰了其背後所代表的封建傳統，是對被社會風俗視為理所當然，如金錢交易般，在聘金制度下締結之婚姻的無情嘲諷。

再者，小說對臺灣民眾以求神問卜來決事、解厄的迷信行為亦有所著墨。鄰人把福伯仔公媳不合的原因歸究到新娘出轎的時間與雙親的生辰相沖，而福伯仔除了認同鄰人的說法外，自己也把矛頭指向他與媳婦兩人的生辰相剋。因此福伯仔從善如流地接受眾人的建議，到卜卦師盲順那尋求解決之道。盲順在聽其來意後先是屈指一算，後又以籤占卜，得到的答案與福伯仔猜想的「不謀而合」——出轎時刻，自己與兒媳三人生辰相沖。至於解決辦法，盲順說：「嗯！很簡單，用小小的壺子，把三個人的生年月日放進去，並唸咒，唸完後再用真紅的布綁緊壺口，在三更時分，一個個埋在三叉路口。」

〔註5〕同註2，頁154。
〔註6〕同註2，頁154。
〔註7〕同註2，頁154。

〔註8〕但依計行事的福伯仔殊不知自己挖的是剛修繕完畢，且在州廳獲得褒揚的模範道路。故東窗事發後，福伯仔遂遭到警察掌摑與罰金的命運，可說是適得其反，自招禍端。而賺飽謝禮的盲順如果真有本事，又怎會棋差一著，落算一步，陷福伯仔於不義呢？作者不無藉此對福伯仔的愚昧和盲順之流的斂財術士諷刺一番。另外，通過福伯仔的行為，作者也點出了當傳統風俗與現代律法／國家體制相抵觸時，前者仍須受後者規範——「說是為了解除家庭災厄，警察怎會了解？那麼重要的馬路挖了個洞，也會受人責難的」〔註9〕——，頗有教化、啓蒙民眾的意味。

（二）見之於社會人心中的醜陋民性

吝嗇計較、貪小便宜、自視過高，皆是常見諸社會的不良風氣，或是根植於封建人心的醜陋習性。小說就描寫了福伯仔對酒席的開銷與賓客的賀禮斤斤計較的心理：

> 一桌坐八個人就要十二、三桌，那麼每個人平均包賀禮兩圓來，不然算起來會損失，負擔就大了。福伯仔立刻跑進房裡，翻開名簿，打一打算盤，這不行，每個人賀禮平均只有一圓二十錢左右而已。這樣子還要酒，那不行。〔註10〕

結婚宴客，本該以賓主盡歡、順利圓滿為要務，至於賀禮則是主隨客意，並無硬性規定。若像福伯仔這樣把單純的喜宴複雜化，吝嗇計較，不肯吃虧，那無疑是自尋煩惱、自找罪受。不過再三考慮下，福伯仔還是花掉近千圓為兒子辦了場熱鬧的婚宴。但這令人意外的熱鬧場面，背後卻藏著心照不宣的齟齬：

> 有一位老阿伯私下說，那不是阿福的面子大，而是因為菜色和藝妲。你想想看，一圓就能吃到好菜色又能喝酒，加之還能聽到藝妲唱歌，像現在這種社會，誰會放過這樣的機會。（中略）現在已經跟我們年輕時代不一樣了。在那個時候，如果不是相當親密的友人或親戚，是不會送禮的。像那麼多人來了，阿福伯仔連客人的名字都記不起來吧！〔註11〕

〔註8〕同註2，頁158～159。
〔註9〕同註2，頁160。
〔註10〕同註2，頁154～155。
〔註11〕同註2，頁155。

作者藉由老人之口，揭示了一個世風日下、人心不古、虛偽矯情的社會，而生活其中的人，也已不復純樸，成為寡廉鮮恥、貪小便宜的一群。

　　另外，於福伯仔再婚對象阿嬌的身上，反映的則是固執己見或說是自視過高的封建意識。傳統社會底下的男女婚配，講求的是「門當戶對」，這種不以愛情、德性而以家世、職業為擇偶條件的守舊觀念，即便到了文明開化的今日，依然為許多家庭所承襲、信仰著。阿嬌便是一個典型的例子，她是街上公學校第二或第三屆的畢業生，在那個教育不普及的保守年代裡，女人有公學校文憑是很稀罕的，尤其對出身鄉村的女人來說更屬難得，故自負地以醫生或訓導為結婚對象，除此之外的男人絕不考慮。然她左挑右選的結果始終沒有達成心願，但年齡隨著歲月卻不斷增長。「醫生都要唸專門學校，公學校畢業生要嫁給醫生，是有點距離，但應該要堅持訓導，看到訓導穿的制服，閃亮的肩章與佩刀，她就心跳不已，那是判任官的階級啊。」〔註12〕日據時期，因民族歧視及差別待遇，臺人子弟若想在社會上爭得一席地位，或冀望得到比較豐厚的收入，多半會以醫生、律師與學校訓導三種職業作為努力目標，這亦是當時有心栽培子女的父母共通的期望，當然也被女方視為婚配的理想對象。就阿嬌來說，她會以醫生、訓導作為擇偶條件，貪圖的是階級上升的虛榮以及自以為是的「門當戶對」。俗語道：「揀啊揀，揀著一個賣龍眼。」對於阿嬌一廂情願、糟蹋婚姻真諦的偏執觀念，作者顯然相當不以為然，故意讓這個「想要嫁給醫生或訓導的女人，竟迷路跳進阿福伯的寢室來」〔註13〕。張文環以十足詼諧諷刺的敘述文字，調侃了阿嬌最後的婚姻結局。

（三）結語

　　張文環通過一家二代，父子先後娶妻的鄉里趣聞，披露了陳腐的風俗陋習、描繪了醜陋的世相民性、嘲諷了愚昧的守舊思想，情節簡單，內容卻富有深意。再者，小說於人物形象上雖無太多著墨，但從作者對事物的巧妙比喻，仍可看出其豐富的想像力。如阿福伯早先厭惡石榴樹時，覺得它的花「像延誤了婚期的鄉下姑娘般，一點也沒有給人漂亮的感覺」；而其果實內部「就像惡魔露出了牙齒一樣，全都是種子而不好吃」，外觀則像「小而堅硬的少女乳房」〔註14〕，生動且鮮明地形容出石榴花與果實的各個型態。

〔註12〕同註2，頁161。
〔註13〕同註2，頁162。
〔註14〕同註2，頁152、162。

　　〈兩位新娘〉可說是張文環文學歷程的一個重要分界點，承續其後的正是他首次嘗試的長篇創作《山茶花》。且他接下來所發表的短篇小說，於質於量同樣繳出傲人成績，佳作不斷，好評如潮，是他創作上的黃金時期，將張文環推上人生的第一座高峰。

二、《山茶花》

　　一九三六、三七年，維繫臺灣新文學運動命脈、凝聚島內外臺人作家的兩個重要文藝雜誌──《臺灣文藝》與《臺灣新文學》相繼停刊。其後又受到殖民當局廢止漢文欄禁令及中日事變爆發的影響，使萌芽於二十世紀二〇年代的臺灣新文學之發展，陷入了萎靡和停滯的狀態。漢語作家被迫退場，日語作家也因事變的衝擊而失去心裡的從容與創作的餘裕；事變之前在自由主義或社會主義浸淫下的臺灣新文學性格，亦被高漲的軍國主義氣焰所壓抑。於是，在沒有活動空間和喪失發表園地的這一階段，臺人作家的苦悶可謂空前劇烈，故龍瑛宗遂以「文學之夜」〔註15〕來形容事變後至一九四〇年《文藝臺灣》創刊前長達兩年半的空白時代。可喜的是，臺人作家在內外交困的文學環境中，並未放棄創作，基於對文學的信念與熱情，他們在冷清的文學之夜留下了九篇小說，雖然成果不豐，卻對日後臺灣文壇的復甦產生相當程度的催化作用，對臺人作家士氣的提振也有莫大的激勵效果。而其中的關鍵人物，則是時任《臺灣新民報》學藝欄編輯、負責企劃「新銳中篇小說」的黃得時。他曾自云此企劃的緣起謂：

> 隨著事變長期繼續，眾人也逐漸恢復做文學的心情，加上被朝鮮以及滿洲蓬勃的進展所刺激，不期而遇地在眾人念頭浮現了臺灣的文學也必須有所發揮的想法。這就是《臺灣新民報》出現新銳中篇小說特輯的緣故。這特輯幾乎依靠我企劃做成，作品以翁鬧的〈有港口的街〉為首，有王昶雄的〈淡水河的漣漪〉，呂赫若的〈季節圖鑑〉，龍瑛宗的〈趙夫人的戲畫〉，陳垂映的〈鳳凰花〉，中山千惠的〈水鬼〉，張文環的〈山茶花〉等共九篇，在該報的學藝欄裡繼續前後刊登了八個多月。（中略）依靠這些作品，暫時萎縮中的文學熱情再度昂揚。〔註16〕

〔註15〕龍瑛宗著，林至潔譯：〈一段回憶──文運再起〉，原載《臺灣新民報》，1940年1月7日，收入陳萬益主編：《龍瑛宗全集》（臺南：國家臺灣文學館籌備處，2006年11月），第5冊，頁20。

〔註16〕黃得時著，葉石濤譯：〈輓近臺灣文學運動史〉，原載《臺灣文學》2卷4號，1942年10月19日，收入黃英哲主編：《日治時期臺灣文藝評論集・雜誌篇》（臺南：國家臺灣文學館籌備處，2006年10月），第3冊，頁394。

《臺灣新民報》的「新銳中篇小說」企劃，無疑是點亮臺灣文學之夜的星火，張文環有幸能參與其中，對他個人的創作生涯或是臺灣新文學的繼承與復興而言，都具有十分重要且深遠的意義。

（一）《山茶花》的誕生與意義

攤開張文環的創作年表，可發現自一九三三年以〈落蕾〉為處女作開啓文學生涯以來，至《山茶花》連載之前，其所發表的作品皆是短篇，且從現有的文獻資料中，也未見張文環有創作長篇小說的念頭。而《山茶花》之後迄終戰為止，亦不復有第二部長篇刊行，迨再見之時，已是相隔三十五年，由東京現代文化社所出版的《爬在地上的人》。換句話說，《山茶花》不僅是張文環首次嘗試的長篇之作，也是日據時期唯一寫下的長篇小說，而這樣的文學現象，是時代環境影響下的偶然，抑或作家創作歷程上的必然呢？筆者認為二者兼具吧！

一九三八年，張文環偕妻回臺後隨即北上謀職，由於經濟不穩定加上臺灣文壇的丕變，讓他創作量頓時銳減，除了為任職的《風月報》日文版寫「編輯後記」外，便是在《臺灣日日新報》上發表一些隨筆、雜文及評論性質的文章。《山茶花》連載前唯一一篇小說創作，是該年十月，刊登於《風月報》上的〈兩位新娘〉，此後約莫一年三個月的時間再無創作。那麼，究竟是何原因觸動其創作神經，讓他在沉寂之後即以長篇之作面世呢？關於這個問題，李師進益認為與張文環翻譯徐坤泉《可愛的仇人》一書密不可分：

> 翻譯，在某一個意義上，是一種再創作，尤其是張文環所譯《可愛的仇人》，已接近實質的創作層次，因此，翻譯長篇小說這一次具體創作的實踐，對張文環往後寫作長篇《山茶花》所起的巨大影響，自是不言而喻。〔註17〕

因劉捷的商請，甫從日本回臺的張文環在尚未讀過原著的情況下，便接下了將徐坤泉的漢文長篇小說《可愛的仇人》翻譯成日文的工作。而這樣的機緣，自有其相應的時代背景。原著《可愛的仇人》從一九三五年起，在《臺灣新民報》連載了一百六十回，翌年二月二十四日，由臺灣新民報社出版單行本。因連載期間廣受讀者歡迎，所以單行本出刊後亦造成熱賣，遂有改拍成電影的計畫，但在此之前，希望能先將其日文譯出發行單行本。之所以如此大費

〔註17〕李進益：〈張文環《山茶花》創作前後的相關問題〉，《通識教育年刊》第 2 期（2004 年 12 月），頁 243。

周章，乃因一九三七年，臺灣總督府為加強「國語普及」運動，先是於一月間修改了公學校規則，將原有的「漢文科」予以刪除；同年四月，報紙雜誌的漢文欄也隨之遭禁。斯時，漢文與臺語的使用成了公共領域中的禁忌，為本書日文版的刊行提供了必要的條件。甫抵鄉關的張文環，一切千頭萬緒，加之適臺灣文壇蕭條之刻，在欲有作為而不得的情況下，先從翻譯小說做起，亦不失為好的開始，就這樣，翻譯《可愛的仇人》便成了他回臺以後的第一份文學工作。

　　然據野間信幸及李師進益的研究〔註18〕指出，張文環的譯作基於各種因素並未忠實地將原著完整呈現，還對原著的篇幅與情節進行大幅的刪減與改動，等於是依照自己的文學觀、審美觀、價值觀重新寫了一部《可愛的仇人》。誠如李師進益所言：

　　　　譯作《可愛的仇人》，展現了張文環寫作的才華，其巧妙的敘事手法
　　　　為寫作下一部《山茶花》奠下良好基礎，因而可以說，譯作長篇的
　　　　經驗對他隔年寫作長篇小說，是產（生）了決定性的作用。〔註19〕

由此可知，張文環的譯作，不僅為「寂寞的本島出版界」〔註20〕帶來一絲的生氣，也從翻譯過程中習得長篇小說寫作的經驗與技巧。然儘管張文環此次的翻譯擁有很大的發揮空間，但終究不是自己的作品，仍需在原著既有的框架下進行。不過，相信張文環欲嘗試長篇創作的想法，已於翻譯《可愛的仇人》當下，便悄悄地在心裡萌芽。

　　按藤野雄士的說法，張文環於一九三九年秋便開始構思《山茶花》，兩人就小說相關問題交談後，帶給藤野「快樂與無限感動」〔註21〕。關於《山茶花》的創作動機，藤野在〈關於張文環和《山茶花》的備忘錄〉一文中如是道：

　　　　他曾經說過，希望盡可能地，讓更多內地出生的青年讀到這篇作品，
　　　　其實，內地來的青年，最想了解的是，今日在從事臺灣文化工作的

〔註18〕參見野間信幸著，陳明台譯：〈關於張文環翻譯的《可愛的仇人》〉，原載《關西大學中國文學會記要》17號，1996年3月，收入陳萬益主編：《張文環全集》，卷8，頁78～87；李進益：〈張文環《山茶花》創作前後的相關問題〉，頁244～247。

〔註19〕同註17，頁247。

〔註20〕徐坤泉著，張文環譯：《可愛的仇人》（臺北：臺灣大成映畫公司，1928年8月），見許炎亭〈序〉，頁3。

〔註21〕藤野雄士著，陳明台譯：〈關於張文環和《山茶花》的備忘錄〉，原載《臺灣藝術》1卷3號，1940年5月，收入陳萬益主編：《張文環全集》，卷8，頁9。

本島知識分子，他們堅忍成長的經歷。張文環的這篇作品對他們而言，不只是最佳的讀物，對心中牽掛著，而極力想知悉「臺灣的情意面」的各地方的人們而言，更是不可或缺的一本好書。〔註22〕

那麼，張文環所欲傳達給內地青年的是什麼樣的內容呢？他在《山茶花》連載前夕，於《臺灣新民報》上以〈作者的話〉向讀者做了說明，其言：

> 三十歲以上的男人，大概都有這樣的記憶：在過年或要出發去旅行的時後，從母親或祖母手中接受過神的子民標誌的銀牌，像掛上了勳章那麼高興。這種記憶回想起來總是很快樂。現在我想要寫的就是這些，所以這篇小說應該說是鄉村語言的小說，不過以鄉村來說，仍然有時代性的知識階級在此活動。因此我想以山茶花來寫。〔註23〕

綜而言之，《山茶花》係以作者「記憶」中「快樂」的「鄉村生活」為背景，描寫令人難忘的風俗舊慣，以及殖民統治下象徵時代遞嬗的知識階級，於此間活動的處境遭遇和成長歷程，勾勒出鄉村老少不同面向的思想情感，從而反映貼近現實的吾人生活。

而以「山茶花」名篇，箇中緣由，乃與張文環童年的山村生活息息相關。「《山茶花》可以視為張文環半生的自傳」〔註24〕，小說提到賢公學校時代友人的部落是以山茶花著名，「每年冬天，寒假一到，賢都會去探花」；又云賢嬸母家所在部落的山茶花，「都是一支花枝開著數種的花朵，由於氣候的關係吧，花的品質特別好」〔註25〕。這些都是賢／張文環成長歷程中的美好記憶，且小說構思之時正值山茶花開之際〔註26〕，因此讓張文環懷念起昔日花開風景而寄情寫作，亦不無可能。再者，山茶花的美麗形象在花語裡是「充滿魅力」〔註27〕的象徵，對照張文環筆下所描繪的故鄉意象，兩者甚是契合。另

〔註22〕同註21，頁9。

〔註23〕張文環著，陳千武譯：《山茶花》，原載《臺灣新民報》，1940年1月23日至5月14日，收入陳萬益主編：《張文環全集》，卷4，頁2。

〔註24〕同註21，頁9。

〔註25〕同註23，頁165、256。

〔註26〕《山茶花》構思於一九三九年秋，而深秋時節亦為山茶花花期之肇始。山茶花花期為11月至翌年的5月。參見吳淑芬、周淇鎮編著：《四季花語》（南投：國立鳳凰谷鳥園，2005年12月），頁44。

〔註27〕秦寬博著，葉芳如譯：《花的神話》（臺北：可道書房有限公司，2008年3月），頁269。

外，個人認爲「山茶花」也隱含著作者潛藏於內的國族寓言。北宋大文豪蘇軾有詩云：

> 山茶相對阿誰栽，細雨無人我獨來。
> 說似與君君不會，爛紅如火雪中開。（〈邵伯梵行寺山茶〉）

又有：

> 長明燈下石欄干，長共松杉守歲寒。
> 葉厚有稜犀甲健，花深少態鶴頭丹。
> 久陪方丈曼陀雨，羞對先生首蓿盤。
> 雪裡盛開知有意，明年開後更誰看。
> （〈和子由柳湖久涸，忽有水，開元寺山茶舊無花，今歲盛開，二首〉
> 其二）〔註28〕

兩首詩不約而同地歌頌了山茶花有如寒梅傲骨，不畏強暴及惡劣環境，在霜雪中仍能花盛葉茂，與松柏長共的頑強姿態。這般堅忍不屈的生存意志，不就象徵在日本統治下仍不放棄明日希望與做人尊嚴，於苦難的時代裡同殖民者及封建勢力拚命對抗的本島知識分子／臺灣人民的生命／成長歷程嗎？或許，這便是張文環最想傳達給內地來的青年知道的「臺灣精神」。

　　從短篇到長篇，幾乎是多數作家循序的寫作進程，但由於事變後本土文藝雜誌匱乏，在發表園地相對減縮且單行本出版不易的情況下，長篇小說並不多見。幸有黃得時利用職務之便，策劃「新銳中篇小說」創作特輯，並主動向張文環邀稿，又受益於報紙較不受篇幅限制的連載方式，終使《山茶花》得以超越中篇形式而以長篇問世。連載之前，張文環即於報紙的預告中難掩興奮的表示：「第一次寫長篇小說，心情實在高興，請大家惠予指導。」〔註29〕該作自一九四〇年一月二十三日起至五月十四日止，在《臺灣新民報》學藝欄連載一百一十回，成為當年「臺灣文壇唯一一部由臺灣作家寫出的長篇小說」〔註30〕。

　　總之《山茶花》的誕生，是由多種條件、要素所促成，包括旅日期間的磨練與翻譯《可愛的仇人》的經驗，加上作者本身的寫作意願和執著於文學的熱情，以及友人的支持，才使這部對個人和時代而言都別具意義的長篇小

〔註28〕曾棗莊，舒大剛主編：《三蘇全書》（北京：語文出版社，2001年11月），第8冊，頁249；第7冊，頁60。

〔註29〕同註23，頁2。

〔註30〕同註17，頁236。

說，得以伴隨著「文學之曙光」〔註31〕提前到來。

（二）尋找記憶中的鄉土

《山茶花》是張文環日據時期作品中，第一篇清楚地以故鄉梅仔坑作爲舞臺背景的小說〔註32〕。他十九歲負笈帝都，三十二歲寫作《山茶花》，內容反映了昔日故鄉風景及生活記憶，因此藤野雄士才會將之視爲張文環的半生自傳。以下就讓我們依循小說裡的文學地圖，尋找作者投映其中的鄉土記憶。

1、《山茶花》中的人物對應關係

富有自傳色彩的《山茶花》，取材於作者本身的成長經歷，因而小說人物的設計，自有其對應的參照形象。

故事主角賢的父親少年就務農，後來棄農從商，從山裡的部落搬到 RK 庄，並開了一家名爲「榮利」的商店，負責山產與都會日常用品互相交換的轉賣。雖非知識階級，卻具有漢學素養，他好讀古書，尤熱衷《三國誌》，會在農夫或顧客到店裡躲雨時講述古書裡的英雄事蹟給他們聽，有時也會與賢共品三國，聽聽賢對《三國誌》的意見。且賢父十分重視兒子的基礎教育，在賢尚未考上中學之前，對賢的課業表現要求相當嚴格，時常督促賢要努力作學問。這一方面是因爲他從經驗中體會到，如果沒有養成預備知識和先見之明，是無法容身於變化快速的社會；一方面是來自於他對賢性格的了解，賢「身體軟弱，加之不會理財」，若「不認真用功唸書將來不會做有用的事」。另外，他還奉行「賜子千金不如教子一藝」〔註33〕的格言，要賢除了讀書外也須修得一技之長。即便如此，賢父的教育方式仍是十分開明的，他尊重賢的自主意志，讓賢自由去發展。當賢決定負笈東京時，他亦給予支持：「反正賢去或不去東京，也都一樣窮麼，那麼就讓他去求學。大部分的人都拚命想留多一點財產給子孫，自己卻只要留學問給孩子。」〔註34〕可以說正是賢父高瞻、進步的教育觀念和教養方式，決定了賢與娟不同的人生命運。

〔註31〕同註15，頁20。龍瑛宗以「文學之曙光」來借指一九四○年臺灣文壇復甦的景況。

〔註32〕在《山茶花》之前，如〈哭泣的女人〉中提到的「R莊」和〈過重〉中的「R街」，由於缺乏其他相對位置對照，因此無法準確地判斷標示地點就是張文環故鄉所在的「梅仔坑」。

〔註33〕同註23，頁61～62。

〔註34〕同註23，頁269。

　　而現實世界裡，張文環的父親張察早先也是在山中種植麻竹，以製作筍乾和竹紙為業，後來考量孩子就學的便利性，才搬到公學校所在的街市，並改於小梅小賣市場賣豬肉維生。且據張銃漢表示，張察也能讀漢文，故家中擺了許多古書；此外他亦擅長講古，常吸引很多村人前來聆聽他講《三國誌》之類的故事。再者，張察與賢父一樣，對小孩的教育相當重視，為了供應張文環兄弟在京求學的花費，他不惜一再變賣田產；又兩人同具開明態度，讓張文環／賢可依其興趣規劃自己的人生〔註35〕。經此類比之後，賢父的形象乃脫胎於張文環的父親張察自是無庸置疑的。那麼，不待言，賢身上所影射的，便是以張文環為原型的成長經歷了。

　　其次，賢出生於山裡的部落，後來隨父親遷居到位於山麓的村子（RK庄）。小說提到：

> 進公學校之前，賢八歲，父親不要他只顧玩樂，便教他《論語》。也因此，賢是九歲才進公學校。賢後來對這一點感到悔恨，但是在這公學校，一般是十歲才入學，因為學校在山麓的關係，山裡的孩子都會比較晚入學，走一里的路程來回學校，加之夏天會有驟雨又需要過橋，很多學生是扛著山產物來村裡的市場，才順便去學校。〔註36〕

而在公學校求學的階段裡，賢因擔任班長，所以與校長、老師的關係互動良好，也十分親近，特別是班上的女老師，賢「覺得這位老師是女神的再現」，「認為女老師以外的女性都不值得羨慕」〔註37〕。女老師似乎也特別疼愛賢，她會請賢到宿舍玩，和他聊天、教他唱歌。不過，真正陪賢一起成長的，則是他兩個表姐妹──錦雲及娟，三人之間的關係變化，是作者著墨的重心。

　　由此對照張文環的現實生活，發現張文環幼年亦住在山區的大坪，地處深山部落，交通不便，但公學校卻是位於山麓的街市上，故為了安全起見，山區部落的家長們都會等要入學的孩童人數較多時才讓他們一起上學。因此，張文環就讀小學之前，是在出生地大坪的書房學習漢文，直至十三歲那年搬到山麓後，才與弟弟張文鐵一塊入學。而就讀小梅公學校的張文環，從

〔註35〕參見〈張銃漢先生訪談錄〉，收入柳書琴：《荊棘之道旅日青年的文學活動與文化抗爭──以〈福爾摩沙〉系統作家為中心‧附錄》（新竹：清華大學中國文學研究所博士論文，2001年），頁10～11。

〔註36〕同註23，頁34。

〔註37〕同註23，頁25。

一年級到六年級都是級長，成績優秀，老師們都非常喜歡他。與其同校的堂弟張鈗漢更透露，當時有個十七、八歲，高女畢業的女老師，很欣賞張文環，好像還有點喜歡他，所以常常邀請他到宿舍閒談。另外，張文環和舅舅的兩個女兒也有著少男、少女情誼〔註38〕。這些與張文環共築羅曼史的親密女性，自然成為《山茶花》中女老師、錦雲和娟的構思原型。再者，賢中學時，父親希望他將來高等學校考試能進醫專就讀，但賢卻選擇文科，不過賢父仍尊重兒子的興趣，任其發展，這和張文環以文學為志業的人生選項不也如出一轍嗎？以上例子，在在指出小說中人物確實的對應關係。

2、《山茶花》中的鄉土世界

對張文環而言，十九歲負笈東都以前的故鄉生活，無疑是他一生中最懷念也最難忘的美好記憶，以致在日後的創作裡，看到他不斷以故鄉人事為底蘊，呈現個人獨特的人生經歷和情感經驗，而這也就是為何讀者總能在作家的現實活動中找到與作品相互聯結的對應關係了。是什麼樣的生活環境讓張文環如此留戀呢？現在，就透過《山茶花》所展示的鄉土世界來一窺究竟吧！

在山村度過十八年歲月的張文環，自然對生長其中的動植物比外人更多一份認識，因此作者在《山茶花》中，首先為我們展示的就是一個有著各種鳥獸蟲魚、花草樹木的鄉土世界。如「雀鳥從快要翻出牆柵的盛開的扶桑花上飛起，停落在李子樹；橘子樹蔭下也有繡眼鳥在啼叫」、「廟庭角落的木棉花開了二、三朵，像張開鮮紅的嘴巴在仰望天空的花」、「右邊丘陵的梅子林綠葉被秋風掃掉了，以枯木的姿勢承受朝陽，看起來比在院子裡晒太陽的老婆婆還寂寥」、「左邊的相思樹林被遮掩在山陰裡，冰冷地眺望著對面的丘陵」、「窗外有繡眼鳥在合歡樹蔭下，模仿著雜技的表演」、「花壇的雞冠花開得紅豔，還沾著霜」〔註39〕。透過豐富的想像和生動的比喻，使這些點綴山林的花木在張文環筆下顯得姿態各異，形象鮮明，依時序或盛開或凋零，一切是那麼自然而愜意。

至於山村裡的動物，更為缺乏娛樂的孩童們平添了許多意外的驚喜和樂趣。例如賢家中豢養的母雞因雞瘟死掉，去勢的雄雞便模仿母雞的叫聲，一邊啄米，一邊召來雛雞，把米吐出來給雛雞撿食，「賢和母親，看著牠那種令

〔註38〕同註35，頁11～12。
〔註39〕同註23，頁10、17～19、24、105。

人難以理解的像似母愛又是父性愛的表現，內心都深受感動」。再如為了要殺死雞胃中的細菌而讓牠吃浸酒的米，這又讓賢有了天馬行空的想像空間——「雞群裡是不是也有像人類那樣的酒鬼？如果不喜歡酒的雞，一定只啄了一粒米，就露出討厭的臉，咕咕後退把頭偏開，伸長脖子看看人類吧。只有愛喝酒的雞，才會說好吃好吃而拚命地啄起浸酒的米。然後醉了就搖晃移動腳步，覺得很舒服吧」。另外，「很神經質」又喜歡與雞爭食的小雀，也引起賢及錦雲的興趣，想像「小雀喝醉酒，像飛機碰到低氣壓在空中旋迴的樣子，一定很可笑吧」。且據錦雲的了解，「小雀不親近人類」、「無才能又不美，但是很性急又堅守節操」，所以被抓後「會咬斷舌頭死掉」，這讓賢覺得十分有趣，不停地向錦雲問明原因；最後見小雀輪流啄米卻不醉，「賢簡直有點生氣起來」〔註40〕。不僅如此，在這山村部落裡，可謂處處充滿生機，河裡有河蟹、水窪有小魚、樹上有蟬鳴；兒童可以抓蝴蝶做標本，驟雨來襲時，年輕人會到埤圳的附近釣青蛙〔註41〕。

山村裡的孩子，應該都像賢一樣單純、天真，對新鮮的事物充滿好奇，卻也容易滿足，其千姿多采的生態環境，猶如一個沒有邊界的遊戲場，讓他們可以徜徉其中，怡然自樂。

其次，秀麗旖旎、歷歷如繪的故鄉景色與村民辛勤質樸的勞動畫面，應該也是張文環魂牽夢縈、無時或忘的寄情之處：

> 田園的水灌溉得滿滿，插秧完了的田裡，像在玻璃板上種了苗一樣，
> 周圍的光線很刺眼。從原野偶而傳來青年催駛牛隻的叫喊聲，在叫
> 喊聲之間也能聽到田園曲的歌聲乘著風傳過來。那些歌聲歌詞，都
> 充滿著農村情趣。〔註42〕

如鏡面般透亮的水稻田，空氣中夾雜的青年牧歌和趕牛的吆喝聲，拼湊成一幕春色無邊的田園風情畫。而辛勤播種後，等待的便是歡呼的收穫。依內容所示，該地農夫一年有夏、秋兩期稻穫，每到收割的季節，田園就會熱鬧起來，孩童也會跟著去撿拾稻穗，大人則到曬穀場幫忙，一時間村道往來的人影都顯得匆忙，這是外人無法體會的農家樂。入冬之後，山村又是一變，呈現出另一種截然不同的風情：

〔註40〕同註23，頁7、9～13。
〔註41〕參見張文環著，陳千武譯：《山茶花》，頁19、27、130。
〔註42〕同註23，頁122。

　　割稻後的殘株黑舊了，田裡長出蒼生的雜草，艾蒿的黃花也到處開
　　著，遠處能看到村裡的姑娘，在那兒摘取艾蒿嫩芽的身影。賢無意
　　中想起了在法國小說看過的美麗情景，在自己的村子裡也有一樣
　　的場面，令人感動而興奮，村子裡整排的綿延到火車站的合歡路邊
　　樹，葉子已經被掃落，受霜風襲擊的葵，剝開像開花一樣，那些都
　　受到朝陽的照射，呈現了白色花盛開的情景。〔註43〕

在此，作者由近到遠到近，通過三地三景，或靜或動的層次，描繪出隆冬時
節的山村美景。

　　綜合上述，我們可以發現張文環對山中的生態環境（包括鳥獸蟲魚，花
草樹木）、四季景色的變換和村民勞作的規律甚能掌握且觀察入微。除此之
外，在他筆下，我們還可看到女孩們臨溪洗衣的和諧畫面。這些都是構成張
文環小說鄉土世界的重要一環，它們是不存於都市叢林的在地標記，更是作
者無可代替的原鄉記憶。

3、《山茶花》中的民俗舊慣

　　眾所周知，在情節的開展中穿插民俗舊慣的描寫，把它與人民的生活、
思想作一連繫，是張文環小說的一大特色，此一特色在戰爭期的創作裡，更
形明顯。再進一步說，民俗舊慣的描寫已成為張文環鄉土小說不可分割的有
機部分，透過它來改變人物命運或把它視作情節發展的轉捩點，皆是張文環
書寫脈絡常見的敘事手法。不過，前提是作者必須對固有的傳統文化和風俗
習慣充分了解，而這又非深入人群、觀察民眾、認真體驗生活不可，因此我
們可以說張文環是一個道地的生活記錄員，而他的小說，便是民俗文化最好
的傳承者。

　　何謂民俗？「民俗，就是社會民眾中的傳承性的生活文化」〔註44〕。像
小說中賢的母親為了預防雞瘟，除了在雞窩下面撒上石灰外，還把糙米放在
大碗裡浸燒酒一個晚上，才拿出來給雞吃，其目的是要利用酒精殺死雞胃裡
的細菌。又如娟患了膿疥疽，賢的母親便買了鮑魚送過去，因為鮑魚可以清
血，所以患膿疥疽的人當飯菜吃最好。再如賢想抓水窪裡的小魚，他先判斷
水流的方向，然後把分流的水堵住，接著把水掏出，魚就手到擒來。在河川
洗衣也是一樣，為了避免衣服被沖走，洗的時候必須加上一張木板把水堵住

〔註43〕同註23，頁207～208。
〔註44〕陳勤建：《中國民俗學》（上海：華東師範大學出版社，2007年8月），頁22。

〔註45〕。不管是母親抑或賢的作法，都是先民在客觀環境底下，為了征服自然和發展生產的需要，於長期的生活實踐中，慢慢積累而成的經驗理論。

另外，張文環在「作者的話」中所說的快樂記憶，就是賢要出發去旅行前，母親親手為他掛上護身符的畫面；而在平安旅行回來後，還要焚香感謝神明和祖先的庇佑，它代表的是一種精神寄托與心靈慰藉以及漢民族共有的敬天崇祖概念，是屬於無損他人的心意信仰民俗。不過禁忌就不同，它的本質是「不依靠經驗就先天地把某些事說成是危險的」〔註46〕，「告訴你的不只是應該做什麼，也還有不能做什麼」〔註47〕。譬如小說提到的，山裡受委屈的女人會獨自在溪邊或森林樹蔭下哭泣，這是她們的成規慣習，但誰在山裡哭了，如果讓她家裡的人知道，必會引起大爭執，因為女人在山裡哭泣是表示那個家就要衰落、倒霉的徵兆。還有描寫娟把背在背後的弟弟放下來時，無意中嘆了一口氣說：「好重。」這讓母親瞪了她一眼，因為嫌孩子重，可能觸犯禁忌，孩子會變輕。又如娟的母親為了子女而常嘆息，娟就對她說：「媽媽自己說過，女人常常嘆息是不吉利的，自己卻在嘆息。」〔註48〕由此可見，禁忌不包含理性的科學判斷，「它被一種恐怖和危險的氣氛所環繞。這種危險常常被形容為超自然的危險，但它絕不是一種道德的危險」〔註49〕。所謂「超自然的危險」，指的是觸怒或冒犯神靈後帶來了不希望得到的結果。因而「禁忌」被人們視為一種「趨吉避凶」的手段，不但自己不能犯忌，與自己休戚與共，會影響個人利害的相關人等，也要提醒、防範他們無意識的犯忌。

而讓張文環著墨最多的，則是關於傳統婚俗的描寫，大致可分為婚前、迎娶及婚後三個階段來檢視。作者筆下以故鄉梅山為背景的 RK 庄，是一個民風保守且思想傳統的山村，「三歲後男女授受不親的風俗，在村子裡，還很嚴格的被遵守著」〔註50〕，「姑娘和青年站著談話時間長一點也會被不好地解釋」

〔註45〕 參見張文環著，陳千武譯：《山茶花》頁 7～8、27、60、263。

〔註46〕 卡西勒（Ernst Cassirer）著，甘陽譯：《人論——人類文化哲學導引》（臺北：桂冠圖書股份有限公司，2005 年 5 月），頁 153。

〔註47〕 詹姆斯‧喬治‧弗雷澤（J‧G‧Frazer）著，徐育新、汪培基、張澤石譯：《金枝：巫術與宗教之研究》（北京：中國民間文藝出版社，1987 年 6 月），上冊，頁 31。

〔註48〕 參見張文環著，陳千武譯：《山茶花》，頁 125～126、159、163。

〔註49〕 同註46，頁 154。

〔註50〕 同註23，頁 74。

〔註 51〕。迨女子到了適婚年齡，按照村裡的風俗，最好就是在家做針線，儘量少外出，因為「在村裡引人注意的女孩子，不管是多麼漂亮的姑娘，提親婚嫁都會遲晚」，還會被比喻成好飛的蝴蝶。像這種女子一定會帶桃花，「必會使丈夫煩惱死掉」〔註 52〕，所以只要孩子戀慕那種女人，雙親都會反對。然這樣的風俗能在村裡維繫不墜，並為人崇信，也一定有它的經驗法則。對此，小說亦作了說明：

> 這一風習也可使新娘看起來特別漂亮。村裡的青年雖然對這一風習會有抱怨，但是一旦揭開新娘的面紗，很少有人不滿意，都會很高興。在田野裡滿身泥土地認真工作的女孩子，不知不覺之間完全失去了倩影，經過一段時間之後，真變成了如此美麗而肌膚淨白的新娘，新郎必會睜大眼睛驚喜。這是雙親對妙齡女孩關心的效果。但是子女不知父母心，老人會說年輕人性急不好。經常相見而不稀罕的女孩，耐過許久不見再相逢，必會有意想之外的美。這不僅是愛開玩笑的老年人這樣說，事實大家都有這種經驗，妙齡的女孩子還是躲起來不露臉才有價值。〔註 53〕

此風俗說穿了即予人一種小別勝新婚的新鮮感罷了。這般只重結果而忽略戀愛過程的風俗，在張文環自由浪漫的愛情觀裡顯然是不能理解和接受的，所以他借由賢之口，表達了個人的心聲及看法：

> 「我覺得世間很無聊。為什麼不解放一點，讓男人和女人可以在村子道路上並肩走路呢？別人的事情跟自己毫無關係，卻要干涉人家？」
>
> 比較都市，住在鄉村的人不論有無教育，都執著於傳統的習慣，女人必需溫柔順從，還沒有結婚以前不能跟男人講話，還有，持有節操才有女人的資格。一位女人的秘密被男人知道了，不管他多麼貧窮都要終生跟隨他，這種風習是依照呂蒙正的故事來教育的。〔註 54〕

在保守封閉的山村，不分男女、有無教育，其言行皆受傳統封建教條的制約，它就像緊箍咒般桎梏著村人的身心靈，一旦逾越了分際，隨即會招來他人的

〔註 51〕 同註 23，頁 223。
〔註 52〕 同註 23，頁 127～128。
〔註 53〕 同註 23，頁 128。
〔註 54〕 同註 23，頁 118、206。

批評。而所謂「人家說」如何如何，或「傳言」怎樣怎樣，體現的正是一種無形的民俗俗信力量，驅使人們在生活中不得不順從，依其規範而行。但「要把舊思想改變為新思想，必需要有社會性的環境條件」，在思想與時代尚不能契合之前，賢／張文環認為「沒有教育的女性寧可遵守傳統習性，才對維護社會秩序有好處」〔註55〕。

再者，按「村裡的習俗」，男女雙方經媒人湊合同意進行婚事後，就要把當事者的生辰年月日寫在紅紙上，稱為「字仔」或「婚仔」，然後互相交換，放在自家神壇香爐下面三天。如果三天之內，家裡發生意外事故或災變，就會被認為是不祥的凶兆，那這門婚事也就不用談了。反之在這三天內，男女雙方家中都沒有任何意外事故，就認為是出於神佛和祖宗的保佑，乃大吉之兆，婚事也就可以繼續進行。由男女雙方請算命先生來批八字或到廟裡去抽籤問神意，假如都沒有不好的結果，這門婚事才能再更進一步，就聘金和嫁妝及其他相關細節作討論，此即所謂「問名」，也叫「生庚」，俗稱「八字」，又叫「字仔」或「婚仔」的婚嫁習俗〔註56〕。小說中錦雲與簡家的親事亦依循傳統，但因雞跑進家裡跳上桌子把飯碗踢破，遂使這椿婚事告吹。當然，有些意外是人為刻意造成的，如女方覺得來提親的對象不合己意，便會在男方的「婚仔」拿到家裡後假裝病倒，或把神壇上的碗打破，這是不願嫁的間接暗示方法〔註57〕。

按中國民俗的分類，有俗信與迷信之別：

> 俗信是人們在長期的生活、生產中形成的約定俗成的傳統理念。如「瑞雪兆豐年」，「三百六十行，行行出狀元」。俗信有的是日常生活生產中實用的經驗性心意體驗。有的本來是原始信仰或迷信的事像，在民間傳承、流傳中，隨著社會的進步，科學的發達，知識文化的提高，一些非理性的無內在因果關聯的信仰事像，逐漸失去了存在的根基，一些合理的有用的成分，在實際中不斷有所借鑒，並形成了一種傳統的習慣在行為上、口頭上或心理上都保留下來，在一定的人群中流傳，直接間接用於生活目的，這就

〔註55〕同註23，頁206。
〔註56〕參見鈴木清一郎著，馮作民譯：《臺灣舊慣習俗信仰》（臺北：眾文圖書股份有限公司，1994年5月），頁175～176。及吳瀛濤：《臺灣民俗》（臺北：進學書局，1969年12月），頁125～126。
〔註57〕參見張文環著，陳千武譯：《山茶花》，頁150～151。

是俗信。（中略）迷信，特指民間信仰中給社會生活帶來嚴重危害的部分。迷信一般是以非邏輯和超邏輯爲前提將事件、事物、現象之原因看作兩者之間存在某種永久的必然性。只要相信超自然的、神聖的、人格化的事物之中存在某種魔力就有迷信存在。主要指不合理的、自相矛盾的、與生活脫節的、不能使人積極地面對生命的思想與行爲。〔註58〕

因此，「問名」雖爲「六禮」（按：問名、訂盟、納采、納幣、請期、親迎等爲結婚六禮）之一，但卻具有十分濃厚的迷信色彩。把婚配成功與否寄託於未知的命運和不可防範之變數，讓家中放有「婚仔」的人承受著莫大的精神壓力，只能消極地等待結果。如此不合情理的風俗竟被民間盲目的信仰和維護，不知斷送了多少女性的婚姻，也難怪錦雲會在親事不遂後發出「順其自然，認命才不會受傷害」〔註59〕的無奈感慨，反映了傳統社會底下，女性因陋俗而不能自主幸福的悲哀。另外，小說還提到一個因襲於村子的舊慣，那是錦雲決定婚事後，有必要「給母親或親戚的婆嬸刺繡一雙鞋做紀念。這也是要嫁出去的女兒的禮節。尤其母親的東西盡量做好留給她，才是孝行的表現」〔註60〕。以上是婚前相關的民俗部分。

而到出嫁當日，小說寫錦雲先與親戚開始「分姊妹飯」的儀式，此即俗稱的「食姊妹桌」，是讓行將出嫁的女兒在拜別父母之前能與兄弟姊妹話別而特別舉行的宴席。惜別宴後，錦雲被媒人牽著手，跪在雙親之前，感謝父母恩，接著向在場的親友致意，便走進花轎裡去，並帶上裝有象徵連生多子的「美人蕉」籃子，隨著迎親樂隊一同前往夫家〔註61〕。

繼之，談到錦雲婚後回娘家的相關民俗。錦雲是在婚後四個月，由娟帶弟弟以及阿秀一起到婚家，再同錦雲坐火車回來。「其實回娘家以及回婚家，坐轎才是正式的，但是那個時候所謂文明結婚，一切都改以新的方式舉行」。不過，從娘家前去婚家迎接女兒的人選，還是要「兄弟」才好。而當錦雲又將返回婚家之際，「娟把回娘家時候一般要綁在轎邊的甘蔗，特別選擇葉子旺盛的給姊姊帶去婚家。那是象徵甜蜜的生活且多生孩子的意思」〔註62〕。

〔註58〕同註44，頁156。
〔註59〕同註23，頁162。
〔註60〕同註23，頁177。
〔註61〕參見張文環著，陳千武譯：《山茶花》，頁179～181。
〔註62〕同註23，頁182、192～193。

　　最後，必須指出的是，賢與娟的戀情會遭他人議論及家人反對，亦根源於傳統風俗所致。中國的婚俗中存在著同宗、同姓不婚的禁忌，這是遠古先祖經歷血親婚姻而產生劣胎後的初淺感受。而這樣的訊息經過長時間的驗證和傳遞，自然而然就成為人們集體意識中不成文的戒律。再從法律層面來看，於宋元法令基礎上制定的《明律》，明文規定：「若娶己之姑舅兩姨姐妹者，杖八十，並離異。」〔註63〕嚴禁姑表兄弟姊妹結婚。不過，在民間仍通行著「交表婚」的風俗，亦即姑舅表兄弟姊妹間相互結婚的一種制度。究其通行原因有二，一是俗信認為這種婚配能使雙方「親上加親」；二是在傳統的大家族制底下，彼此關係密切，容易日久生情。賢於娟青梅竹馬的表兄妹關係，顯然是類於後者。然而，並非所有的地方、父母都能接受姑表成親，如賢所在的村子以及他的親戚和父母便不能苟同。尤其愈到近代，因文明開化、思想進步，加之具有科學根據的優生學提出，又有民法禁止，已讓姑表兄弟姊妹結婚的風俗在社會上銷聲匿跡。

（三）殖民地青年男女的成長史

　　張文環初登文壇的處女作〈落蕾〉，即深刻地反映了殖民地青年男女在愛情及出路上的憂鬱與困境，顯示作者對殖民統治下臺灣青年男女命運和發展的關心與注意。不過，完整記錄他／她們成長經歷的，則始於《山茶花》。依心理學對「成長」（becoming）的定義，係「指個體在身心發展期間，經由自主性的活動而趨向成熟的改變歷程」〔註64〕。而興起於十八世紀歐洲啟蒙運動的「成長小說」（Bildungsroman 或 Educational novel）則意指：「小說主角從童年進入成熟期透過多種經驗，特別是一次心靈危機，終於能認清自我及他在世界的處境，在這個過程中他所有的內心與性格發展即是此類小說的主題。」〔註65〕可見「成長」的涵意，蓋括了生理及心理兩方面的變化，亦即受時間和環境的交互影響，個體於質（人格、心理）、量（身高、體重）上隨年齡、學習經驗而益發拓展提升的歷程。《山茶花》正是一部描寫殖民地臺灣

〔註63〕　（明）劉惟謙等撰：《大明律》（上海：上海古籍出版社，1997 年《續修四庫全書》影印北京圖書館藏明嘉靖范永鑾刻本），卷六，「戶律三‧婚姻」，頁 462 上。

〔註64〕　張春興編著：《張氏心理學辭典》（臺北：臺灣東華書局股份有限公司，2002 年 10 月），頁 78。

〔註65〕　轉引自陳建忠：《日據時期臺灣作家論：現代性‧本性性‧殖民性》（臺北：五南圖書出版股份有限公司，2004 年 8 月），頁 146。

青年男女成長歷程，並以其性格、思想、命運在環境及時代雙重影響下的變化爲探索主題的成長小說。

環境是與生活其中的人物休戚相關，而強調環境對小說人物的牽制和影響，乃自然主義作品的一大特色：「人不是孤立的，他生活在社會中，即在社會環境中，這樣，對我們小說家來說，這社會環境就不斷地改變著現象。甚至我們最重大的課題就在於研究社會對個人、個人對社會的相互作用。」〔註66〕《山茶花》所建構的，是一個具有現代文明特徵的半封建社會，張文環筆下的山村，依循著殖民者建設的腳步而有新的面貌，如區域的劃分整理，現代化的下水道工程和巴士的開通；且這股現代文明風氣，還影響到村人的傳統思維，使他們的觀念也做了某種程度的修正，尤爲顯著的，即表現在對子女的教育態度上。

在教育不發達的年代，遠離都市中心的山村部落等於與現代教育絕緣，家中的小孩被要求幫忙父母勞作，只有少數人能到書房學習一些漢文和生活上的基本知識。然隨著新式學校的普遍設立，新穎的思想與觀念被引進山村，激起村人對現代文明與都市生活的嚮往，加上入學時間一到，「村子裡庄公所的所有職員，都會出來奔走，徵募兒童入學」〔註67〕。故在諸多因素加乘之下，村人開始較有意願讓子女去上學，也逐漸意識到教育對子女未來發展的重要。如小說就提到，「把娟送入公學校，是時代的要求」；「嬋沒有考上女校，但是她的父親帶她去 K 市，進入女子公學校的高等科。從未聽說過別的男孩子進了上級的學校。不過這一年有二、三個人一起進入 K 市的公學校高等科。展現了村子裡人民的向學心」〔註68〕。雖然如此，但仍有家庭因受限於經濟問題，而無法讓孩子進公學校讀書或繼續升學，所以在知識象徵權力或等同階級上升的態勢下，造成有識和無識者兩種截然不同的命運。小說中，張文環即透過「教育」的差別和「環境」的影響，觀照了身處新舊思想交替，傳統與現代相互磨合、衝突碰撞的山村兒童各別的成長史。

賢與娟這對表兄妹，原是公學校的同班同學，彼此在學業上競爭，由於兩人個性好強，因此互動起來就好比歡喜冤家，對對方又愛又恨。但看似立足於平衡點的兩人，卻潛藏著家庭環境的差異。相較於家中經營商店的賢，

〔註66〕伍蠡甫，胡經之主編：《西方文藝理論名著選編》（北京：北京大學出版社，1986 年 6 月），頁 236。
〔註67〕同註23，頁 45。
〔註68〕同註23，頁 35、123。

娟的「母親最怨恨的是家裡生活不富裕」〔註69〕。另一方面，賢的父母教育孩子雖然嚴格，卻也通情達理，會尊重賢的意願；反之，娟的父母在行事上，忽略孩子的立場和想法，全憑己見決斷，而這又與封建思想中重男輕女的觀念不無關係。影響所及，就是賢可以去參加畢業旅行，娟卻被母親一句輕浮的話和父親自以為「公平」的決定而缺席。令人料想不到的是，在大人認知裡可有可無的「旅行」，竟會成為賢與娟人生的分歧點。娟倔強、任性，無法參加旅行後決意不再去上學。失學後的娟，已無過去求知向學的氣魄，她認命地在家幫忙家事，也跟其他女孩結伴到山上採薪，從她身上看不出曾經在公學校受教的痕跡，性格亦比上學時溫和、樸實。她的轉變，讓同伴覺得「不可思議」，「可是娟說與其去公學校寧可在山裡玩比較有趣」，「娟就是這樣忘記了學校，同時她自己的存在也被人家遺忘了」〔註70〕。

反觀，賢則在公學校畢業後順利考上位於R市的R中學，與娟的關係也產生微妙的變化。在娟的心裡，賢「逐漸偉大起來」，「他是很有出息的人，可靠的人」〔註71〕。賢從競爭對手變成崇拜的對象，她開始注意賢的消息。其後，賢繼續升學，考上臺北的高等學校，無形的知識差距，讓娟在崇拜賢的同時，也自覺地感到自卑──「聽你的話有好多聽不懂的啊！」、「賢，我不會再跟你吵架了，你已經那麼卓越」。而當賢大膽地向娟表明愛意時，她更以「我是鄉下女人」來為自己的身份定位。「對娟來說，村子裡第一位大學生的賢是自己的情人，沒有比這更幸福的啦。相對的自己沒有受過同等教育，賢才可憐而心裡難過。賢對娟未能受較高教育而自卑，也覺得相當遺憾」。後來，娟到編織廠學習技術，與負責教導的人傳出曖昧，致使兩人的戀情產生裂痕，被誤會的娟，將賢不諒解的原因，歸究於「自己沒有資格成為有教育的人的配偶」〔註72〕。顯然，與賢教育程度的差距，使娟在自卑情結的作祟下，造成自我矮化、自我貶抑的心理障礙，從而加深了兩人之間的矛盾。

再者，表面上對兩人教育差異問題直說不介意的賢，其實潛意識裡與娟的等級隔閡卻始終存在。我們從賢自東京寫給娟的信件內容便可清楚看出：

> 那家店鋪和那個男人，每年我都曾經去過那家接觸過一、二次，才知道那一家必定會比我更能給你幸福。理由是對方男人教育程度跟

〔註69〕同註23，頁35。
〔註70〕同註23，頁124、126。
〔註71〕同註23，頁192。
〔註72〕同註23，頁213、242、246、259。

　　妳相同。（中略）可是，假如妳跟我在一起，除了教育程度不談，我
　　這種複雜的感情生活必會讓妳感到痛苦。〔註73〕

無意識壓抑的聲音，終於在離開臺灣後得到「理性」的看待。作者無意違反
常情，使任何一方高攀或屈就，高築的「知識牆」，分隔著兩個世界，教育／
階級的差別，註定了賢與娟這段戀情的悲劇性結局。

　　其次，再讓我們從環境的因素，審視它對小說主要人物成長過程的影響。
《山茶花》延續了〈落蕾〉、〈貞操〉、〈哭泣的女人〉對殖民地女性關懷的課
題，並深入其成長歷程，描寫她們的悲與喜、愛與愁，寫實地反映山村女孩
的生活命運。

　　小說的舞臺 RK 庄，雖然也在時代的進程中感染了現代文明的氣息，但生
根於地方的風俗規範和傳統觀念仍牢固地制約著生活其中的人民。日據時期
支配臺灣女性命運的主要是殖民者、資本家和封建父權，它們之間存在著共
伴共生、相互依存的關係。然於《山茶花》，我們不見殖民者與資本家對女性
的壓迫，因此支配她們的，正是幾千年來徘徊於漢民族社會，歷久不散的父
權幽靈。封建思想中男尊女卑、兩性不平等的差別待遇，持續地在這個半封
建的山村中上演著。

　　如賢的表姊錦雲，便是按照封建父權要求塑造出來的理想女性形象。她
「生不逢時」，故未能像妹妹娟一樣應「時代的要求」進公學校唸書。不過，
錦雲卻靠著自修，由父親及叔父那學得漢文，具有一定素養，能讀能寫。且
在家裡除了刺繡外，還會幫母親分擔家務，又有美人的風評，因而在賢的眼
裡，錦雲既古典又羅曼蒂克，是所有女性的模範。雖然錦雲有時對母親將家
務都推給她的「利己主義」做法深表不滿，感嘆「長女只是為了幫忙家事當
下女而下來的嗎？」〔註74〕但性格溫順、軟弱的錦雲，人生的一切也只能任
由父母恣意安排、擺佈。

　　更為可悲的是，關乎自己終身幸福的婚姻大事，竟要受婚俗禁忌迷信的
左右，剝奪了人性可貴的自主意識，只能消極地等待。「正如父親說的，女
人是茶籽仔，要種成好茶，也需要得到適合栽培的土壤，凡事聽天由命而已。」
生活在這樣一個傳統的山村，加之父親「宿命論」的思想灌輸，皆讓原本就
軟弱的錦雲倍感壓力而更形怯懦，「一旦放縱的一面被反彈了，就沒有力氣

〔註73〕同註23，頁282。
〔註74〕同註23，頁33。

再推出」。職是之故，錦雲不得不改變，由被動的遵從規範到主動的馴服自己——「畢竟順其自然，認命才不會受傷害」〔註75〕。於此，按法國哲學家福柯（Foucault,1926～1984）的解釋：

> 用不著武器，用不著肉體的暴力和物質上的禁制，只需要一個凝視，一個監督的凝視，每個人就會在這一凝視的重壓之下變得卑微，就會使他成為自身的監視者，於是看似自上而下的針對每個人的監視，其實是由每個人自己加以實施的。〔註76〕

當外在壓力內化為自我約束時，繫於女性身上的貞操帶也就益發緊實，使其更易控制，照此情勢演進，錦雲黯淡的未來是可以預測的。她後來經由媒妁嫁入平地村子的「有閒階級」〔註77〕，然跳過戀愛的婚姻終究不會有好結果。不久就傳出婆媳不合，錦雲飽受虐待的風聲。而丈夫也繼承母親耽賭的血統，整天不在家，讓錦雲不平地埋怨自己好像只被當成是傳宗接代的工具，「愛孫子卻不愛媳婦，這是什麼家庭？」〔註78〕但宿命論的思維，讓她失去反抗能力，唯有忍耐而已。

至於作為錦雲性格對照組的娟命運又是如何？相較於姊姊的古典溫順，同在一個環境下成長的娟卻有著現代女性獨力思考的特質，反映出漢學教育與新式公學校教育的差別。

娟從小個性就好強任性，她自認比姊姊「善於處世，大膽又有決斷力」〔註79〕。另由娟在學校寫生課所畫的內容來看，更可發現她那騷動不羈的靈魂和欲突破藩籬、嚮往外面世界的心思：

> 伸長的一支小菊畫在中間，周圍有雜草被掃歪得亂七八糟。要說是娟畫的畫，為免畫得太癡呆了，野菊也不會長得那麼高。不過，娟本身卻畫出了自己心裡的動態，人家當然看不懂她的畫，好像是亂塗鴉。問題是要讓長久被掩蔽在草叢下的野菊長高出現，幫它伸至高處透透氣。〔註80〕

〔註75〕同註23，頁162。
〔註76〕趙一凡等主編：《西方文論關鍵詞》（北京：外語教學與研究出版社，2006年1月），頁365。
〔註77〕同註23，頁182。
〔註78〕同註23，頁278。
〔註79〕同註23，頁53。
〔註80〕同註23，頁41。

娟以畫表意，畫裡的野菊正象徵著自己不安現狀、敢於冒險的勇氣。雖然娟後來因無法去旅行而賭氣輟學，但仍澆不熄她想做爲新時代知識分子和獨力自主女性的憧憬。及長，她的自我意識愈發強烈，特別是看到姊姊婚前在傳統風俗規範下，歷經數十次提親都落空的精神折磨，以及婚後的不幸，讓她對男女尊卑問題和兩性命運差異有更進一步的了解與體悟：

> 「生做女人，眞沒有價值！」
>
> 「人生的煩惱好像限於女性才有。男人只要能夠走盡量向前走就好。女人在被關閉著的期間必須決定行走的方向，這是一種負荷。」
>
> 「人被比喻爲植物，卻比植物較不幸，娟想到了這些，她了解因爲植物沒有煩惱。雖然沒有煩惱，卻希望被種在肥沃的土地上，可是要把希望轉爲行動被種在好地的意志都無法表現，所以只想堅強地活下去而已。對啦，什麼也不想，傻傻地活下去吧。畢竟鄉下姑娘不論怎麼掙扎也沒有用。」
>
> 「女人都要忍受看家的寂寞，能夠忍受這種寂寞的，才能成爲有貞節的女人」〔註81〕

這是娟對時下女性處境自覺後的吶喊，道出了農村女性既無奈又無助的心聲。職是之故，身上流著叛逆血液的娟覺得「住在鄉村像陷入沼澤裡，要爬上來都很困難」〔註82〕，一心想到都市去。

雖然，娟對當前的生活環境已有充分認知，但她仍選擇了有違傳統的自由戀愛，且對象還是自己的表哥。又在這段秘戀中，我們看到娟義無反顧、爲情癡狂、敢愛敢恨，不同於一般農村女性的態度，更突顯出她與鄉下保守風俗的格格不入。

埃米爾・左拉（Emile Zola,1840～1902）曾借法國著名生理學家克洛德・貝爾納（Claude Bernard,1813～1878）在一八六五年發表的《實驗醫學研究導論》來解釋實驗小說的意義：

> 無論是有生命物體還是無生命物體，在自然現象的存在條件下，都具有一種絕對的決定論。所謂「決定論」即決定現象出現與否的近因。這種近因，正如他所指出的，並非別的，正是存在或現象表現的物理和物質條件。所以實驗方法的目的，一切科學研究的歸宿，

〔註81〕同註23，頁 179、189、193、235。
〔註82〕同註23，頁 197～198。

對有生命物體和無生命物體都是相同的：無非是找出某一現象與其近因之間的因果關係，換句話說，是確定該現象的表現所必需的條件。〔註83〕

在強調「決定論」的前提下，左拉的自然主義和其他形式的現實主義差別，「即人的自由意志只是一種假象而人的行動是由他的遺傳和環境決定的」〔註84〕。故仿效自然主義作品寫成的《山茶花》〔註85〕，作者否定、排除了浪漫的想像，他將小說人物的命運及性格變化放在特定的環境下展開，人物的一切作為和意志都無法改變既定的結果。賢與娟雖然不顧世人眼光及家人反對而戀愛，但最後娟仍難逃和錦雲相同的宿命，必須接受父母包辦婚姻的安排，順從或抵抗，結果不變。「在木樁的牛脫走了。無法自由卻強要扯斷繩子，結果只有被牽回來打罵而已。」〔註86〕這幕景象，正是娟無奈絕望下的心情寫照，自己好比被綁在木樁的牛，只能在限定的範圍內活動，斷無脫逃的可能。

張文環對賢、錦雲及娟成長歷程的描寫，「著重的不是發展，而是覺悟，不是理性的，而是感性地認識世界、發現時間與現實之本質的悲劇性」〔註87〕。小說深入地揭示了封建道德、俗世觀念和禁忌迷信對美好人性的扭曲，以及對個體自由意志的箝制。特別是身處多重權力支配下的殖民地女性，通過她們婚姻的悲劇與無奈哀切的泣訴，使《山茶花》不只停留在批判或論述的層面，還彰顯了時代性的社會意義和震撼人心的力量。

〔註83〕 同註66，頁225～226。

〔註84〕 張玉能主編：《西方文論》（武漢：華中師範大學出版社，2002年9月），頁223。

〔註85〕 帶有自傳色彩的《山茶花》提到賢在高等學校時期熱衷於湯瑪斯·哈代（Thomas Hardy,1840～1928）的小說，激起了內心的創作慾和讀者的樂趣；也沉迷於埃米爾·左拉（Emile Zola,1840～1902）的《酒店》和《娜娜》。這兩位作家係以自然主義寫實的表現手法著稱，與張文環強調文學要能反映生活的寫實精神是一致的，我們從他一系列以農村為舞臺的鄉土小說，便可清楚看到作者對此一文學思想的實踐。另外，李師進益更進一步比對了《山茶花》和張文環其他小說在情節安排及人物塑造上與哈代、左拉作品的雷同性，佐證張文環於創作上受自然主義作品的啟迪和影響。參見李師進益：〈張文環《山茶花》創作前後的相關問題〉，頁249～253。

〔註86〕 同註23，頁278。

〔註87〕 楊佳嫻：《臺灣成長小說選·序論》（臺北：二魚文化事業有限公司，2004年11月），頁7。

（四）解構等級差別的啟蒙之旅

日本對臺的統治策略，係以「殖民主義」（colonialism）作為施政的理論基礎：

> 「殖民主義」特別強調種族（race）的區分，也就是殖民主對被殖民者（colonized）形成一種主奴之間的關係，在膚色、階級、種族上面，都有一種權力的關係，以排除他者，對劣等人種形成性別與階級的幻想和刻板印象。在這樣的形式下，殖民主建構出發展理論之類的進化論模型，將被殖民者視為是智能與知識上未開發的落後民族，以便形構更加體制化的支配方式。〔註88〕

換言之，正是日本／臺灣、先進／落後、主體／他者、中心／從屬的二元對立論述模式，為殖民統治者的民族歧視與政治迫害提供了「本該如此」的正當性。然誠如雅克‧德希達（Jacques Derrida，1930～2004）所言：「在一種古典哲學的對立中，我們不是在對付面對面談話的那種和平共處，而是在對付極端的等級差別。兩端之一（在價值論上，邏輯上等方面）支配另一端，或占其上風。」因此，欲解構二元對立及其等級制，便是「在某個特定時刻顛覆那種等級差別」〔註89〕。張文環在《山茶花》中，便是通過賢公學校的畢業旅行，解構了殖民者所形構的二元對立框架。

小說一開始就描寫賢父子為該不該去旅行而發生衝突：

> 「需要很多錢吧？為了省錢不去好啦！」賢心裡有東西塞住了似地不能回答。等了好久最興奮的事就這麼殘酷地被打破，真是毫無道理。（中略）連女孩子都決定要去，我怎能不去呢？如果是家裡有困難當然要考慮，但是僅說一句節省就不必去，這種父親的想法真令人不服氣。父親的想法使賢感到自己是落伍者，於是越想越悔恨。（中略）假如，自己不能去旅行，將來就會討厭去學校，因為沒有臉可以跟那些女孩子見面啊！〔註90〕

從賢的心理活動可知，他想去旅行最大的主因，並不出於好奇或增廣見聞，而是虛榮心所致。賢身為班長，在此次旅行中被賦予監督全員和輔佐校長的任務，讓他覺得十分驕傲。另外，旅行的目的地臺北，係殖民權力中心所在，

〔註88〕廖炳惠編著：《關鍵詞200》（臺北：麥田出版社，2003年9月），頁47。

〔註89〕雅克‧德希達（Jacques Derrida）著，楊恒達、劉北城等譯：《立場》（臺北：桂冠圖書股份有限公司，1998年2月），頁46。

〔註90〕同註23，頁14～15。

它等於是進步、繁榮、現代、文明的象徵，對天眞的學童而言，實具充足的吸引力及魅力，向它朝聖過後，彷彿自己也經歷一場華麗的轉身，進階到現代文明之列，唯有如此才能立足於同儕之中，不被視爲落伍者。故這次旅行，就像村裡的祭典那麼備受期待。

不僅孩童對城市有憧憬，鄉人亦是嚮往：

> 就他們做孩子的時代來説，都市是比鄉下美麗，女孩子都優雅秀麗，一看就會在自己的腦裡感覺那種文化性的飛躍。

> 牧童們都知道賢是村裡唯一的中學生。因此請賢談一些有關都市啦，西洋啦，各種的發明等等的話。

> 鄉下人聽説有人要去臺北，就很想委託代買各種喜歡的東西呢。〔註91〕

就連都會來的巴士司機，也受到鄉下姑娘的追逐示愛，造成一股崇尚摩登的風潮。

可見在二元對立的論述下，城／鄉等級差距的觀念，通過殖民教育體系或政策宣傳，已於被殖民者心中形構出自我摒棄與文化優劣判別的內在意識。爲了消解這種以殖民者爲中心的種族優越主義，張文環巧妙地在小説中發展出一套空間相對論，即都會、街市／山村、部落，前者是他者國家機器、殖民行政權力之處；後者則爲我族安身立命、繁衍生息之所。接著，他還進一步顛覆且置換原對立等級之意義，即（都會、街市）野蠻虛僞、勢利、負面、使人受創／（山村、部落）友善眞誠、樸實、正面、予人安慰，從而建立以山村、部落爲主體的國族寓言。這樣的書寫策略，遂成爲張文環反帝抵殖的基本模式。

其次，小説寫錦雲爲了安慰無法去旅行的娟而對她説：

> 妳爲什麼那麼想去旅行？如果是我，根本就不想去。去了一定會被看成鄉下女人受到嘲笑，怎能跟那些都市裡漂亮的女人比，只會得到自卑感而已。看了那些得意揚揚的女人，眞是討厭。〔註92〕

錦雲的顧慮，突顯出鄉下孩童的普遍心理。賢因母親把自己要穿去旅行的衣服做的太寬鬆而不悅的理由亦基於此：

> 都市和鄉下的孩子不同，可以從穿的衣服看出來。不考慮都市人和鄉下人所認定的損益問題，賢感到極端憎惡，這種吝嗇的習慣不改

〔註91〕同註23，頁139、173、221。
〔註92〕同註23，頁48～49。

變，鄉下人永遠被瞧不起。〔註93〕

母親裁縫尺寸的考量是出於實用，和都市人穿著講究新潮美觀不同，因爲「都市人都奢華，收入多麼」〔註 94〕。這是城鄉價值觀及認知上的差異，故母親的立意，應解釋爲節儉，與吝嗇無關。

繼之，當賢一行來到 TA 慶車站準備搭縱貫線火車前往臺北時，小說透過賢之眼，比較了都市車站與鄉下車站的差別。較之自己庄內的車站，縱貫線的大車站整齊而美麗，且鐵道有紅綠信號燈。對此，賢認爲村裡的車站必須改進。迨抵達臺北後，賢等就像劉姥姥逛大觀園，對任何事物都抱著好奇心，雖然覺得「臺北不如圖畫明信片所看的那麼漂亮，但是莊嚴的總督府令人驚嘆」。不過讓人氣結的是，賢一行在淡水參觀的途中，被臺北來的學生遠足隊嘲笑是「土包子」〔註 95〕。其後，學員再回到士林芝山巖，環境的靜謐，使賢「像回到自己的山裡似地令人懷念」〔註96〕。

到了返鄉前夜，賢與其他同學上街購買要贈送給親友的禮物，賢觀察後發現：

> 都市的店舖好像都在強迫顧客買東西，鄉下的顧客不必招攬，也沒有聽過說：「每次很謝謝！」。（中略）無論如何，過分親切的人都很狡猾，（中略）巧言令色鮮矣仁，這一句話在鄉下所有的人都知道。〔註97〕

隔天，賢便踏上歸途，中途在彰化停留一晚。「在這當中感到不愉快的是常有市街的孩子嘲笑鄉巴佬而看不起他們。爲什麼市街的孩子都那麼狡猾而心術不良？」〔註98〕而當隊伍在庄裡的車站下車時，剎那間雖對故鄉與都市的落差「感到稍些幻滅的悲哀，但是看到父兄姊妹來迎接的臉，懷念之情便湧上來，塞滿了心胸。（中略）想要回去安靜村庄的強烈心情，對都市偉大的感覺卻毫無一點懷念，只有一些情景愼重地淤塞在腦裡。被嘲諷爲土包子的言語，還在耳邊徘徊不去。」〔註99〕。

〔註93〕 同註 23，頁 57～58。
〔註94〕 同註 23，頁 58。
〔註95〕 同註 23，頁 81。
〔註96〕 同註 23，頁 82。
〔註97〕 同註 23，頁 83～84。
〔註98〕 同註 23，頁 87。
〔註99〕 同註 23，頁 89。

以上，是作者對賢旅行全程的心理刻劃。就賢整個情緒變化與心理活動而言，大致可以分成三階段。

第一階段係出發前及路程期間：此一階段，城、鄉在賢心裡的比重可說是完全失衡的，他評量優劣的標準全然取決於都市的價值觀，無論是身上穿的衣服或是車站的建設，若不能與城市齊同便是落伍。

第二階段係北部旅遊期間：賢在親歷臺北之後，雖驚嘆於總督府的雄偉，也增廣了見識，但想像與現實的落差卻消減了都市的魅力，且隨之而來的是受辱的經驗和對商販負面的觀感。值得注意的是，賢觸景生情的懷鄉情緒。被排除於此趟旅行意義之外的故鄉景象，竟出現在不對等的首都圖片中，代表著城、鄉的位階關係與相對意義正在賢的心理產生某種質變作用。

第三階段係歸途期間及抵鄉後：此間帶給賢不快的是與都市小孩無差別的市街孩童，他們同樣不友善，同樣鄙視山裡來的孩子。這條敵我界線，已由城／鄉，內縮為市街／部落，地域的區分，實為他者與主體的辯證，也幫「安靜村庄」取代「偉大都市」的心思轉換過程，找到合理的解釋。

此後，在賢的人生旅途中，都市的人、物不再是值得崇拜、嚮往的對象。反之，它代表的是令人不悅的負面形象。例如中學入學考試在「R市」舉行，但卻不具公平的基礎：「聽說考試的題目，大部份是出自小學課本」，「公學校的孩子們都比較吃虧。」〔註100〕又如原本個性單純的嬋，進了「R市」的女校後，「越來越擺起貴族的態度對待村裡的女孩」；「臺北的女孩子穿的衣服比較漂亮，但是只是會化粧裝飾，她們的腦筋好像椰子一樣，毫無關心照顧丈夫那種值得稱讚的觀念」〔註101〕。至於生長的山村，因城鄉等級差別的解構，遂成為賢永遠的精神原鄉，隨著求學之地離鄉愈來愈遠，其依戀之情也益加強烈。賢的情感變化，從旅行回來之後便即表露：

> 從買東西到風俗習慣，住在都市裡實在很麻煩。賢對鄉下的年輕人，結婚場面都有快樂的印象。桃色的新娘在第二天進廚房認真為自己工作，想起那要趕牛出去的青年的聲音都很爽朗。事實上這是賢最嚮往的生活方式。〔註102〕

〔註100〕同註23，頁113～114。
〔註101〕同註23，頁199、235。
〔註102〕同註23，頁115。

恬適純樸的農家生活較之五光十色的都市街景雖顯平淡，然「山裡有悲劇卻沒有苦悶」〔註103〕，任何抑鬱都可找到宣洩的出口，更重要的是，此處沒有輕視的羞辱，只有採薪孩童的歡笑聲充斥山間。

職是之故，賢對未能參加「殖民地啓蒙之旅」，仍一心憧憬都市的娟說道：「娟，鄉村很不錯，我想生活在鄉村是一種恩惠，故鄉還是要在鄉村。」〔註104〕這是賢「比較」後的體悟，也是張文環顛覆殖民現代性的最佳註解。

（五）迴響與好評

張文環於拂曉寫作完成的《山茶花》，連載當時即備受矚目，引起廣泛的迴響。如參與該作構想討論的日籍友人藤野雄士，就難掩激動地表示：

> 我通往文學唯一的窗口就是張文環最近的作品《山茶花》。在還沒寫《山茶花》之前，他就是我通往文學的窗口，而由於他寫了這篇作品，我通往文學的窗口因此顯得更加的愉悅、明亮。對每天天未亮就起床，繼續不斷的寫成這篇作品的張文環，我必須致上深深的感謝。今年正月，臺灣新民報開始連載《山茶花》時，我的胸中產生了異樣的興奮之感，那種感覺甚至抑制不住地，要衝出口來。〔註105〕

一九四二年由日本回到臺灣並加入《臺灣文學》集團與張文環成爲摯友的呂赫若也給予《山茶花》極高的評價：

> 創造這種文學，絕不是單憑理論，也不是單靠桌上苦讀就一蹴可幾的，這得全憑生活力，體內流動的血液，浪漫氣質以及天才而成。因此，我始終認爲其作品中蘊涵了張文環氏的文學趣味，以及他的生命。〔註106〕

再如鹽分地帶詩人郭水潭亦贊言：「《新民報》最大的收穫是張文環的《山茶花》吧。」〔註107〕林精鏐則謂：「如果要挑出昭和十五年的收穫，我首先要舉出張文環的《山茶花》。」他並進一步連結《山茶花》的內容道：「純樸的農

〔註103〕同註23，頁126。
〔註104〕同註23，頁198。
〔註105〕同註21，頁8～9。
〔註106〕呂赫若著，林至潔譯：〈我思我想〉，原載《臺灣文學》創刊號，1941年6月，收入呂赫若著，林至潔譯：《呂赫若小說全集》（臺北：聯合文學出版社有限公司，1995年7月），頁561。
〔註107〕《臺灣藝術》編輯部著，涂翠花譯：〈回顧昭和十五年度的臺灣文壇〉，原載《臺灣藝術》1卷9號，1940年12月，收入黃英哲主編：《日治時期臺灣文藝評論集・雜誌篇》，第3冊，頁56。

村少女的戀愛故事，筆觸輕快，極為自然流暢，不由得勾起我少年時代的苦戀心情，真是令人難忘的作品。」〔註108〕至於讀者方面，同樣反應熱烈，有李秋華的詩歌〈南方的果實——讀《山茶花》〉和林清文的〈玉刺繡（山茶花歌）〉〔註109〕予以錦上添花。不僅如此，「《山茶花》在東京的文學者之間也有名」，影響所及，「在臺灣也有了稱為『山茶花』的茶館」〔註110〕。可見一九四○年，《山茶花》的確在臺、日文壇及讀者之間廣受肯定，這對初次嘗試長篇小說的張文環來說無疑是一大鼓舞和激勵。

（六）結語

《山茶花》係張文環回臺後驗證其故鄉書寫路線的試金石，也可說是他反芻旅日寫作經驗與題材的合璧成果。如賢與母親的絆嘴和嘔氣、比較老師與警察肩章的差異、由地方到臺北到東京的求學經歷、選擇文科就讀的決定……等，不就是健（〈過重〉）與阿義（〈父親的要求〉）的合體嗎？其他像對家庭生活、地方風俗的描敘，以及對女性命運及婚戀問題的關心、對人物心理活動的細膩刻劃，包括以故鄉為主體的文學意識，皆在《山茶花》得到更深入而具體的呈現。因此，《山茶花》對張文環的文學生涯而言，實有里程碑的重要意義。

三、〈辣韮罎子〉

翻開張文環的創作史，他的小說幾乎都是以女性為主角或靈魂人物貫穿其中，從旅日期間的〈落蕾〉、〈貞操〉、〈哭泣的女人〉、〈過重〉、〈豬的生產〉，到回臺後的《山茶花》、〈辣韮罎子〉、〈藝妲之家〉、〈夜猴子〉、〈閹雞〉、〈地方生活〉、〈媳婦〉、〈土地的香味〉、〈在雲中〉，作者為我們刻劃出一群豐富多彩的女性形象，透過她們的生活、思想、言行、遭遇，反映出日據時期臺灣女性的命運和作者寄寓她們身上的批判意識及文學思想。且張文環筆下的女性，實包含各個年齡和不同類型，但他都能準確地掌握其相應的心理及特性，將人物寫的血肉豐滿、栩栩如生。〈辣韮罎子〉裡的阿粉婆，就是一個吸引人的角色。

〔註108〕同註107，頁61。

〔註109〕參見陳萬益主編：《張文環全集》資料輯，臺中：臺中縣立文化中心（1997年4月～1998年4月），第4冊。

〔註110〕眞杉靜枝著，葉蓁蓁譯：〈新銳臺灣作家介紹〉，原載《週刊朝日》39卷27號，1941年6月，收入黃英哲主編：《日治時期臺灣文藝評論集・雜誌篇》，第3冊，頁142。

（一）顛覆封建父權的思想意識

小說開篇便以「市場第一能幹的女人」〔註111〕爲阿粉婆的角色定位，她是一位年近半百的阿婆，家裡開雜貨店，但卻把店交由兒子媳婦經營，自己則在市場擺攤賣香蕉和蜜餞。不過晚上收攤回家後，她仍不得閒，或許是兒子和丈夫軟弱的個性，讓阿粉婆不得不親自再把店裡的帳目理過一遍。因此，阿粉婆可說是家裡的財務總管，掌握著經濟大權。僅管衣食無缺、生活無虞，大可在家享受清福，不用到市場辛苦勞碌的擺攤，應付那些難纏的賣家和形形色色的客人。然阿粉婆不但甘之如飴且樂在其中，她選擇了不一樣的人生，決定自己喜歡的生活方式，自主獨立，在傳統封閉的山村裡，像阿粉婆這樣的女性，無疑是特出的。

而作者對阿粉婆形象、性格的刻劃，主要是藉由她與村民的互動來呈現。在充斥著商業競爭、利益衝突且龍蛇雜處的市集裡擺攤，阿粉婆「採取威嚴大膽態度處世，意外地在這個社會中過得很順利。她不管對任何男人都能夠應付，敢露骨地跟他們開玩笑」〔註112〕，即便丈夫在旁，也毫不在意。有時，阿粉婆的言詞更甚男性粗暴露骨，讓那些想占嘴上便宜、開她玩笑的村人以及和她做生意時殺價的山上農夫也啞口無言、招架不住，就連村裡的流氓都不敢惹她。「這是因爲阿粉婆把握住市場的男人心理，了解他們的緣故。男人時常爲了尋開心，喜歡對女人開些露骨的玩笑，她覺得如果能夠巧妙地好好應付，讓他們滿足這種慾望，男人就容易統御的」〔註113〕。正因阿粉婆這般強悍性格以及周旋於男人之中依然游刃有餘的應變能力，使她獲得村裡主婦的好感，從心理學的觀點來說，即所謂「補償性認同」（compensatory identification）：

> 補償性認同是一種以獲得心理補償爲目的的認同。此時個人認同的對象與其說與自己相似，不如說與自己不同；而且認同者往往並不指望通過這種認同來求得與對象一致，而僅僅希望獲得一種心理上的平衡與滿足，即通過認同於一個與自己絕然不同的對象，來補償性地獲得自己所不具有的那些東西。〔註114〕

〔註111〕張文環著，陳千武譯：〈辣韮罐子〉，原載《臺灣藝術》第 2 號，1940 年 4 月，收入陳萬益主編：《張文環全集》，卷 1，頁 164。

〔註112〕同註 111，頁 164。

〔註113〕同註 111，頁 171。

〔註114〕馮川：《文學與心理學》（成都：四川人民出版社，2003 年 1 月），頁 148～149。

對主婦們來說，阿粉婆所體現的是反抗父權暴力的勇氣，並顛覆了性別支配中男女的從屬地位，而這些都是傳統婦女既缺乏又被深深壓抑的心底願望，因此阿粉婆的存在，讓她們得到了精神上的救贖和撫慰。

不僅如此，阿粉婆又「懂得說話的藝術」，又「富正義感」，會幫主婦們跟她們的男人談判，絕不讓步；而當夫妻吵架時，她也會居中調停，裁決出令雙方滿意的結果，就是這樣直爽乾脆、敢說敢做的個性，為她贏得了村裡主婦們的信任，變成她們的顧問。

除此之外，阿粉婆還是村裡風評絕佳的媒人，她指揮結婚場面的幹練，尤叫人佩服，更重要的是，經她撮合的夫妻，都能有美滿的生活。同時，她交際應酬也從不落人後，無論村裡哪一家的喪喜事，必定會看到阿粉婆的身影。故阿粉婆之所以能在村裡左右逢源，鋒頭畢露，成為眾人焦點或喜歡對象，不是沒有原因的。

為了能更鮮明地突顯阿粉婆不同於一般女性的人格特質，作者別有用心地安排了兩個小丑人物，用來襯托阿粉婆的形象。其中之一便是她的丈夫范爺，小說寫道：

> 只有在進貨的時候，老爺丈夫才會到攤子幫忙。這時她會向他說：「你幫我看一下。」老爺就點點頭，像龜一般縮著頭看攤子。當他坐在阿婆身邊的時候，看來夏天也很冷似的。村子裡的人都說那是駝背的關係。可是從山上來的農夫，卻有跟村裡的人看法不一樣的地方，譏諷那是「怕老婆」的關係。〔註115〕

張文環以幽默的筆調，描繪了一幅「妻威夫懦」極不協調的逗趣畫面。然范爺對村人取笑自己「怕老婆」一事並不以為然，因為村裡被阿粉婆使喚的男人，又豈止他一人而已，由此展露出阿粉婆統御男人有方的「英雌」本色。

至於另一個用來襯托阿粉婆的滑稽人物，則是擺攤在她隔壁賣醃鹹菜的阿九。阿九比阿粉婆年輕二十歲，自從妻子死後，既不願再婚，也不去物色對象，就只想在阿粉婆的旁邊擺攤，朋友好意忠告他要為自己的前途著想，但阿九卻不加理會也不動搖。客觀來說，阿九是阿粉婆做生意的好幫手，因為阿粉婆在抽煙時，總懶得站起來，所以這時如果有客人上門，阿粉婆便會喊隔壁的阿九幫忙秤香蕉給顧客。有時阿九在忙，阿粉婆照樣使喚他，兩人於是拌起嘴來：

〔註115〕同註111，頁169。

「頭家娘,我可沒有欠妳錢啊,或許前世有欠,但是……」

「有啊,我記得,的確是前世欠的,不然我怎麼會如此看重你?」

「不要開玩笑啊,太太!我一次也沒有嗅過妳的髮香。」

「這沒有問題,你想聞,我隨時都可以讓你聞。」

「呵!真是大方。喂!大家聽到了沒有,我不必工作也可以了。」

「啊!可以啊,明天開始,就把攤子收起來吧。」〔註116〕

如此露骨戲謔、輕佻大膽的言詞,即便阿九再怎麼心不甘情不願,也會因招架不住而不得不完成阿粉婆交代的工作,她就是這麼一個利害的角色。

更有甚者,阿粉婆與阿九還會毫不避嫌地在公眾場合以言語相互調侃挑逗:

「別這樣,老闆娘,不要那樣向我送秋波,會使我興奮呦!」

「哼!不必了,阿九哥,你好純哩。」

「喂!喂!喊我哥哥來啦,妳還不到喊我哥哥的歲數吧。妳只有十八歲呀,阿粉姊!」〔註117〕

兩人肆無忌憚的鬥嘴,像說相聲一樣有趣,常惹得周圍的人捧腹大笑。且阿九會像小丑般,做些滑稽的動作來逗阿粉婆,而阿粉婆對待這位小丑,就像打太鼓一樣打他的頭,雙方的互動看在村人眼裡如同情人似的,因此懷疑他們曖昧的風評也在村裡不脛而走。當然,從阿粉婆率直的性格來看待此事,這樣的謠傳根底是很薄弱的。

阿粉婆聞此風聲,既不畏懼也不辯解,生活一如往常,言行依然故我,一個不受傳統禮教束縛、世俗道德規範,獨立自主的女性形象躍然紙上。反觀阿九的處境就十分難堪了,他那小丑性格已深植村人心中,對這種畏縮、怯懦的男人,村人多輕視之。有次阿九因阿粉婆笑他是「軟趴趴的男人」而拿起扁擔作勢要打她,卻不小心把身後的辣韭罈子掃落打破在地,這一幕讓市場的人嘲笑阿九說:

「阿九,掉進樂境(日語樂境與辣韭音相似)的罈子裡了。」

「阿九從那天起就不再笑了。」〔註118〕

〔註116〕同註111,頁166。
〔註117〕同註111,頁173。
〔註118〕同註111,頁174。

在阿粉婆面前，阿九頓時成了「弱勢」，是被「貶抑」、「支配」的受害者，以此突顯阿粉婆凌駕於男權之上的女性意識，乃作者創作的主要意圖。

（二）匠心安排的敘事空間

再者，值得我們注意的，還有該篇小說的敘事空間。〈辣韮罈子〉雖延續張文環先前作品以山村為舞臺的特色，但卻刻意把故事場景搬到街庄的市場上。威斯曼（Leslie Kanes Weisman）提到住家空間中，男女的差異性時謂：

> 無論何處，只要存在著男人和女人、黑人和白人，或是服務者和被服務者之間的不平等，都將會在公共空間、公共建築物與家居建築的設計和使用中反映出來。那些社會地位較高的人，會在空間上將那些社會地位較低的人排除出去；即使「優勢」群體和「劣勢」群體分享相同的空間，他們和這個空間的關係也會有所不同。〔註119〕

按照漢民族傳統性別分工「男主外，女主內」的社會原則，女性的活動範圍向來就被限縮在家庭裡面，擔負起打理家務、養兒育女、侍奉公婆及丈夫的賢妻良母角色。她們不被允許到家庭以外的公共空間恣意活動，既無發言權，也無參與公共事務的權力；教育、工作，都被視為實現女性本性的障礙。但阿粉婆卻打破了這種性別藩籬，不僅在男人主導的公共空間／市場占有一席之地，還成為公共空間／市場裡的「優勢」者而存在，扭轉了女性被客體化、邊緣化的空間位置，進而使區域劃分和權力分配有了重新建構的可能。就這點來說，把敘事地點置於街庄市場要比山中部落更能表現其意義。

（三）結語

〈辣韮罈子〉係寫於《山茶花》連載期間，讓我們見識到了張文環旺盛的創作力。在這篇小說中，作者通過街庄市場為我們描繪出山村人民充滿活力、趣味的生活圖景。而焦點人物阿粉婆，無疑是張文環心中理想的女性形象，她精明幹練、能言善道，且善於處世，張文環有意以阿粉婆作為臺灣婦女的典範，透過她來啟蒙女性同胞的自主意識。即面對禮教吃人的封建社會，應像阿粉婆一樣具有反抗世俗規範、父權暴力的勇氣，愈畏縮只會換來更大的壓迫而已。

〔註119〕列絲麗‧坎尼斯‧威斯曼（Leslie Kanes Weisman）著，王志弘、張淑玫、魏慶嘉合譯：《設計的歧視：「男造」環境的女性主義批判》（臺北：巨流圖書公司，1997年8月），頁124。

　　阿粉婆的形象，係從〈部落的元老〉中的阿綢、〈豬的生產〉中的阿春婆脫胎、進化而來。雖然她們都是上了年紀的老嫗，卻都是家裡的掌權人，是張文環筆下特異的一群女性，若將其喻為父權體制的顛覆者，一點也不為過。但美中不足的是，張文環雖集中筆力，藉由人際互動來刻劃阿粉婆與眾不同的女性特質，然或許作者所側重的，只是寓意的傳達而忽略了心理活動的描寫，以致造成阿粉婆這個角色有外強中乾之憾。

四、〈憂鬱的詩人〉

　　〈憂鬱的詩人〉是張文環發表在《文藝臺灣》的第一篇作品，由他親自將原稿送至雜誌主編西川滿的家，亦即「臺灣文藝家協會」的事務所，並在那初次會晤了擔任編輯的池田敏雄〔註120〕。

（一）於實有據

　　小說內容係臺灣人簡先生陪同東京來的日本人音樂團巡迴演出的記事。李志傳於〈談臺灣音樂的發展——樂界五十年的回憶〉一文中提到：

> 民國十五年至民國二十六年間即日本昭和初年至七七事變約十年
> 間，是本省文化藝術界盛行劃期的發達的一階段。常有日本或西洋
> 著名音樂家之光臨本省。如小提琴田中英太郎、橋本國彥、聲樂家
> 關屋敏子、三浦環、長坂好子、藤原義江，鋼琴家高木東六。前後
> 來過臺灣。舉行音樂會與本省音樂界溝通交流。刺激本省音樂界的
> 發展甚鉅。〔註121〕

據池田敏雄表示，小說裡的女歌手吉野女士，指涉的便是一九三八年來臺演出的日本女高音關屋敏子（1904～1941）〔註122〕。雖然人物造型有其依據，但內容所反映的真實性如何，因缺乏相關文獻佐證，故無從論之。不過，〈憂鬱的詩人〉的寫作，又一次讓我們看到張文環善以現實生活為素材的文學特質。

〔註120〕參見池田敏雄著，林彩美譯註：〈張文環兄與其週遭諸事〉，《臺灣風物》54
　　　　卷2期（2004年6月），頁11。
〔註121〕李志傳：〈談臺灣音樂的發展——樂界五十年的回憶〉，《臺北文獻》第 19、
　　　　20期合刊（1971年6月），頁9。
〔註122〕同註120，頁12。關於關屋敏子的生平事蹟，可參考王述坤：《日本名人奇聞
　　　　異事》（上海：上海人民出版社，2008年9月），頁206～208。必須說明的是，
　　　　池田言關屋敏子來臺的時間與張文環由日返臺的時間同年，而張文環係一九
　　　　三八年回臺，但池田在該文中誤記為一九三五年，故若前者屬實，那麼關屋
　　　　亦應於一九三八年來臺才是。

（二）情節分析

小說由送別的情景開場，負責接待日本音樂團的簡，同音樂團在嘉義作最後一場巡演後，便搭乘夜班火車到基隆，準備坐下午二點的大和丸船返回東京。因火車抵達基隆時，離啓航尚有一段時間，遂由簡帶著團員裡的鋼琴家富田咪育上街買東西。過程中，作者有一段相當生動的追敘：

> 記得簡住在東京的時後，常陪妻去百貨公司或書店，每次在半途就
> 會吵架。回家後兩個人都默默不語，心情十分憂鬱，妻在百貨公司
> 買布，都要把布翻來翻去挑選，結果一尺布也沒有買成。讓簡站在
> 附近無事做乾等，等得不耐煩一直到生氣。相反地，妻跟簡進入書
> 店，簡必不會那麼快出來。妻只有找書架上的婦女、插花雜誌，或
> 料理的書，翻翻看，打發時間。許久，回頭看簡，他還拼命地在尋
> 找、看書，都會使她等得很不耐煩。〔註123〕

以上內容，相信是社會上許多男女朋友或夫妻共有之經驗。因興趣不同，所求各異，若不能同時滿足雙方，勢必造成一邊的不悅。這番具體化、生活化的陳述，頗能引起讀者共鳴，讓人點頭附和，此亦即張文環小說爲何總使讀者覺得特別親近，沒有距離的原因了。甚至，我們還可大膽推測，簡的經歷，反映的便是張文環旅日期間的生活寫照。

其後，作者將鏡頭轉向碼頭搭船進口處，描寫簡與富田話別的場面。從對話中，流露出兩人之間似有若無的曖昧情感和無法直言的心意：

> 「簡先生，把一切忘掉吧，當做一場夢。」簡感到意外，靜靜思考
> 她說的是什麼意思？不無湧上對自己嫌惡的情感來。（中略）「簡先
> 生，我覺得很對不起你，煞費苦心主辦的演奏會旅行，讓你感到不
> 快樂，我要深深表示道歉。」（中略）「我沒有那種想法，反而，在
> 這一次旅行中，我卻學到了更切實的問題。」〔註124〕

這樣的情節和語境，不禁讓我們聯想到〈父親的要求〉中阿義與賀津子的關係。跨不過的民族鴻溝、現實的殖民地問題，俱爲阿義無法逃避的歷史原罪，亦即他憂鬱苦悶的根源。而在歷經愛情挫折和牢獄之災後，自覺的民族意識讓他從自我殖民的窘況中解放，能坦然地面對兩人的感情。因此，筆者以爲，

〔註123〕張文環著，陳千武譯：〈憂鬱的詩人〉，原載《文藝臺灣》1卷3號，1940年5月，收入陳萬益主編：《張文環全集》，卷1，頁180。
〔註124〕同註123，頁183～184。

簡從「對自己嫌惡」到「學到了更確實的問題」，最後歸結出「眞的是憂鬱的現實！搭船回去東京，有甚麼好高興的……」〔註125〕，隱含於文字底下的，正是簡對「他者」和「我族」辯證的過程。

送行既了，簡復坐上駛往臺北的火車。在火車上，簡回想起與富田相處的情景。主要是描敘富田因無法認同老師吉野和學生談戀愛而心生芥蒂，遂找簡傾訴心事。這段回憶文，作者採類似西方偵探小說或中國公案故事先陳述犯罪事實，再回頭交待犯罪動機及作案過程的倒敘手法。

小說先寫簡在音樂會中，由富田伴奏時的情緒，感受到她對演唱者無意識的反抗。雖然富田一開始否定簡的想法，但仍瞞不過做爲詩創作者的簡對情感的敏感度，終向簡表露了壓抑在心裡對吉野的輕蔑。作者最後揭開整起事件的眞相，係吉野乃有婚約或已婚之人，卻又跟別人談戀愛，且對象還是她的學生，這種超越情誼和道德的戀情在富田看來是髒污而不純潔的。如此先暗後明的敘述手法，爲小說激起戲劇性的波瀾。

（三）結語

總的來說，〈憂鬱的詩人〉並沒有比較引人入勝的情節或令人印象深刻的人物，更無明確的主題思想，它僅是作者以現實素材爲基底的改編和擴充，在戰爭期張文環的小說中不算特出。不過，相對於〈父親的要求〉，阿義反映的是張文環東京求學及參與左翼運動的過程；簡所投影的，該是張文環回臺後的工作經歷。且由小說對簡旅京期間的描述，多少也讓我們得以一窺張文環輟學後的家庭生活。

五、〈藝妲之家〉

〈藝妲之家〉係張文環返臺後所創作的第五篇小說，於一九四一年五月發表在自己主編的《臺灣文學》創刊號上。小說焦點仍以殖民地臺灣的女性爲關注對象，然較之先前作品，該篇在題材上又有新的開拓。

常久以來爲人詬病的養女風習首次出現在張文環的小說裡，並由此延伸至從事藝妲行業的臺灣女性之婚戀問題及其衍生出的人生悲劇。再者，就小說素材的選擇和主題的設定而言，讓我們看到張文環除了既有的小說家身份之外，亦自覺地兼負起作爲一個知識分子該有的社會責任。陳映眞曾在演講時公開表示：

〔註125〕同註123，頁189。

許多偉大的作家與詩人，其偉大處不是在於其文學成就，而在於其能以一支銳筆深刻地描繪人生、批判人生。（中略）真正的作家包括基督徒作家，必須有先知直言勇諫的精神，不惜犧牲自己的生命。（中略）一個作家必須是嚴肅的、有抱負、有理想，是入世的，是積極思想的，為了提昇人類的生命與靈魂而努力，這要花費許多精力。今日的作家不僅要文筆好，更要會思考、廣泛地吸收知識、深入觀察和逼視人生。因為文學不同於其他的學科，它是唯一深刻地、嚴肅地、反映人和他的生活的一種創造形式。〔註126〕

如果陳映真所言，是一個作家應有的認知或理該具備之條件的話，那麼我們可以肯定的說張文環做到了。他本著民族的良心，力圖以文學反映臺灣人的生活實情，進而改善臺灣人的生活並提升其精神和文化，這是張文環踏入文學之道的初衷，而〈藝妲之家〉即作者關懷人間事務的最佳見證。

（一）寫作緣起

不曾處理過的文學素材，突然成為小說的主題，開啟其後同質作品的出現，必有它賴以生成的原因。追溯〈藝妲之家〉的寫作動機，應與張文環對生活環境與社會現象的深入體驗和觀察有關。一九三八年張文環返臺之初，曾任《風月報》日文版編輯，《風月報》原是為了登載文人與藝妲吟詠唱和的詩作而創刊，但後來因經營者易手以致與藝妲的淵源漸淡。不過，由於其編輯部就設在「蓬萊閣」內，又當時到蓬萊閣宴饗的客人，常會找藝妲前來陪酒，據吳漫沙回憶，「有時後藝妲們被客人灌酒灌得受不了的時後，還會闖進編輯室，作避難之所」〔註127〕。且吳坤煌亦提及斯時張文環與日籍妻子蒙蓬萊閣的老闆陳水田特別照顧：

不單三餐飯食在「蓬萊閣」受佳餚供應，而且也經介紹，住進對面藝妲房，租用一間房屋了。這個藝妲房二房東是一個老藝妲，而有一個養女是一個如仙女下凡的漂亮年輕藝妲，並正在走紅中，這個在訓練中的藝妲雛雞，被某紳商的公子哥看中，又說已被包飼，文環兄的租房，後來演成與這個紳商的奇遇。〔註128〕

〔註126〕陳映真等著：《曲扭的鏡子——關於臺灣基督教會的若干隨想》（臺北：雅歌出版社，1987年7月），頁102～103。

〔註127〕邱旭伶：《臺灣藝妲風華》（臺北：玉山社出版事業股份有限公司，1999年4月），頁221。

〔註128〕吳坤煌：〈懷念文環兄〉，《臺灣文藝》第81期，（1983年3月），頁78。

由上述可知，因工作地點和居家環境的關係，使張文環有很多機會能與藝妲接觸，間接地了解這個行業的文化及藝妲們不爲人知的秘辛。值得注意的是，吳坤煌所言那對與張文環生活在同一屋簷下的老藝妲和養女，以及發生在她們身上的故事，雖然我們沒有證據證明小說人物與之直接的對應關係，但說張文環構思〈藝妲之家〉時，多少受其影響，應該是可以接受的。

其次，一九三八年十二月二十五至二十七日，於《臺灣日日新報》上連載了張文環一篇名爲〈大稻埕雜感〉的評論文章，據其內容觀之，可歸入「報導文學」的範疇。何謂「報導文學」，沈謙云：

> 報導文學不應停留在單純的報導事實，也不只是眾所罕知的事物和環境的介紹。作者應該提供背景的認知，挖掘事實背後隱藏的意義。作者在選擇題材與落筆時必須有其文化理想。不但要報導表面現象，還要探尋根源，除了外在活動的記錄之外，還要有精神的關照。報導文學既是文學的一種，它必須具備文學的形式，它不同於收集整理資料的報告或論文。應該採用文學性的語言，帶著藝術技巧和感性的色彩，報導文學摹寫自然和人生，須發揮文學的感染力，將作家主觀觀照下的客觀世界重現出來。〔註129〕

該文中，張文環便是以「精神的關照」和「文學的感染」來表達他對大稻埕庶民文化與街頭景象的觀察及批判。張文環分別以「花柳街」和「電影院」這兩個與人民娛樂生活密不可分的場所爲考察對象進行論述。張文環認爲，臺北的藝妲、公娼和私娼分散在市內各處，沒有固定場所加以管理，這對孩子的教育無非是一大貽害，尤其是在價值觀及道德思想方面，影響更巨。他舉例說：「臺北是笑貧不笑娼，從事賤業、淫業不會受到輕蔑。從這一觀點，看臺北的孩子那種不禮貌，舉止不端莊的行爲，眞的能夠理解。」〔註130〕因此，張文環提議，這些風化行業，應遠離市區到偏僻的地方，以改善都市不良的風氣。接著他又剖析了當前名實不符且變質爲色情的藝妲文化：

> 所謂藝妲只是名字而已，實質上跟一般女服務生毫無差異。藝妲本來就不能沒有藝，能歌善舞才是藝妲。可是臺灣的藝妲除了少數以

〔註129〕沈謙：〈精神的觀照‧文學的感染——評古蒙仁的報導文學集《黑色的部落》〉，《中國時報‧人間副刊》，1978 年 4 月 29～30 日。

〔註130〕張文環著，陳千武譯：〈大稻埕雜感〉，原載《臺灣日日新報》，1938 年 12 月 25 日～27 日，收入陳萬益主編：《張文環全集》，卷 6，頁 23。

外，連琵琶、胡琴也不會彈、不會拉。大家都只是到像兒童跟著老
師的風琴歌唱似的程度，就稱為藝妲。（中略）總之被評斷說「所謂
藝妲是一般女服務生中比較差強人意的，就是藝妲」，也沒有反駁的
餘地。聽說這一次有關檢驗的問題，藝妲方面就提出強烈的反對，
但是我實在不知道她們反對的理由。或許是要跟 XX 有所區別的一
種藝妲的自尊，不願受到和 XX 同樣的看待而反對。但是既然有自
己和 XX 完全不同的清楚的自尊的話，藝妲本身為甚麼不肯磨練藝
妲的特徵？現在這些所謂的藝妲，只不過應付客人陪席酌酒而已，
實在沒有反對的資格吧。〔註131〕

張文環在批判的同時，也語重心長地由衷希望藝妲們能潔身自愛，尋回應有
的價值和尊嚴，得見其對此一社會問題的關心及瞭解，而這亦為目前所見，
張文環最早涉及並表達對藝妲看法的文章。

　　一九四〇年八月，由《臺灣藝術》主辦的「大稻埕女服務生、藝妓座談會」，
特別邀請張文環參與討論。受邀的原因，除了係他當時在臺灣文壇享有盛名
又擅於座談外，更重要的應是主辦單位也注意到他對大稻埕女服務生、藝妲
問題的重視，並看過他發表在報章雜誌上的相關評論才是。我們從張文環開
場的一番話，便得證實這點：

我來臺北居住還不到兩年，因此不太了解大稻埕的藝妓和女服務生
的生活。不過，我想各位都知道我平常很關心這一方面的事情。所
以時常在新聞雜誌上，寫過這一方面的報導。〔註132〕

在整場座談的過程中，張文環以和藹親切的態度，幽默風趣的語言，引導藝
妓及女服務生充分表達她們不為人知的心理世界；包括她們的日常生活、對
戀愛的看法、撫慰自己的方式、嗜好及興趣，以及從事這份工作的動機、對
未來的希望等……。通過對話的內容，我們可以清楚的了解，不論是藝妓或
女服務生，她們對自己的處境及職業都有說不出的無奈和心酸。有的是為了
改善家庭經濟，有的是媳婦仔或養女出身，受制於養母的逼迫或基於奉養養
母的道義而不得不做藝妓或女服務生。即使如此，她們也和一般女性一樣，
渴望戀愛、要求自主人生、嚮往幸福婚姻，對擇偶條件和生活方式有自己的

〔註131〕同 130，頁 24。
〔註132〕陳千武譯：「大稻埕女服務生、藝妓座談會」會議記錄，原載《臺灣藝術》1
　　　　卷 6 號，1940 年 8 月，收入陳萬益主編：《張文環全集》，卷 7，頁 120。

見解。而張文環猶如她們的心靈導師，扮演啓蒙者和激勵者的角色，爲她們的不幸或苦惱提供救贖之道。例如關於媳婦仔的問題，張文環以爲：

> 妳們是被買來當媳婦仔的，以養女的身分對養母很忠實地服務了，
> 卻仍然不允許結婚。這種場合，我想，媳婦仔到達二十二、三歲的
> 話，應該要有結婚的自由。妳們到現在奉養母親，至少在金錢上算
> 是還清了吧，如果不准無條件結婚就應該爭取。聽説新來的北署長，
> 對媳婦仔制度非常關心，所以有問題可以去商量。〔註133〕

另外，他也給予藝妓和女服務生良心的建議，希望她們能己所不欲，勿施於人，不要再買養女或媳婦仔走同樣的路，其言：

> 老爹嗜好賭博，但是不要誘惑兒子賭博。假如，因爲這種理由兒子
> 反對老爹，這不能説是不孝吧。反而是孝順，糾正父親錯誤的兒子
> 是孝順，可以請警察幫忙改善，不然會一直墮落下去⋯⋯。〔註134〕

透過深入淺出的例子來表達自己反對買賣媳婦仔的立場，並暗示她們具有反抗養母的正當性。且張文環還提出好好培養、教育私生子以取代養女的辦法，欲藉此達成解決經濟和奉養問題的目的。

再者，對於夫妻相處之道，張文環則以巧妙的譬喻加以說明：

> 愛這種東西要互相培育。以一粒種子的譬喻來説，必需要兩個人共
> 同來培養，才會萌芽開花。女人也要了解這一點。要眞正共同培養，
> 不能只等待男人給與安慰的語言。〔註135〕

接著他又以個人爲例，說自己是領薪水階級，會認眞戀愛，雖然生活辛苦，但努力就有希望，冀盼她們擇偶時能以健全的心理爲之，即便金錢對生活而言很重要，但絕非貪慕虛榮。張文環還開玩笑的說：「所以各位要戀愛，就要找那些不出入酒吧的男人。」〔註136〕

當然，心思縝密的張文環亦察覺到她們在獨處時，容易有缺乏氣魄、性格軟弱的危險，所以期勉她們一個人時也要堅強，靠自己的力量，創造幸福。座談尾聲，張文環不忘對其信心喊話：

> 偉大的人，不一定是天才。偉大的人是指能刻苦耐勞的人。請各位
> 要堅強、忍耐而努力才能得到幸福。能夠忍耐的人才是偉大。

〔註133〕同註132，頁124。
〔註134〕同註132，頁126。
〔註135〕同註132，頁128。
〔註136〕同註132，頁130。

> 幸福或不幸福，也是藝妓或女服務生自己可以經營出來的。男人這
> 些傢伙，假如各位能夠堅強，就會像貓一樣容易統御，以女人的心
> 情也可以任意左右他，這是事實。

> 要使大稻埕的人們成爲紳士或流氓，藝妓和服務生能給與的影響是
> 不少的。把大稻埕塑成有雅氣高尚的地方，這很大的責任都是要靠
> 妳們的。〔註137〕

綜觀這場張文環與大稻埕藝妓和女服務生座談的內容，可知張文環對存在於
她們身上的問題確實有充分的了解與掌握，因此他的說辭或建言，都能切中
核心，獲得藝妓和女服務生們的認同及共鳴。末了，更技巧性地將改善社會
風氣的責任交託給她們，這不但維護了她們的尊嚴，也可提振她們的榮譽感
和責任心，收到兩全其美之效。另一方面，藉由這次座談，張文環得以進一
步了解、認識藝妓與女服務生思想、情感及生活各個方面，有助於他對社會
問題、現實環境和藝妲文化的掌握。

　　經由上述論證，筆者相信〈藝妲之家〉絕非作者一時興起的突來之作，
而是自返臺後，長期與藝妲接觸、交流、座談，積累沉澱成小說素材所得之
結果。且藝妲不由自主的坎坷人生和飽受養母壓迫的無奈嘆息，不就象徵著
日本統治下臺灣人民的悲苦命運。因此〈藝妲之家〉的寫作，亦不無蘊含作
者感時借喻之情。故〈藝妲之家〉，係一篇反映時代背景、揭露社會問題，具
有鮮明現實主義色彩的作品。

（二）貧苦人家的悲哀

　　據張文環的觀察，他不諱言的表示童養媳和女服務生，大部分係來自農
村或都市的貧困家庭〔註138〕，而小說女主人公采雲之所以淪爲藝妲，最初的
根源亦爲家庭貧困所致。

　　采雲出生在下層社會的勞工家庭，父親病倒後，經濟的重擔便落在母
親身上，母親靠著幫傭、洗衣和摘茶，勉強維持家庭生活。采雲爲了分擔
家計，從六歲起，每晚就負責替按摩媼引路，賺取一個晚上十錢的微薄工
資。在一次偶然的機會下，采雲被客人看中，母親爲了擺脫困境，便將采

〔註137〕同註132，頁130～131。

〔註138〕參見張文環著，陳千武譯：〈高級娛樂的停止──追求不自覺的人們〉，原載
　　　　《興南新聞》，1944年3月2日，收入陳萬益主編：《張文環全集》，卷7，頁
　　　　3。

雲以三百圓的代價賣給人家當養女。采雲雖然不願意，但或許是家庭環境
的關係，讓她幼小的年紀多了分成熟和世故，朦朧地理解自己到別人家去
就是幫忙家、爲家好。因此，采雲忘了悲哀，即使她後來被迫當藝妲，也
毫不埋怨。

在《臺灣私法》的養女契約中，像采雲一樣因家貧而被親生父母賣出的
可謂比比皆是，茲舉一例爲證：

> 立賣女字人，臺灣縣大西門外西定下坊，看南埕萬物，妻杜氏有親
> 生第二胎女子一口，名杏花，年七歲。今因乏銀費用，無奈將杜氏
> 親生之女子名杏花，托媒人引就，向賣過小西門外中頭角吳天賜，
> 爲養女，永遠不能言贖，一賣千休。日後長成，聽賜出嫁，此係三
> 面議身價貳拾元，即日同媒人收記。倘有風水不虞，此係是天命，
> 皆由造化，二比甘願，各無反悔。口恐不憑，今欲有憑，立賣女子
> 字一紙，付孰爲炤。
>
> 　　　同治十年八月十一日　立賣女子字人　看南埕　萬物
> 　　　　　　　　　　　　　　　知見人妻　　　杜氏
> 　　　　　　　　　　　　　　　爲媒人　　　　楊今觀
> 　　　　　　　　　　　　　　　代書人　　　　楊池 〔註139〕

字據中明白揭示萬物賣女係因「乏銀費用」，並特別強調「永遠不能言贖，一
賣千休」，意謂杏花將來的命運全憑養家作主，是喜是悲不由自己。

更爲不幸者，即於訂立契時，便言明養女長成後，唯從藝、娼妓一途：

> 今因家貧無力，日食難度，債主迫討難容，同妻相議，願將此女子，
> 托媒引就，賣與臺南市第二區，樣仔林街，五十四番戶薛網官。或
> 爲藝妓或爲娼妓，二比甘願，五朝不敢阻當。〔註140〕

父親王五朝爲了解決「家貧無力，日食難度，債主迫討」的窘境，只好罔
顧人倫，賣女爲娼。然而，當我們在爲這些因貧苦而賣女的人家掬一把同
情淚時，也不禁要對她們的父母提出質問，究竟此舉是已到懸崖絕路的手
段，抑或只是滿足私慾的終南捷徑。采雲的不幸，正由一紙三百圓的賣身
契開端。

〔註139〕臨時臺灣舊慣調查會編：《臺灣私法・附錄參考書》（臺北：南天書局有限公
　　　　　司，1995年10月），第2卷下，頁241～242。
〔註140〕同註139，頁242。

（三）貪婪醜陋的人性

對金錢至上的利己主義所造成的人性扭曲，是作者在〈藝姐之家〉極欲暴露批判的主題。亞里斯多德（Aristotle,公元前384～322）曾言：「人若沒有德行，就是最卑賤與最野蠻的動物，而且是最貪求無厭者。」〔註141〕這句話用來印證養母對采雲的戕害再貼切不過。采雲的養母起初將她視如己出，還供她上公學校。采雲十四歲自小學畢業後，先進縫衣機工場做工，但因身體不支，乃隨養母到茶行從事選茶工作。期間，有位親戚勸誘養母讓采雲去做藝姐牟取暴利，養母心動了，但遭采雲反對而作罷。養母的動搖，實已悄然地為采雲的不幸埋下種子。

及十六歲，作者用「從雜草中開出一朵含著露珠的薔薇花」來形容采雲美麗動人的姿態，旋以「窮家女孩漂亮起來，總是不幸的根源，沒有保護的籬笆，也沒有保護的經濟力量。僅有的，不過是精神上的力量而已。」〔註142〕營造出山雨欲來風滿樓的弔詭氛圍，預示了采雲即將面臨的災難。果然，采雲含苞待放的美貌被六十歲的茶行老闆看中，並透過阿春婆向養母表示只要采雲答應陪他同宿三晚，就願意送六百圓加一對金手環作為酬謝。在阿春婆的極力慫恿下，原本故作矜持的養母，自此從慈善的母親變成道德盡失、泯滅人性的嗜血魔鬼。

接著作者以全暴露的方式，直接將養母算計采雲的邪惡心思毫不掩飾地呈現在讀者面前：

> 如果是做私娼，那就不得不考慮，若只是跟那樣的名人共處三個晚上，就能暗中得到錢，這是不好的行為嗎？如果女兒被玷污有了瑕疵，而名聲敗壞還無話說，可是瑕疵是看得見才算瑕疵，看不見的瑕疵應該連自己也會忘記。尤其這種秘密，不但這邊要嚴守，對方更需要嚴守的，更談不上什麼瑕疵啊。完全秘密的話，女兒不會是不幸，反而會有得到幸福的可能。俗話說：評斷人家也只七十五天，這種秘密就會在不知不覺之間，只成為女兒的一場惡夢而結束，留下的是，一千圓和金手環這個事實而已。采雲的母親眼睛亮起來了。對啊，金手環不必那麼重也可以，只要是能拿了一千圓，就有值得

〔註141〕李普塞（Seymaur Martin Lipset）著，張明貴譯：《政治人》（臺北：桂冠圖書股份有限公司，1991年9月），頁1。

〔註142〕張文環著，陳千武譯：〈藝姐之家〉，原載《臺灣文學》創刊號，1941年5月，收入陳萬益主編：《張文環全集》，卷1，頁206。

考慮的餘地。就決定一千圓吧！然而這一話題不能由這邊先提出來
談，必須悠然等待，讓對方提議才會有利。要有一千圓的交易麼，
值得等待啊。〔註143〕

按佛洛伊德（Freud,1856～1939）的心理學說〔註144〕，顯然養母的本我（id）
已脫離了自我（ego）的控制而凌駕於超我（superego）之上，完全依據「享
樂原則」（pleasure principle）來行事。她自我矇蔽、自我催眠，還試圖為自己
的卑劣想法合理化，徹底展現了人性最黑暗、最醜陋的一面。

其後，矯情飾行的養母便開始她圖利的計劃，刻意幫采雲打扮，然後
找機會讓采雲走過老闆面前；而身處虎穴猶然不知的采雲「只覺得一個人
去茶行，還是不如跟母親兩個人一起去，比較有家庭的快樂」〔註145〕。采
雲的單純對照養母的邪惡，兩種截然不同心思造成的強烈反差，各自深化
了人物的形象。不單如此，養母在等待回應的過程中，一方面故作姿態想
藉機哄抬采雲身價；一方面又怕煮熟的鴨子飛了，其厚顏無恥的心態更令
人感到可憎。不過，養母按兵不動的策略果然收到功效，采雲如同拍賣的
商品，在養母和阿春婆狼狽為奸下，她的初夜遂以一千圓加上一對金手環
和衣服等物品成交。為了能讓采雲順從己慾，養母先是佯稱「乏銀費用」，
再利用采雲對自己的信任，誘騙她坐上前往別墅的計程車。采雲雖嗅出詭
譎的氣氛而忐忑不安，但自覺像是被下了咒文的貓，加上生性怯懦，故也
無力反抗。車內的陰鬱對比窗外陽光的閃亮，區分出窮人與富商涇渭分明
的兩個世界。

繼之，小說跳脫出情節框架，寫道：

到此，作者不想再往下描述。沒有必要追蹤要去別墅的這對母女的
行為。當然留下一個女孩子而去，有點不忍心，但是這一幕鏡頭，
還是省略比較好。在這樣的社會，要是女人忘不了虛榮，不但永遠
不會被解放，相對地要不斷地一個人背負著悲劇行走。采雲就是因
為如此才成為母親的餌食被吃掉了。〔註146〕

〔註143〕同註142，頁208。
〔註144〕參見（美）杜安‧舒爾茨（Duane Schultz）、悉妮‧埃倫‧舒爾茨（Sydney Ellen
　　　　Schultz）著，陳正文等譯：《人格理論》（臺北：揚智文化事業股份有限公司，
　　　　1998年7月），頁51～54。
〔註145〕同註142，頁209。
〔註146〕同註142，頁211～212。

這段突兀的文字，係屬「非敘事性話語」，「它表達的是敘述者的意識和傾向」，「主要體現爲敘述者的觀念和聲音」。再進一步解釋，係「敘述者直接出面，用自己的聲音述說對故事的理解和對人生的看法，告訴讀者如何看待故事中的人物和事件，如何領悟作品的意義」〔註147〕。早在前述由《臺灣藝術》所舉辦的座談會裡，張文環便語重心長地對大稻埕的藝妓和女服務生告誡道：「因爲有實際生活的問題。不能完全忽視金錢。只是不趨向虛榮，才是開（解）放各位的捷徑。妳們能夠認爲不穿華麗的衣裳也無所謂，這個時後才會得到解救。」〔註148〕

張文環熟諳藝妓和女服務生身處紙醉金迷、燈紅酒綠的工作環境，容易習染貪慕虛榮、競相奢侈的惡習，因此站在指導者的立場，他洞見癥結，希望她們知所警惕。經過這場座談後，筆者相信張文環的小說應會增加更多女性愛讀者，特別是藝妓、女服務生之流。故爲人生而藝術的張文環，在〈藝妲之家〉情節發展到高潮處，不忘通過非敘事性話語，藉由采雲的悲劇闡明「虛榮」的弊害，其「目的不僅僅在於幫助讀者了解情節和人物，還在於努力使敘述接受者和讀者同意他的看法，在作品的價值觀上獲得某種共識」〔註149〕，具有超越作品的普遍性意義。作者一片淑世之心，躍然紙上。

經過三天，小說以「采雲像病患般被母親領回家」〔註150〕來形容她受盡折磨的身軀，令人心疼不忍的同時，也尖銳地控訴了養母爲富不仁的罪行。

（四）養女／藝妲的愛情

貞操喪失的采雲，如同掉進萬劫不復的深淵，此生註定與幸福絕緣。小說通過采雲前後兩段戀情，烘托出她坎坷的遭遇。

飽受摧殘的采雲回家後，即浮現尋死的念頭，但漠然的社會，冷血的父母，皆無視她的苦痛。不過，這也讓采雲體悟到世界並不會因自己而改變，唯有靠自己才能走出黑暗，自覺的意識，使她在思想及性格上均悄然異變。「采雲變成自暴自棄而任性，母親也不會責備她，使采雲感覺到自己像家長一樣的自由。」〔註151〕而公學校時代的友人秀英，則是采雲找回自信的關鍵人物。

〔註147〕胡亞敏：《敘事學》（武漢：華中師範大學出版社，2004年12月），頁103～104。
〔註148〕同註132，頁130。
〔註149〕同註147，頁108。
〔註150〕同註142，頁212。
〔註151〕同註142，頁212。

秀英公學校畢業後在雜貨店上班,但她仍保有知識分子對社會時事的關心以及對知識追求的慾望;且從她口中諸如資本家、榨取、戀愛至上等語言,可見其受社會主義思想影響的痕跡。藉由和秀英的交談、相處,采雲重新拾回被遺忘的知識分子優越感,也治療了她心靈的創傷,並經由秀英的介紹進入同一家雜貨店工作。

經濟的獨立,乃是女性爭取自由意志的第一步,誠如張我軍所言:

> 從來的女子大都生活不能獨立,所以到處要受挾制,倘能自食其力
> 則能自由行動這是不消說的。況且欲打破從來的惡習,欲反抗舊家
> 庭的壓迫和強制,只有靠經濟獨立才能徹底的實行。〔註152〕

采雲獨立工作後,不但對自己的前途充滿自信,也對未來的發展充滿希望。隨後,又在老闆娘的撮合下,與老闆兒子的同學廖清泉相戀。看似美好的姻緣,卻因廖由同班同學陳得秀那得知采雲被茶行老闆糟蹋的秘密,又誤會她是為錢賣身而告吹。失意的采雲,死亡的意象再度籠罩心頭。至於廖,則辭掉職務到內地去,這似乎已成張文環小說裡,愛情失意的殖民地臺灣青年的救贖之道,〈落蕾〉的義山如此,《山茶花》中的賢亦然,留下的同樣是茫然無措,徘徊在死亡邊緣的絕望女性。

為了脫離困境,采雲決心到南部去當藝妲另起人生。她先是到謠曲老師家學藝,透過歌聲抒發哀愁;由於對謠曲具有天分,因此很快就學成出師,當時采雲已是十九歲的年紀了。她隨即南下臺南陶醉樓當藝妲,身處複雜的環境,但采雲潔身自愛,很快就得到上流社會的好評;加之性格開朗、聰明又漂亮,並懂得應付客人的技巧,讓她成為最受歡迎的藝妲。

二十一歲那年,采雲有了第二段戀情,對象是雜貨店的年輕老闆楊秋成,兩人是在采雲工作的料理店相識進而交往,也決定互許終生。但楊秋成認為,「藝妲這種職業是女性最大的自我侮辱」〔註153〕,因而希望采雲辭去藝妲工作。然把采雲當作搖錢樹的養母,仍是無所不用其極地想從她身上榨取最後的剩餘價值,要使采雲成為臺北一流的藝妲,故對這段戀情百般阻撓。采雲一方面覺得為了維護楊的聲譽,不能久住臺南;一方面希望養母能因自己的順從而成全她與楊的婚事,在不得已的情況下,只好隨養母回臺北到醉仙閣

〔註152〕張我軍:〈聘金廢止的根本解決法〉,原載《臺灣民報》3卷4號,1925年2月1日,收入張光正編:《張我軍全集》(臺北:人間出版社,2002年6月),頁92。
〔註153〕同註142,頁232。

當藝妲，楊秋成也只能相隔一段時間來臺北住一二天與采雲相會。時過一年，楊仍等不到采雲的承諾，他開始變得焦躁而無法諒解。采雲夾在愛人與養母之間，讓她進退兩難、意志消沉，本原觸手可及的幸福卻離她愈來愈遠，失落之餘，她不禁感嘆：「在這樣的社會，現在這種情況，自殺不就是打開難局的唯一方法嗎？」〔註154〕

從采雲的愛情故事，我們看到的是一個身陷愛情與親情矛盾、輪迴在希望與失望的徬徨無助女性。雖然采雲自十六歲那年被養母出賣貞操後，即展現出女性對身體所有權的自覺意識，也勇於追求理想的愛情，而發出「媽媽，准許我嫁吧，假如我嫁了出去也會常常回來照顧家裡爸爸和媽媽，生了孩子，要給媽媽一個──」、「我要伴侶，我也是人啊，一個人無法活下去」〔註155〕的沉痛吶喊；為了自己的幸福，更有不怕以死爭取的覺悟。但即便采雲對自己的處境有充分了解──「母親她們經常認為錢、錢，只要有錢，這個世界的痛苦都能夠解決。錢是這個社會唯一智能的準則，真沒有辦法。然而自己只成為生產這個錢的燃料而已」〔註156〕──，卻因其「愛家族性的嗜好」〔註157〕，以致她的自覺性與反抗性，終究被愚孝的封建性與宿命觀所壓抑。

對此，張文環在文中以敘述者之姿道：「比這更重要的，是能否繼續承認人的貪慾的問題，還有采雲本身也必須檢討自己的道德觀念。對父母親履行孝順當然沒有錯，可是以這種錯誤的想法積存財產，是不是正常的生活？」〔註158〕這段評論文字，乃敘事學所稱的「修正」：

> 在敘事作品中，由於人物的輕信、無知、精神上的病態或其他原因，
> 對某些現象缺乏正確的認識，因而說明事件真相的責任由敘述者擔
> 負。〔註159〕

顯然，張文環對采雲的遭遇除了同情之外，也對她縱容母親的貪慾，一味隱忍順從的態度提出質疑。采雲的難處，反映出藝妲們普遍性的無奈。於「大稻埕女服務生、藝妓座談會」中，即有藝妓表示，在養母的控制下，就像傀儡般，每天反覆做同樣的事情，她們當然也企望能有結婚的自由，但顧慮的是：

〔註154〕同註142，頁237。
〔註155〕同註142，頁203、229。
〔註156〕同註142，頁200。
〔註157〕同註142，頁197。
〔註158〕同註142，頁200。
〔註159〕同註147，頁106～107。

畢竟雙親沒有孩子，能依靠的拐杖或柱子，只有我這個女兒，而這
個女兒嫁出去了，誰會來奉養雙親？這種場合作為媳婦仔，受人情
事理的束縛，只有侍奉在身邊養他們，不然就要設法給兩老一生能
生活下去的金錢才是。〔註160〕

藝妓的感性或說濫情，使她們事事受養父母掣肘，因而愛情路總是崎嶇坎坷，
命運多舛。然這種消極又缺乏抵抗精神的思維，張文環是不予苟同的，誠如
他在座談會所言，糾正錯誤才是孝順，或可借助公權力來保障自己的權益，
如此才是救贖之道。

　　再者，戀愛對象不夠成熟理性以及世俗的成見，亦是采雲愛情無法圓滿
的原因。采雲與廖清泉的戀情即屬前者，當廖得知采雲的過去後，他在不了
解內情的情況下，便不明就裡的斥責采雲，選擇與她分手，這不禁令人質疑
廖對采雲的愛情未免太過廉價而薄弱。至於後者，則以楊秋成為例。論者云：

若從職業的貴賤來看一個人的社會價值時，藝妲再怎麼高貴也都是
妓女的流派之一，是在風月場所「賣」的女人，因此不管你是「賣
藝不賣身」的藝妲，還是出賣皮肉的娼妓，只要有錢就「買」得到
的想法是無庸置疑的。因此，藝妲的「妓戶」出身就像是烙在身上
的印記，跟著他們一輩子，永遠都洗脫不去，也永遠無法像個身世
清白的女子一般，津津樂道於自己的出身背景或者曾經走過的青春
歲月。〔註161〕

〈藝妲之家〉係以楊秋成對采雲情感上的衝突和矛盾開場，他雖愛戀采雲，
希望娶之為妻，但卻無法忘懷她的出身。采雲的藝妲身份，讓他產生各種既
無根據且又下流的幻想，從他的心理活動，我們可以深刻感受到楊對藝妲這
種職業的歧視和輕蔑。心魔既生，即便日後如願結婚，也難保兩人不會因此
嫌隙，而引發另一場悲劇。

　　經由以上論述，可知采雲／藝妲的愛情之所以成為泡影，其來由並非單
一，養母的貪婪當然是悲劇的主因，但個人缺乏勇氣與魄力以及所遇非人，
亦是不幸的原因。

（五）大稻埕之地方人文與藝妲文化

　　〈藝妲之家〉是張文環小說中少數明確點出時代背景的作品，故事發生

〔註160〕同註132，頁124。
〔註161〕同註127，頁47。

在「昭和六年,是臺灣所有的文化運動陷入低迷的時候」〔註162〕。且該作亦是張文環首次以大城市臺北及臺南為敘事場景,描繪了有別於山村風情的都會人文及與主題相關的藝妲文化。不僅展現了作者敏銳的社會觀察力和豐富的文化內涵,還有助於後人進一步了解當時的社會文化現象,使〈藝妲之家〉除了文學藝術性外,又兼具民俗學及社會學的參考價值。以下,就讓我們逐一檢視小說呈現的地方人文與藝妲文化。

1、大稻埕之地方人文

日據時期的臺北市,大致可分成「城內」及「城外」兩區,城內是殖民者行政中心所在,而城外的大稻埕則是當時的經濟中心,商業貿易興盛,不僅是臺灣人的聚居地,也是藝妲的主要營業場所,采雲／藝妲之家,正位於此。小說開頭,作者便通過楊秋成到采雲家拜訪,描寫了大稻埕特殊的風土民情:

> 臺北特殊的梯階蓋子還沒有打開,就知道這個家還沒有做好早上工
> 作的準備。楊推測早起習慣的采雲的父親,似乎已經起來外出去了?
> 不然,入口的門不會開著。〔註163〕

而到了晚上,則有吹笛的盲人按摩和彈月琴的歌手在街頭謀生,亦是大稻埕特殊的一道人文風景。

其次,采雲於公學校畢業後,與養母一同到港町的福興茶行從事選茶工作,這樣的情節安排,自有它的歷史背景,反映的是日據時期大稻埕繁榮的茶業出口貿易。

茶行所在的港町,為大稻埕港埠之意,是大稻埕最主要的茶葉製造加工中心。清末時期,臺灣的出口農作中,即以北部的茶、樟腦及南部的糖為最大宗,而大稻埕乘河運地利之便,一時間商賈雲集,洋行、茶行林立,成為北部貨物的集散中心。由於臺灣所培製的安溪烏龍茶,在國際享有盛名,歐洲人趨之若鶩,需求者眾,帶動了大稻埕的茶經濟,促使臺北鄰近鄉鎮的婦女紛紛湧入城內的茶行做選茶女工,亦有遠從大陸沿海地區來臺謀職者。《臺風雜記》載:

> 臺北大稻埕茶房櫛比,富豪相峙。茶時,傭夥多婦女精選之。婦女
> 不獨臺人,遠來於漳、泉諸州。一日貸銀自四、五錢至十五、六錢。
>
> 〔註164〕

〔註162〕同註142,頁213。
〔註163〕同註142,頁195。
〔註164〕佐倉孫三:《臺風雜記》(南投:臺灣省文獻委員會,1996年9月),頁19。

《臺灣通史》亦載：「茶工亦多安溪人，春至冬返。貧家婦女揀茶爲生，日得二三百錢。臺北市況爲之一振。」〔註 165〕然茶工的薪資，與當時娼妓一個月平均收入四十六元七角，或是藝姐月入四、五百元的收入，可說是微薄廉價〔註 166〕。故在笑貧不笑娼的病態社會，賣女求榮的風氣因而猖獗，〈藝姐之家〉中養母的動心與采雲的不幸，皆肇始於此。

　　另外，小說還提到采雲在南部當藝姐時，最寂寞的是農曆五月十三日這天，「那是一年中在臺北最熱鬧的祭典遊行。看過遊行回來的女人都會說，今年某某社的藝閣得了第一名，多麼的漂亮，得意洋洋地談熱鬧的情況」〔註 167〕。文中所指的祭典遊行，乃臺北大稻埕霞海城隍廟於每年農曆五月十三日舉辦的聖誕繞境活動。於咸豐六年（1856）興工，九年建成（1859）的臺北霞海城隍廟迄今已有一百五十餘年的歷史，自清末以降便是大稻埕地區一帶人民重要的信仰中心。雖然臺灣各地亦有多處奉祀城隍老爺，但迎城隍繞境的時間則各地不一，據董芳苑研究：

> 通常民間慶祝「城隍爺」這類集體神格的誕辰，都在農曆五月十一日舉行，唯有臺北市延平區的「霞海城隍廟」例外，它在農曆的五月十三日才「迎城隍」（迎鬧熱）。這是因爲官方敕封的「城隍爺」和水鬼演化的「霞海城隍」其功能有所不同之故：前者爲幽明兼管之司法神，後者爲從事貿易商家及一般善信祈安求福之萬靈神。〔註 168〕

而霞海城隍廟第一次有資料記載的繞境祭典始於清光緒五年（1879），日治初期，臺灣總督府曾禁止民間舉辦廟會及繞境，但因一八九八年發生瘟疫之故，爲祈求神明保佑，才予以解禁。其後每年的霞海城隍聖誕繞境活動，都吸引無數人潮參觀，有「三月瘋媽祖，五月看城隍」以及「五月十三人看人」之說。按《臺灣舊慣習俗信仰》載：

> 五月十三日，是臺北市大稻埕迪化街霞海城隍廟的祭日。（中略）大稻埕的霞海城隍廟，平常香火就很盛，尤其是到祭典日的前後，進香的信徒更多，在外地工作的工人，以及操賤業的婦女，也都在這

〔註 165〕連橫：《臺灣通史》（上海：華東師範大學出版社，2006 年 4 月），頁 350。

〔註 166〕參見曹永和總纂：《日據前期臺灣北部施政紀實：警治篇政治篇》（臺北：臺北市文獻委員會，1985 年 6 月），頁 301、306。

〔註 167〕同註 142，頁 227～228。

〔註 168〕董芳苑：《臺灣人的神明》（臺北：前衛出版社，2009 年 6 月），頁 193。

時回到臺北，把廟裝飾得美輪美奐，供上很多牲醴，燒香燒金，煙霧迷濛，熱鬧非凡。（中略）在祭典這天，要抬著城隍爺的神輿，在臺北市街繞境，還有很多從神隨行，信徒的行列有幾萬人之多，南管和北管等十幾團樂隊伴奏，並且有幾十隊舞獅隨行表演，還有幾十組藝閣以及化裝隊等等，其行列有如一條蜿蜒曲折大蛇，（中略）在這行列之中，更有一些生病的人，自認罪孽深重，為表示誠心贖罪，就身穿黑衣，頭帶枷鎖，有的跟著掃馬路，有的化裝成三十六軍將，表示真心作一個城隍的部下。至於藝閣，是在一架裝飾華麗的車子上，由良家婦女或妓女，扮演中國民間故事，例如「天女散花」、「三娘教子」等等，不論在化裝或扮相上都互相競爭，近來更由於有獎品和講評，競爭得就更加激烈。而各商店的藝閣，更有轉成商業廣告的傾向。〔註169〕

由上文可知，祭典期間，許多在外地從事賤業的婦女會回到臺北，一方面看熱鬧，一方面也到城隍廟參拜，祈求工作順利。采雲因有未完全離開臺南陶醉樓之前便不回臺北的決定，致使每年農曆五月十三日這天，當其他藝妲都回臺北參加祭典，就只剩她孤單一人而倍感寂寞。

2、大稻埕之藝妲文化

張文環在〈大稻埕雜感〉一文曾言：「要談論大稻埕，就把女服務生或藝妲拿來論臺北的風習，或許會被人說是草率了一點。不過，要了解一個都會的風習，窺伺這種花柳街的情形也是一種方法。可以說這些職業，是反映著那個地方的風習與興趣。」〔註170〕將藝妲文化視為了解地方風習的途徑，是張文環認識、評論大稻埕的獨到見解。而他也把對藝妲文化的觀察所得，融於小說之中，使〈藝妲之家〉飽含濃厚的現實底蘊和民俗文化價值。

首先，小說描敘道：

凡是藝妲，要在臺北當藝妲之前，大都先到南部去賺了些資金，再回到臺北來。因為資金多名聲也高，也才能成為一流的藝妲。所謂藝妲間，藝妲居住的房間，為了裝潢眠床和應接客間至少需花費千圓以上，而這方面的裝飾花費越多，藝妲的價值就越高。藝當然重要，人的衣裳品格文雅更重要。這一點跟南部不一樣。在南部大多

〔註169〕鈴木清一郎著，馮作民譯：《臺灣舊慣習俗信仰》，頁 557～558。
〔註170〕同註130，頁 24。

住在料理店，也不在藝妲之家招待客人。所以不像臺北那樣，走進
昏暗的巷子爬上簡陋的梯階上一樓，就展開了別世界，在明亮的電
燈下照出大鏡臺和衣櫥，像埃及女王用過的大眠床或長椅子，花瓶
和插花等奢華的景觀。因此，臺北的藝妲大多都要先到南部去流浪。
在南部比較不必資金就可以當藝妲。有的受料理店雇用，也有所謂
寄宿的。雖然有期限的契約，其中寄宿的藝妓即可以任意轉去別家。
〔註171〕

於此，作者為我們解說的是藝妲的養成經過、藝妲間的裝飾及南北藝妲文化
的差異。采雲之所以會選擇臺南作為從事藝妲工作的出發點，依循的正是臺
北藝妲漸進式的養成步驟。一般而言，臺北的藝妲會在取得營業執照後南下
中南部，俗稱「飲墨水」，她們一方面學藝並訓練交際手腕，一方面則可開拓
客源、積蓄資本，迨時機成熟，便返回臺北高樹豔幟。而藝妲間係藝妲的營
業場所，背後有一個鴇母主持，通常設在二樓自己的住家，為了吸引客人，
藝妲們無不巧心佈置裝潢藝妲間以顯示她的身價。黃得時對藝妲間形容道：
「藝妲間差不多有九尺長八尺寬，有一張床、八仙桌、椅子，床不是新式的，
有雕刻和繡花，古色古香。」〔註172〕鍾逸人回憶其造訪藝妲間的經驗時亦云：
「樓上客廳排設，雖不算很富麗堂皇，但也不比一般中等家庭的客廳為遜色。
但最使我迷惘的便是在這裡絲毫聞不出所謂『藝旦間』的氣息。真是出我意
料之外。」〔註173〕可見，相較於寄宿料理店的南部藝妲，臺北的藝妲在經營
上需費心者多，當然報酬也較為豐厚。

另外，小說也提到采雲在南部料理店當藝妲時，料理店的老闆會要求店
內的陪酒婦或藝妲於化完妝離開鏡臺後，必須祭拜豬哥神的習俗：

「神明啊，今天也請祢為我帶來好客人口袋滿滿，來的時候是搖搖
擺擺，回去的時候是蹣蹣跚跚，被摸到口袋也說好好好好。」祈願
神為她們帶來那樣的客人而唸咒文，才准她們出去接待客人。依據
這樣的意思，這裡花柳界對南部的客人，都說：帶下港豬來。豬哥
是指豬的哥哥，等於就是種豬。種豬出現在牝豬面前就忘記了一切
垂涎不止的情態，在農家出身的人都會知道；其實這種事情，誰都

〔註171〕同註142，頁201。
〔註172〕黃武忠整理：〈美人心事「文人與藝旦」座談會〉，《聯合文學》1卷3期（1985
　　　　年1月），頁69。
〔註173〕鍾逸人：《辛酸六十年》（臺北：前衛出版社，1993年11月），上冊，頁248。

> 覺得不好意思說明。（中略）因此，客人表示對自己戀慕之情，並不
> 是眞正愛自己，卻是豬哥神的惡作劇。誰也不會把咒文引起的奇蹟
> 當眞吧，只有大傻瓜才會當眞。〔註174〕

在多神信仰的臺灣社會，各行各業都有自己的守護神或祖師爺，對從業人員
來說，崇拜這些神祇，有著庇佑、招財的作用，且業主更得藉此信仰來團結、
約束及教育員工，實各取所需，互蒙其利也。而臺灣風月場所敬奉「豬哥神」
的傳統由來已久，所謂的豬哥神，即《西遊記》裡的豬八戒，號稱「狩狩爺」。
風月場所之所以取其爲保護神，或許是因豬八戒在《西遊記》表現出好色形
象之故。通常在營業之前，業主會與從業人員祭祀豬哥神，並唸咒語，內容
係祈求豬哥神勾引男人前來風流，爲該行業一種特殊的民俗文化。

再者，小說還提到臺北藝妲承襲家業的惡慣陋習：

> 不到南部而是一下子就在臺北開始當藝妲的女人，大都是繼承前世
> 代的家業，或藝妲的私生子，養女等較多。當了藝妲之後如果賺得
> 很可觀的話，她的養母會爲她再買來養女。而那個養女的養女也要
> 做藝妲。因此在臺北對三十左右的年輕女人叫祖母並不覺得稀奇。
>
> 〔註175〕

藝妲的承襲，是張文環切以爲不可而於座談會上愼重告誡的問題。然要革除
此風，若無法令抑制或導正人心等配套措施，在現實上恐窒礙難行。原因乃
大部分的養母或鴇母，在嘗過利益的甜頭後，已淪爲「貪慾的奴隸」〔註176〕
而無法自拔。她們把養女當作搖錢樹，自容不得她們隨意嫁人；若要嫁，也
非得有豐厚的聘金不可，采雲不就是貪慾底下的犧牲者嗎？職是之故，導致
一些因養母或鴇母的拖延，過了適婚年齡還未嫁的藝妲，爲了日後生活著
想，便會抱養小養女來繼承衣缽。甚至有十八、九歲的年輕藝妲即開始抱養
十來歲的小女孩，稱之爲「媳婦」；而對養母或鴇母而言，這個小女孩便成
了「孫媳婦」。因此在當時的藝妲間逐流行著「三代無阿公」的諺語，意指
從養母或鴇母自媳婦到孫媳婦三代之間都沒有男人，造成宿命輪迴的悲劇
〔註177〕。

〔註174〕同註142，頁201～202。
〔註175〕同註142，頁225。
〔註176〕同註142，頁215。
〔註177〕參見邱旭伶：《臺灣藝妲風華》，頁223。

其他像采雲養母得知她與楊秋成戀愛後十分張惶，因爲「還沒有被開彩的藝妲，開始戀愛是很不平常。萬一被奪走了貞操，做爲雛妓來說就損失了最後最大的收入」〔註178〕。又如采雲在臺北當藝妲，比在南部的收入多且自由，生活更形安逸，因爲：

> 第一不會被周圍的夥伴騷擾，心情就輕鬆。不但每人在自己家有房間，在臺北持有出租家屋的藝妲也不少。因此結成義姊妹的會也多，不像南部，日常也需要比較多的交際費。尤其纏住在這種職業，不會沒有飯吃，在精神上，社會也不給與奇異的眼光看待，不會感到不自由。因而，在臺北生了私生子時，男人是會有困擾，女人卻可以沉浸在藝妲的社會，經過三四十年就被叫祖母，可以去找附近的不良老年打麻將，或玩五色牌，過有閒夫人一般的快樂生活。〔註179〕

以上這些描寫，不僅可以作爲先前論述的補充，統而觀之，更是將日據時期大稻埕的藝妲文化一覽無遺，爲歷史留下了最佳的見證。

值得一提的是，張文環除了對臺灣的藝妲文化有相當程度的了解外，對內地的藝妲文化也有一定的認識，我們從他比較兩者間的差異便可分曉。如：

> 臺北的藝妲分散在臺北市內各地方。公娼和私娼也都沒有規定其固定的場所。這在教育上誰敢說沒有貽害？臺北不像內地的藝妓那樣「經常僱用」的方式，而都是自己獨立經營的。〔註180〕

又如：

> 內地的藝妓大都是以賣藝償還押身錢的，臺灣是自己獨立的藝妓比較多。當然也有以賣藝償還押身錢的，而那些大部份都父祖繼續了幾代做這種生意，自然由這些人結合形成一種階級。〔註181〕

雖然這些散見於評論中的文字，對內地的藝妲文化未進一步深入挖掘，但能簡明扼要地披露其特點，已讓讀者有所獲益了。

好讀左拉小說的張文環，使我們不由得從〈藝妲之家〉聯想到《娜娜》。小說的女主人公一者爲潔身自愛的藝妲，一者爲沉溺於金錢享樂的娼妓；她們同樣來自貧困家庭，人生雖然坎坷，但本性善良，爲愛執著，表現出從良

〔註178〕同註142，頁228。
〔註179〕同註142，頁234～235。
〔註180〕同註130，頁22。
〔註181〕張文環著，陳千武譯：〈高級娛樂的停止──追求不自覺的人們〉，收入陳萬益主編：《張文環全集》，卷7，頁3。

向上的願望，無奈結局都是不幸的。左拉通過娜娜短暫的一生，批判了法國上流社會的糜爛；張文環則以采雲哀絕的命運，揭示了人性貪婪的醜惡。如果說《娜娜》係法國第二帝國時期娼妓生活的風俗畫，那麼〈藝妲之家〉便是日據時期臺灣藝妲人生與文化的縮影，兩者皆突破了自然主義框架而達到了現實主義的高度。

（六）迴響

據池田敏雄表示，張文環因為是〈藝妲之家〉的作者而在當時的酒館和藝妲間享有聲望，受到女孩子的敬慕〔註182〕，此係小說內容得到她們的認同及共鳴之故。又〈藝妲之家〉刊載後，隨即有臺、日文學者發表相關評論。龍瑛宗言：「張文環氏繼〈山茶花〉之後發表的力作〈藝妲〉風評甚佳，可見其寫作事業之得心應手，但盼其不僅止於此境，而能致力於更深刻的現實探求。」〔註183〕澀谷精一進一步指出：

> 〈藝妲之家〉雖將藝妲的生涯描寫的淋漓盡致，但思想上卻過於貧乏；而且就只是呈現出藝妲的後半生然後結束。
>
> 這篇作品的問題，在於只把人物當作角色描寫出來；例如采雲這個角色顯得只是一個類型化的人物，讓人覺得只是作者觀念的呈現。（中略）在〈藝妲之家〉中，對於采雲周圍的社會環境，以及家庭環境，都沒有好好的加以描寫。換句話說，關於采雲為什麼非成為藝妲不可的原因，無論是家庭的理由或是社會的理由都沒有半點交代；而只是任由采雲己身的想法作決決。如果僅有采雲養母的貪得無厭一個原因，讀者將無法理解采雲何以遭遇悲慘的命運。在這篇作品中，整個世界是以采雲為軸心運轉的，是以只呈現出一名藝妲的悲劇；甚至所有的主題對於讀者來說都司空見慣，所以才說如果不能從臺灣所具的特殊社會環境中來描繪采雲，就無法給讀者帶來深切的感動。這恐怕並非作者所期待的結果，因此在這層意義上，小說必須非是生活的再現不可。另外這篇小說還有一個缺點，就是采雲這個人物，讓人覺得過於類型化、理念化，原因可能在於其看

〔註182〕同註120，頁19。

〔註183〕龍瑛宗著，張文薰譯：〈回顧昭和十六年的臺灣文壇〉，原載《臺灣藝術》2卷12號，1941年12月，收入陳萬益主編：《龍瑛宗全集》，第6冊，頁205～206。

來太像英雄式的人物了。恐怕讀者們不會相信采雲這個少女，竟然只有公學校畢業程度，至少她看起來一點都不像本島上的典型藝妲。這就是因為采雲這個人物的表現手法，並不是透過作者藝術理念的現實再現，毋寧是作者的思想委託現實中虛幻的姿態，作了理念化的再現吧。〔註184〕

無論是龍瑛宗抑或澀谷精一，他們對〈藝妲之家〉缺失的批評顯然都是從小說的藝術性出發，而之所以會產生諸如思想貧乏、對客觀環境及社會背景缺少深入發掘、人物過於類型化的問題，筆者認為，這是寫作者及評論者所側重點不一使然。站在評論者的立場，著重的是作品的藝術性與思想性；而對張文環來說，〈藝妲之家〉則是他淑世理念的實踐，小說只不過是扮演作者言說的媒介及呈現收羅之題材的載體而已。故小說人物的任務，就是要配合作者的創作意圖，徹底地演繹他所欲傳達的見解或闡述的真實。正因作者過於專注描寫和解釋，以致忽略了前述問題而造成缺失。然瑕不掩瑜，澀古所謂的缺失，雖影響到小說的藝術性與思想性，相反的，卻也突出它的社會性與文化性。且脫胎自臺灣諺語的結局，不僅具有時代意義〔註185〕，亦符合人物的處境與情節的發展，留下令人惆悵的餘韻，展現了作者化平凡為神奇的創作功力。

（七）結語

迄臺灣光復，林博秋繼一九四三年改編張文環小說〈閹雞〉為舞臺劇後，於一九五九年再次將〈藝妲之家〉改編成劇本《嘆煙花》上下集，由自己所主持的玉峰製片場拍成電影。為了加強電影的戲劇性，林博秋增設了小說中

〔註184〕澀谷精一著，張文薰譯：〈小說的難處——談談幾篇作品〉，原載《臺灣文學》1卷2號，1941年9月，收入黃英哲主編：《日治時期臺灣文藝評論集·雜誌篇》，第3冊，頁171～172。

〔註185〕小說結局寫采雲遠眺淡水河，心想：「死了就好，不是說河川沒有蓋子嗎？」「真的，河川真的沒有蓋子啊。」此係脫胎自「淡水河無坎（kam）蓋」的臺諺。而這句諺語，則源於一九三五年完成的臺語歌曲《河邊春夢》歌詞的「淡水無坎蓋」一句，反映當時許多為情所困的青年男女，因無法解脫，遂跳淡水河自殺的情景。雖然這句歌詞後來經原作者周添旺考量其負面效應而予以刪除，但它卻已成臺灣人慣用的諺語且流傳至今，用來比喻「想死隨時都可以去」的意思。另外，在雷屬風行的皇民化運動時期，張文環巧妙地將帶有民族色彩的諺語化作小說素材融入情節當中，亦大有抵制當局文化政策的意味。當然這樣的安排，對無視臺灣人民生活實情的殖民者而言，只能霧裡看花，不知所云了。

沒有的人物和情節，結局也與小說不同，係以有情人終成眷屬的喜劇收場。若論林博秋何以獨鍾張文環的作品，或許看重的即是那份厚重的寫實，能真切地反映臺灣人民的性靈及生活現狀之故吧。

六、〈部落的慘劇〉

（一）情節架構

該篇小說係以現代文明衝擊下的山中部落為敘事場景。故事描寫吳連贊家生有二男，卻無女孩；而鄭進發家則育有三女一男。因此雙方商量後，鄭家決定把次女淑花送給吳家當童養媳，準備將來給長子萬壽為妻，並約以男方二十歲，女方十九歲為結婚之期。但當萬壽快二十歲的時候，卻對即將到來的婚姻產生抗拒心理，他認為父親沒有尊重自己的意志就包辦了這椿親事而感到不滿。且在萬壽眼底，與其一起長大的淑花就跟妹妹一樣，毫無吸引他的魅力。

另一方面，萬壽對和自己同年，於街上公學校畢業後，便回到部落任職駐在所保甲的林猶得，有著既羨慕又嫉妒的複雜情感。羨慕的是猶得會說一口流利的國語，又穿著新潮的西裝褲，這都讓萬壽不由自主地感到自卑；而嫉妒的是發現淑花以很稀罕的眼神看著猶得走路的樣子，遂激起他不服輸的心理，加之對婚事的排拒，致使萬壽毅然地逃出部落到街市謀發展。

萬壽的出走，讓覬覦淑花的猶得有了可趁之機。不過就在猶得調戲淑花時，恰巧被路過的父親林四清撞見，林父氣急敗壞地向兒子的臉上揮了一拳，回到家仍怒氣難消，繼續教訓猶得。林父之所以如此激憤，原因係猶得與淑花乃堂兄妹關係之故。小說至此情節急轉直下，另闢新章，追溯了五、六十年前林、鄭兩家的一段塵封往事。

係林家的祖父酷愛在山間打獵，並以槍術神準出名，然在一次打獵行動中，因一時不察，把到廢棄茶園去撿拾茶芽的堂妹女兒阿宛誤以為山豬而開槍將她錯殺。祖父雖然對阿宛的枉死深感悲痛，但他卻隱瞞了此事，私下把阿宛的屍體棄入溪中。事情發生後的第三年，林家第五媳婦分娩時卻遇上難產，家人找來醫生開藥也請乩童問神祭拜，但都毫無作用。有天，媳婦告訴婆婆說，她只要閉上眼睛，就會看到一位穿著藍色衣服，戴著斗笠，腰間掛著籃子的女人，以憤懣的眼神注視自己，使她從睡夢中驚醒。婆婆立即將此事轉告丈夫，祖父一聽自是心裡有數，當下分別在媳婦的房間和大廳的神壇

前向阿宛的亡靈祈禱，希望她不要把罪過降禍到媳婦及未出生的孩子身上，
並許願說媳婦如能順利生產，就把嬰兒給她做後嗣，亦跟著姓鄭，且爲她做
場盛大的佛事。這一晚，媳婦果然平安地生下小孩，那年的中元節，祖父也
履行承諾舉辦祭典。三年後的春天，祖父便去世了。此即 R 部落的鄭、林兩
家爲何是同胞兄弟的由來，所以吳家從鄭家抱來的媳婦仔淑花，係屬猶得的
堂妹無誤。

　　交帶完這段因果，小說再度回到萬壽離家的這條主線上，說他接到弟弟
的來信後也回信給家人，信中說自己已經省悟，請父母原諒他，表示願意回
家接受其安排，但卻換成猶得出走了。

（二）故事舞臺及時代背景

　　針對〈部落的慘劇〉，我們首先從它的故事舞臺及時代背景談起。小說以
描寫 R 部落住民的生活習性揭幕：

> R 部落的婦女們，早晨起床了，就習慣性地看看別人家的屋頂，才
> 進入廚房。如果看到某一戶人家的屋頂，有紫煙上昇，就忍著還想
> 睡的臉，拿著竹片，到那鄰家去要火種。這刻，也是蒐集部落裡的
> 新聞很有用的機會。而這個部落的婦女們，不像別的部落那樣喜歡
> 鬥爭，全部落的男女都好像是親戚朋友一樣。（中略）這可以說是形
> 成了這部落的秩序，維持了社會道德的關係，並保存了從過去到現
> 在數百年的和平。〔註186〕

這個位處偏遠山區的 R 部落，指涉的正是張文環的出生地大坪。誠如本文第
三章第一節所論，大坪係一和諧又傳統的深山部落，生活其中的人們無爭無
求，辛勤勞作，彼此敦親睦鄰，安樂共處，有如一家。且小說還提到竹筍乃 R
部落最大宗的山產物，每到採收期，整個部落就會充滿活力；這也與大坪因
擁有廣大的孟宗竹林，所以許多居民都以從事竹紙、筍乾等相關工作的產業
特徵不謀而合。又 R 部落裡教授漢文的書房和街上傳授國語的公學校，所形
成的教育體系，亦與日據時期梅山地區的教育實況相符。經此分析比對，讓
我們更加確定小說便是以張文環家族數代居住的大坪做爲敘事場景。

　　關於故事發生的時代背景，小說則提到：「大正八、九年時期，雖然這裡
是偏僻的山裡部落，但是各種文明的波動，當然也會搖動了這裡恬靜的寒村

〔註186〕張文環著，陳千武譯：〈部落的慘劇〉，原載《臺灣時報》8 月號，1941 年 8
　　　　月，收入陳萬益主編：《張文環全集》，卷 2，頁 2。

空氣。」〔註187〕萬壽想到街上工作，即受到這股現代文明思潮的影響，讓他厭惡部落中陳腐的空氣以及違反自由意志的媳婦仔風俗而萌生的念頭，它反映了一個正在變動中的臺灣社會。

一九二○年（大正九年），蔡惠如、林獻堂等在東京成立了「新民會」，站在民族自決的立場，對臺灣人民作啓蒙運動及政治活動的指導，並考究臺灣所有應予革新之事項，以圖文化之向上，爲臺灣新文化運動揭開了序幕。一九二一年，冀藉由文化啓蒙，謀求臺灣人的社會解放與文化提升的「臺灣文化協會」隨之在臺北成立。爲達成目標，文化協會展開一系列的啓蒙活動，包括在全臺各地舉辦文化演講會，致力於衛生思想的宣傳、迷信的破除與陋習的革新，刹時在臺灣社會掀起追求文明、新智的熱潮。作爲年輕一代的萬壽，相信對此感受更爲深刻，象徵現代文明的街市，顯然較傳統守舊的部落更吸引他的目光。

（三）臺灣的童養媳風俗

接著，張文環繼〈藝妲之家〉首度對養女問題作出披露後，在〈部落的慘劇〉則第一次反映了臺灣的媳婦仔（童養媳）風俗。所謂「媳婦仔」，即向他人收養來，以便日後給自己兒子作妻子的養女。而收養媳婦仔的目的有很多，主要是爲了省去將來娶媳巨額的聘金開支，因昔時人家一般生活貧苦，基於經濟考量，遂早早收養幼女，以免去一筆婚費。且多一個人等於多一份勞動力，養女在結婚之前可以幫忙家務或從事其他職業賺錢貼補家用，可說是一舉兩得。另外，因從小就抱來撫養，故養父母可憑己意加以調教，使其符合家風。又因幼時起，即與丈夫及養父母朝夕相處，自然培養出深厚的情感，有助於一家的和樂，並能增進夫妻日後的幸福。再者，對尚無子嗣的夫婦而言，有收養媳婦仔之後容易生得男孩之俗信，謂之「壓青」。以上諸因，皆是媳婦仔風俗得以在臺灣沿襲的理由。

至於收養媳婦仔，雖不必像買養女那樣付出高額費用，但因爲是準備將來給自己兒子作媳婦，所以養家抱養時仍會給生家一筆類似聘金的錢。不過，也有像小說裡鄭家的情形，係家中女兒太多才送人當養女，藉以減輕經濟負擔，這樣養方也就不用支付費用給生家了。

而媳婦仔到養家的境遇亦非完全相同，有的像小說的淑花那樣，被養父母疼惜，視如己出，這當然是最幸運的，且在養入之後，如養家家運順

〔註187〕同註186，頁2。

利，則認為媳婦仔的「加脊位（命運）好」，會讓她更受翁姑寵愛。然也有許多養女，是在養母嚴厲打罵、虐待下成長，嘗盡苦頭，其中心酸血淚，令人不忍卒聽；且如抱養期間，養家遭逢厄運，亦會牽拖到媳婦仔身上，認為其「加脊位歹（壞）」，致有「媳婦仔精」、「媳婦仔體」、「媳婦仔栽」等怨語稱呼。

　　雖然媳婦仔風俗有其未盡妥善及讓人詬病之處，然在 R 部落中，住民卻透過媳婦仔制度形成一種密不可分的親戚族親網絡，起到聯繫彼此情感、維持部落道德、建構社會秩序的作用。而這樣的描寫並非全然虛構，張文環所依據的正是梅山地區特有的風土民情。受限於地理環境，梅山人不可能獨善而居，必須藉由婚姻或聯誼來維繫分散的「人」和「家」，並以容忍的處事態度來維持地方的和睦，如果沒有這種姻親戚誼的友好關係來形成一個團結的體系，任何一人都將無法立足。適媳婦仔制度，正好提供鄉民們與他人交攀的中介管道，也在「以和為貴」的集體共識下，造就了山鄉住民崇高和平，溫良質樸的性格，故虐待媳婦仔之事，自鮮少發生，反映出媳婦仔風俗在梅山地區良善的一面。

　　另外，一般人的認知裡，媳婦仔的一生總是坎坷哀愁的多，因此有人遂以「媳婦仔命」來形容受盡苦楚、任人擺佈的悲慘命運。相反的，與媳婦仔婚配的丈夫，在其生家抱養媳婦仔的那刻起，他便是最大的受益者，不消為將來的終身大事煩擾，只須靜待雙方長成，即可成就姻緣。然看似平順的媳婦仔制度，仍存有不可預知的變數。如同小說所揭示的那樣，萬壽與媳婦仔淑花因從小一起長大，淑花小時候流鼻涕、腿患膿疙疽、尿尿時由屁股跑出條蟲來等不雅、醜陋、噁心的畫面，深刻地烙印在他腦裡。所以縱然淑花長成女人後具有魅惑男人的美，但對萬壽而言卻毫無感受，一點興趣都沒有，他不能接受這樣一個從小就住在一起的女孩，長大以後還要跟她結婚過生活。萬壽不僅對媳婦仔制度提出質疑，更覺得自己是在承擔父母養女的責任，被逼迫著要娶淑花而氣憤難平。

　　由此，突顯了媳婦仔制度的兩面性，自小抱養的結果，亦可能因太熟悉、了解彼此的缺點，而產生負面印象；或因長期相處而失去新鮮感，覺得對方沒有魅力，無法從親情昇華為愛情，這都將使原本的美意變成事與願違的反效果。此外，家裡有養媳婦仔的男子，常會被視為封建、落伍，或因其在同儕之間的「特異性」而遭來友人揶揄、恥笑。張文環於一九四三年創作的小

說〈媳婦〉，就反映了這個現象。男主人公阿全與媳婦仔阿蘭同在一所公學校上課，阿全的「特殊身分」讓他成為同學嘲笑的對象，從揶揄他有妻子到譏諷他怕老婆，使阿全羞恥不已，不但為此跟同學發生衝突，也把怒氣轉到阿蘭身上，夫妻日後的不幸，亦由此種下禍端。

職是之故，若已與媳婦仔結婚生子者，因木已成舟，只得認命；若猶未也，尚可向父母提出異議，倘若父母不能接受，那只好像〈部落的慘劇〉的萬壽和〈媳婦〉的阿全一樣遠走他鄉，以逃避這種不合己意的婚姻。然後續如何？逃離的人就真的海闊天空嗎？張文環以萬壽和阿全的最終結局為我們作了解答，他們到頭來還是回到家鄉，接受這早已預定好的婚姻。而回來的理由或如萬壽所言，是基於「父母在不遠遊」的孝道思想；或像阿全一樣，盤纏散盡又無謀生能力，只好甘心回鄉。

綜而言之，所謂「部落的慘劇」，雖與媳婦仔風俗相涉，然內容卻並非如〈薄命〉（楊華著）、〈不知道的幸福〉（龍瑛宗著）一樣，描寫媳婦仔在養家受盡折磨虐待的故事，而是把焦點放在此一風俗的弊害上。它說明這種預定下的婚姻，無論是媳婦仔或與其匹配的對象，都是被剝奪自主意志的受害者，彼此若無意願，又缺乏感情基礎，那麼勉強「送作堆」，怎會有幸福可言，甚或釀成婚姻悲劇。而不想被強迫的男子尚可像萬壽離家出走，但寄人籬下，身輕言微的媳婦仔又何其無辜，除接受被拋棄的事實外，也只能暗自心傷，期盼丈夫回頭了。諷刺的是，全部落的人都對萬壽歸來，結束這場逃婚「慘劇」的結局表示高興，難道這就是傳統風俗戰勝現代文明的最佳例證嗎？或許，部落的守舊封建，才是真正的慘劇吧！

（四）結語

最後，須指出的是〈部落的慘劇〉在創作上的缺失。該篇的敘述主軸，當為萬壽拋棄淑花逃離部落的慘劇，但通觀全文，與此相關的情節僅在小說的開頭及結尾出現，占整個篇幅的三分之一不到，其餘的三分之二，盡用來追述林、鄭兩家的淵源。再者，這裡作為交代淑花與猶得何以是堂兄妹關係的填充閃回〔註188〕，就其內容、結構而言，已然可稱得上是一則獨立完整的故事。又其懸疑曲折，如志怪小說般的因果報應情節，及從中衍生出的臺灣

〔註188〕填充閃回指在事件之後追敘事件發生的過程，填補故事的空白。是對敘述中省略、遺漏的事件的補充，具有交待、解釋、修正等功能，參見胡亞敏：《敘事學》，頁 67。

人宗教迷信問題，較之萬壽與淑花的命運，更叫人覺得有趣；且阿宛的枉死較之萬壽的出走，似乎是更符合部落的「慘劇」。

這麼一來，側線壓過主線的結果，致使主題失焦，從屬易位。澁谷精一將之比喻爲「一齣『史詩般偉大』的無聊戲劇」，並批評道：

> 不知道爲什麼，總是缺乏一貫性。如果延續精彩無比的前半段，繼續深入媳婦仔的描寫，必能超越〈藝妲之家〉的成就。真是太可惜了。這位老兄是不是好題材源源不絕，卻不知所以裁之呢？〔註189〕

主題模糊不清、情節前後不連貫、內容被題材所淹沒，澁谷精一一針見血地指出〈部落的慘劇〉的缺失。面對龐雜眾多的題材無法取捨、剪裁而將之融於一篇，造成主題模糊之弊，向來就是張文環小說爲人批評之處，當然不是所有作品都是如此。然或許是澁谷精一的批評奏效，才讓張文環知所改進，遂有後來〈媳婦〉的創作。與〈部落的慘劇〉對照，〈媳婦〉無論在情節安排、主題選擇、人物塑造上，皆可視爲〈部落的慘劇〉再進一步發掘、描寫之結果。

七、〈論語與雞〉

張文環小說舉凡以山村、部落爲敘事場景的，其或隱或顯，或多或少，都夾帶著他負笈東都以前的故鄉記憶，且內容所涉及之人、事，也在一定程度上反映了他成長過程中經歷的生活現實。本篇亦不例外，〈論語與雞〉便是張文環兒時在大坪接受書房教育的情景再現〔註190〕。所謂再現型作品的特質，陳憲年解釋道：

> 再現不是照相式的直觀臨摹，更非對生活事實不加選擇取捨的照搬複製，而是通過對具有特徵的、有典型意義的生活現象的描寫，揭示客觀社會生活中的某些本質內涵。〔註191〕

小說中，張文環選擇了書房及民俗做爲描寫的對象，以此來揭示傳統書房教育的衰微和舊式知識分子的無恥墮落，並呈現了部落住民的生活型態。

〔註189〕澁谷精一著，吳豪人譯：〈文藝時評〉，原載《臺灣文學》2卷1號，1942年2月，收入黃英哲主編：《日治時期臺灣文藝評論集·雜誌篇》，第3冊，頁247。

〔註190〕關於張文環兒時書房經驗與〈論語與雞〉兩者之聯繫，可參見本文第二章第一節「教育之啓蒙」。

〔註191〕陳憲年：《創作個性論》（合肥：安徽教育出版社，1997年10月），頁217。

　　該篇小說雖無明確交代其故事時間，但從部落中人也主張日本文明的氣氛看來，再與前作〈部落的慘劇〉類似的描寫相互對照，便可推測〈論語與雞〉當同以一九二〇年代初期的臺灣社會為背景。斯時，島內適臺灣文化協會推展啟蒙運動之故，正處於一個新舊思想交替、磨合的過渡階段；且教育方面，亦因一九一九年昭告「臺灣教育令」而產生重大的變革，主要表現在書房數與公學數的消長上。這些時代遞嬗下的異動，為作者的藝術構思，提供了鮮明可據的現實基礎。

（一）江河日下的書房教育

　　小說的主人公源仔，生長在群山懷抱的部落，他與其他山中的孩子一樣，被送到部落裡的書房接受傳統的漢學教育。然而書房一成不變的教育方式，卻讓源仔覺得枯燥乏味。小說中，張文環以自身受教的經驗，為我們解說書房「早學」的整個流程：

> 一天四次，老師要看學生的書並在書上點朱，讓學生去唸，這叫做授書。說是授書四次當然只是住在書房附近部落的孩子，而從山裡通學的孩子就只能授書三次而已。最初一次叫早學，於早餐前五點左右去書房，學生要輪流燒茶，茶燒好了才去請老師來。（中略）燒茶的時候要有一個人擔任掃除。燒茶而把茶泡好了，要先端一杯茶放在孔子公的神壇，一杯放在老師的桌上，然後去請老師。老師像還沒有睡足似地，在椅子上坐下來，一邊喝茶一邊抽煙，這個時候孩子們就開始早晨的複習，發出聲音唸書。老師聽了一陣子騷開的聲音，便表現出厭煩的神情說：把書拿過來。於是騷音停止了，孩子們便拿著翻開的教科書，依照順序聚集到老師的桌子前面來。有自信的孩子都會先站出來唸給老師聽。唸完了，老師才拿起朱筆，發出有鼻子氣息的聲音，邊讀字句邊點朱色。點完朱，老師暫時坐著抽煙，然後說：如果還有不懂的地方，拿書來問老師。等了一刻，看沒有人有疑問，老師就走出去，孩子們也跟著去拜一拜孔子公，一個一個走回家去。〔註192〕

清代書房的設立，原是為了將來科舉考試做準備；迨日本入臺後，此功能亦隨之喪失，單純成為孩童讀書識字與學習儒家經典的場所。而由上文可知，

〔註192〕張文環著，陳千武譯：〈論語與雞〉，原載《臺灣文學》1 卷 2 號，1941 年 9 月，收入陳萬益主編：《張文環全集》，卷 2，頁 25～26。

部落裡的書房仍維持著傳統的作息型態和規矩；邊抽菸邊講學的老師亦是一副老學究的氣象，在在都顯示其因循守舊的一面。至於老師的教學，乃以授書爲主，一天四次；如此圈點背誦，反覆不斷，日復一日的無趣上課方式，並非源仔的理想。他希望能到街上的公學校唸書，這樣不僅可以戴上校帽，說著流利的國語來向鄉人炫耀，還可看圖畫書；回到家後也不必再復習《論語》，能在院子裡大吵大鬧或大聲唱歌，又能以顏料盡情作畫，公然地玩耍。源仔對書房的排斥，對公學校的嚮往，與之類者甚多矣。

於一九〇三年入彰化第一公學校就讀，一九〇七年又進書房學習漢文的賴和，在其回憶文中把書房比喻作「監獄」。因爲終日不離座位，且老師頗爲嚴厲，動輒挨打；相形下，公學校則有下課時間，可以自由嬉戲，有如樂園，因此每天都歡喜到學校〔註193〕。楊肇嘉在其回憶錄裡亦云：「學校是兒童們的樂園，在那裡便可以找到許多小朋友一起遊玩。所以當一聽到將送我去讀書時，我高興極了！日日夜夜都在期待著上學的這一天快些到來。」〔註194〕公學校吸引兒童的原因，不僅是有下課時間可以嬉戲，更在於它豐富多元的課程設計，除了修身、國語、歷史、地理等傳授知識和國家理念的學科外，另有讓兒童感興趣的圖畫、體育、唱歌等科目；且爲了培養學童的國民精神，還會舉行朝會、學藝會、運動會、整理校園等活動，這些都是比單調的書房教育更具魅力之處。

然看似多元的公學校課程，其最主要的傳授重點，係日本殖民臺灣之初就致力推行的國語教育。賴和即言：

> 上學校自然是去學日本話，這就是讀書。日本話以外，別無所謂讀書，學問也就在說話之中，只有這是所謂要緊的。父兄們使子弟讀日本書的目的，也就在此，因爲這是要緊的。所謂要緊者，是因爲會說日本話的人，在當時比較的皆得有好處，只說好處怕含糊一點，說較明白就是特別會多賺錢，讀書的目的是在賺錢，給子弟讀書的父兄，總忘不了這正當的目的。在我初入學的時代，被視爲不要緊的日本書，遂也漸被認爲要緊的了。〔註195〕

〔註193〕參見賴和：〈無聊的回憶〉，原載《臺灣民報》218～222 號，1928 年 7 月 22 日、29 日、8 月 5 日、12 日、19 日，收入林瑞明編：《賴和全集》（臺北：前衛出版社，2000 年 6 月），第 2 冊，頁 229～248。

〔註194〕楊肇嘉：《楊肇嘉回憶錄》（臺北：三民書局有限公司，1968 年 12 月），上冊，頁 24。

〔註195〕賴和：〈無聊的回憶〉，頁 240。

殖民政府推行日語的目的，原是爲了統治方便及同化臺灣人民之需要〔註196〕；
而臺灣人民則從功利主義的立場出發，有目的的去學習日語。姑且不論雙邊
之動機，在各取所需的情況下，的確造成書房數與公學校數之消長。

表五：日據時期漢書房與公學校及其學生數一覽表（1902～1906；1919～1921）

年　代	書房數	書房學生數	公學校數	公學校學生數
1902	1623	29742	129	19582
1903	1365	25710	139	22269
1904	1080	21661	141	24032
1905	1055	19255	144	28051
1906	914	19915	152	32281
1919	301	10347	306	125135
1920	225	7167	352	151093
1921	197	6490	454	173795

　　由上表〔註197〕即可清楚的看出，一九〇三與一九〇四年之交，以及一九
一九至一九二一年之間，書房數分別下降了約百分之二十一及百分之三十
五。再從學生數分析，一九〇三與一九〇四年之交，公學校學生的成長數約佔
書房學生流失數的百分之五十；到了一九一九至一九二一年間，公學校增加
的人數甚至超過了書房減少的人數。這樣的數據，除了印證前文賴和（一九〇
三年入學）的時代感受外，也反映張文環（一九二一年入學）／源仔由書房
進入公學校就讀之際，正逢日本文明／啓蒙運動高漲的兒童教育轉換期。因
時代遞嬗加上官方以普及日語作爲教育方針的影響下，連懵懂的山村小孩，
即使沒上過公學校，也不自覺地在擺架子的時候，學習內地人講話的發音和
語調，如此一來就像命令般，可以獲得精神上的優越感。故依源仔想到公學

〔註196〕語言在同化中起著特別重要的作用。同化總是從模仿行爲和學習語言同時開
　　　　始的，但是如果只有行爲的模仿而沒有語言的溝通，是不可能完成同化的。
　　　　語言是同化的重要工具，也是同化完成的一個重要標誌。思維方式支配行爲
　　　　方式，先有思想上的同化才有行爲上的同化，而思想是離不開語言的。語言
　　　　起著溝通兩種文化的橋樑的作用，沒有這個橋樑，就不會接收異族文化，當
　　　　然更談不上同化。參見張克榮：《當代社會學》（天津：群眾出版社，1988 年
　　　　4 月），下冊，頁 147。
〔註197〕資料來源參見林茂生著，林詠梅譯：《日本統治下臺灣的學校教育——其發展
　　　　及有關文化之歷史分析與探討》（臺北：新自然主義股份有限公司，2000 年
　　　　12 月），頁 273、280。

校學習「流利的國語」來嚇唬鄉下人的心態觀之,「語言」的工具性與實用性,已被它背後所代表的優越性和現代性消解。

於此,二元對立的無形框架,實悄然地根植在殖民地兒童的心中。據社會語言學研究顯示,從語言本身的角度看,無法說哪一種語言優於另一種,換句話說,沒有所謂低級的或所謂原始的語言。語言之間雖存在著差異性,然差異並不能表明好壞,但建立在社會和文化價值基礎上的標準,會影響到對不同語言優劣的評判。語言在某種意義上是人們身份和地位的象徵,某些群體比另一些群體更有地位,他們的語言、方言如發音也就有了更高的地位。因此作為評判標準的,不是所說的話,而是說話的人〔註 198〕。日據時期的臺灣,由於殖民者與被殖民者在社會、政治、經濟、文化上的不平等,致使各自的語言有了高下之分。源仔嚮往公學校生活,進而學習、使用殖民者語言,就如〈過重〉裡的健,崇拜掛有金辮帶肩章的老師,以其為努力目標一樣,皆在權威認同的迷失下,不自覺地向支配集團靠攏。

職是之故,殖民新式教育的推展、日語的普及,和臺人教育觀念的改變,以及兒童上公學校的意願提升,加之文化／文明思潮的推波助瀾,俱使江河日下的傳統書房教育,逐步走向歷史。

(二) 舊式知識分子的無恥墮落

「知識分子」或「知識階層」係一外來詞,中國古代並沒有這個名稱。按余英時的說法,它最初源於俄國的所謂「intelligentsia」,出現在一八六〇年代中,遠源可追溯到十八世紀的貴族階級;至於現在英文中的「intellectuel」這個詞,則起源甚遲,據學者考證,它大概是由法國「老虎總理」克雷門梭(G.Clemenceau)在一八九八年首次使用的〔註 199〕。而西方的知識分子在中國古代,就相當於「士」階層,然兩者雖在基本精神上有契合之處,但仍不可等同視之。那麼,中國的知識分子究竟於何時形成呢?學術界一般認為,一九〇五年因科舉制度的廢止,中國的士傳統亦隨之終結。其後,以胡適為代表的留洋學生,歸來後即為中國第一代知識分子。而由科舉背景過渡到新時代的文人,如康有為、梁啟超等,則可視為前／舊知識分子〔註 200〕。

〔註 198〕郭熙:《中國社會語言學》(江蘇:南京大學出版社,1999 年 3 月),頁 51～52。
〔註 199〕參見余英時:《士與中國文化》(上海:上海人民出版社,2003 年 1 月),頁 3。
〔註 200〕參見邵建:《知識分子與人文・序》(臺北:秀威資訊科技股份有限公司,2008 年 1 月),頁 4。

何謂知識分子？劉易斯・科塞（Lewis Coser，1913～）云：

知識分子在其活動中表現出對社會核心價值的強烈關切，他們是希望提供道德標準和維護有意義的通用符號的人，（中略）知識分子是從不滿足於事物的現狀，從不滿足於求諸陳規陋習的人。他們以更高層次的普遍真理，對當前的真理提出質問，針對注重實際的要求，他們以「不實際的應然」相抗衡。他們自命為理性、正義和真理這些抽象觀念的專門衛士，是往往不被生意場和權力廟堂放在眼裡的道德標準的忠實捍衛者。〔註201〕

艾德華・薩依德（Edward W. Said，1935～2003）則將之定義為：

知識分子是具有能力「向」（to）公眾以及「為」（for）公眾來代表、具現、表明訊息、觀點、態度、哲學或意見的個人。而且這個角色也有尖銳的一面，在扮演這個角色時必須意識到其處境就是公開提出令人尷尬的問題，對抗（而不是產生）正統與教條，不能輕易被政府或集團收編，其存在的理由就是代表所有那些慣常被遺忘或棄置不顧的人們和議題。知識分子這麼做時根據的是普遍的原則：在涉及自由和正義時，全人類都有權期望從世間權勢或國家中獲得正當的行為標準；必須勇敢地指證、對抗任何有意或無意違犯這些標準的行為。〔註202〕

由此可知，知識分子是不墨守陳規陋習，本著「社會的良心」維護人類基本價值（如理性、自由、正義、公平），並以其高道德標準來批判社會一切不合理的現象，是超越個人或集體私利之上的殉道者。日據初期，臺灣社會的領導階層仍是以前清留下來的傳統知識分子為主，相對於後來接受現代教育的一代，這批原以科舉功名為人生目標的舊式知識分子，面對改朝換代，因頓失理想，故而產生人格及思想上的異變。他們或堅定民族立場，革命抗日；或致力於臺灣文化的提升、啟蒙民眾，冀以達到殖民解放的目的；或感前途無望而意志消沉，甚至縱情酒色；或傾向機會主義，賣國求榮，淪為統治者的傀儡。基此，在臺灣新文學的作品中，一些具有反省能力或進步思想的作家，開始透過詩文或小說的創作，批判、諷刺、揭露了那些迂腐墮落、抱殘

〔註201〕（美）劉易斯・科塞（Lewis Coser）著，郭芳等譯：《理念人：一項社會學的考察》（北京：中央編譯出版社，2001年1月），頁3。
〔註202〕（美）艾德華・薩依德（Edward W. Said）著，單德興譯：《知識分子論》（臺北：麥田出版股份有限公司，1997年11月），頁48～49。

守缺、寡廉鮮恥的舊式知識分子形象。張文環在〈論語與雞〉中，便刻畫了一位處事不公、表裡不一、寡廉鮮恥的假道學書房先生形象。為人師表，本該謹言慎行，以身作則，才能為學生樹立典範，但源仔及山村部落的家長們對書房老師的行為準則和人格修養卻從信任、質疑到否定，以下就讓我們來探明原因。

首先，源仔認為老師在教育上有雙重標準、親疏差別，他對學生嚴格，對自己的子女卻寵愛放縱。其女兒阿嬋，雖與源仔一同在書房學習，但老師顧及女兒的體面，允許她有個人行動的自由，因此未讓她正式入門。按照書房的規矩，學生必須於清晨五點左右去書房上早學，然後輪職燒茶，這是部落孩子們覺得最辛苦的事，尤其是輪到負責燒茶的人，更要比其他同學早至學校才來得及。然阿嬋因未正式入門，所以也就不必受此規範。且她到課時間亦不受約束，貪睡時就不來上課，或者姍姍來遲，故學業成績並不出色。而阿嬋九歲的弟弟，較之姊姊愈顯頭腦遲頓，不過由於老師溺愛放任的關係，對其姊弟的行為都不加責打。老師縱容子女的態度，相對於嚴屬管教自己的父親，讓源仔產生「究竟哪一個才是真正愛孩子」的疑惑，他不禁想要質問老師，是不是「別人家的孩子比較容易教」〔註203〕。於此，老師的處事不公，已然在源仔的心裡產生負面的評價，其權威性也隨之動搖。

再者，如張文環於《山茶花》以梅山為原型所描繪的山村部落般，〈論語與雞〉裡的部落住民，亦因文明風氣的影響，對子女的教育甚為重視，雖有各種因素無法立即讓小孩到街市去上公學校，但仍把他們送進部落的書房去學習。縱使下雨天山路難行，山裡孩子們的雙親還是會把他們趕到書房，其堅持的理由倒不是說繳了學費太可惜，而是認為不去上課，就無法習得老師的學問，課業也就不會進步；相對的，教程度不好的學生，老師便落得輕鬆，容易敷衍搪塞，如此則有失部落人的體面。不過父母的用心，卻沒有得到預期的結果，因為每逢下雨天，部落雜貨店的屋簷下會賣油炸豆腐，老人們都會聚集在那兒賭博，邊吃豆腐邊喝酒。這時戀酒貪杯的老師也會加入他們，並高談闊論地講起三國或列國故事吸引眾人聆聽。反觀書房裡，沒了老師的監督，孩子們開始大膽地嬉戲打鬧，作者嘲諷的形容說：「不管是老師或學生，書房陷入無政府狀態了。」〔註204〕直到黃昏時刻，老師才滿足地回到書房。

〔註203〕同註192，頁24、25。
〔註204〕同註192，頁30。

韓愈〈師說〉中云：「師者，所以傳道受業解惑也。」〔註205〕指的是身為人師份所當為之事。但這位接受傳統漢學教養的書房先生，顯然背離了師道，於上課期間外出尋樂，任由學生胡亂嬉鬧，此乃嚴重的失職怠惰，也辜負了家長的寄託。一日雨天，從街上要回部落的村民們目睹了書房變成遊戲場的景象，深怕孩子不但沒習得禮貌規矩，反而學到壞習慣，於是紛紛將其退學。

然而，即便眾人不說，但心裡應該都明白家長們對書房失去信任的關鍵，也就是壓垮駱駝的最後一根稻草，當是村人賭咒殺雞那天所發生的事。

某天下午上課到一半，陳姓與鄭姓兩位村民互相指控對方盜伐自己的竹林，為解決紛爭，兩人於是相約到有應公面前斬雞頭發誓。因為沒有看過這種激烈的場面，部落中許多男女都尾隨其後要去看熱鬧，老師也顧不得還沒放學就加入隊伍。由於老師的焦點都專注在這件事上，絲毫不察源仔等學童亦趁其不注意跟著來到。面對村人質疑讓小孩一同前往是否合宜時，老師才驚覺疏忽，但其可議之處在於並無立即將學童斥回，而是以「觀摩」為由替自己的失責掩飾。尤令人瞠目結舌、不敢置信的是，當立誓儀式結束後，老師竟跳下崖去撿那隻被斬了脖子快要死掉的雞，並把牠帶回家裡烹煮，再一副若無其事的走進書房。因此行耽誤了時間，便只叫學童把書拿過來，用朱筆點了新頁就讓他們返家。對於老師今日的作為，「源仔感覺幻滅的悲哀，覺得阿嬋很可憐。有這樣心術污穢的父親，他又是自己的老師，真是可恥」〔註206〕。源仔至此更討厭留在書房，且是日因目睹了白天的血腥畫面，讓他夜裡從夢中驚醒，這全要怪罪於老師的懈怠與荒唐。

揚雄《法言・學行》說：「師者，人之模範也。」〔註207〕為人師表者，本應以身作則、躬先表率。以孔子為例，他平日教學最重人格感化，行不言之教，使學子於耳濡目染中收潛移默化之功。嘗言：「其身正，不令而行；其身不正，雖令不從。」「苟正其身矣，於從政乎何有？不能正其身，如正人何？」〔註208〕俱說明了「以身作則」在教育上的重要。小說中的書房先生，身為部

〔註205〕（唐）韓愈著，陳霞村、胥巧生解評：《韓愈集》（太原：山西古籍出版社，2005年5月），頁132。

〔註206〕同註192，頁36。

〔註207〕（漢）揚雄著，（晉）李軌注：《揚子法言》（臺北：世界書局，1955年11月），頁2。

〔註208〕（魏）何晏注，（宋）刑昺疏：《論語注疏》（臺北：藝文印書館，1997年《十三經注疏》影印清嘉慶二十年重刊本），見〈子路〉，卷13，頁116下、117上。

落少數知識分子，受村人們所託付，冀其能傳授學術品行予子弟，但他卻有
負眾望，不僅處事不公、怠忽職守，且寡廉鮮恥、自甘墮落。爲了貪小便宜，
竟置形象、尊嚴於不顧，去追逐那被視爲不吉，象徵穢物的雞。當他迫不及
待地拿回家，流著口水在拔雞毛的同時，也意味著拔去了封建文人最重視的
人格、氣節和村人之信任。韓愈言：「道之所存，師之所存也。」〔註209〕《禮
記・學記》云：「師嚴然後道尊。」〔註210〕可見尊師乃係重其道，如果「師」
而無「道」，那就喪失了爲師的條件而不配受人尊敬了。

　　作者藉由源仔對老師幻滅的悲哀，有力的刻畫出一個道德淪喪、風骨盡失，
違反先賢教義的無恥、墮落舊式知識分子形象；也似乎暗示著這類思想迂腐、
不能與時俱進之流，將同書房般，被現代文明所淘汰，消逝在歷史的洪流中。

（三）、部落住民的生活型態

1、祭典活動

　　民俗節慶是漢民族社會及中華文化相當重要的一環，不論是在中國或臺
灣，它都與人民的現實生活融合一體、緊密相連。〈論語與雞〉便是以盂蘭盆
會前夕，部落住民浸淫在一片歡欣熱鬧的氣氛中開場：

> 祭典的日子快到了，沒有月亮的晚上，部落的青年們也點燃火把練
> 習弄獅子舞，庭院充滿了勇武的空氣。鑼鼓陣和弄獅子舞總是最受
> 歡迎的節目。部落的青年們要展武現勇就要趁這個機會，每個人都
> 拚命地練習拳道。於是在院子的各個角落，都能夠聽到撲呻撲呻的
> 切風拳音。〔註211〕

中元節或盂蘭盆會是張文環小說中最常提及的節慶祭典，可見臺灣人民對其
十分重視。道教分別以農曆正月十五的上元節、七月十五的中元節、十月十
五的下元節作爲天官、地官及水官大帝的誕辰。而七月十五這天，也是民間
祭祀祖先祈求庇佑的日子，因此是日無論貧富，家家都會準備豐富的牲禮來
敬拜地官大帝及祖先。

　　至於佛教，則稱七月十五這天爲盂蘭盆會，此係源自佛經「目蓮救母」
的故事。《大藏經・佛說盂蘭盆經》提到目蓮見其亡母在地獄受餓鬼的苦刑，

〔註209〕同註205，頁132。
〔註210〕（漢）鄭玄注，（唐）孔穎達疏：《禮記注疏》（臺北：藝文印書館，1997 年
　　　　　《十三經注疏》影印清嘉慶二十年重刊本），見〈學記〉，卷36，頁654下。
〔註211〕同註192，頁22。

目蓮不忍，想用缽盛飯給他母親充飢，但飯食未入口即化成火炭，目蓮只好求助於佛祖。佛祖言其母罪根深結，必須於七月十五日，備百味五果於盆中供養十方大德眾僧，仰其力方能解救母親脫劫〔註212〕。從此佛教徒就在這天舉行盂蘭盆會，誦經施食，為孤魂餓鬼超渡，也就是俗稱的「普度」。又漢民俗云農曆七月一日「鬼門開」，目的在讓陰間的眾鬼返回陽間探視自己的親友及子孫，直到七月三十日「鬼門關」才回至地獄。這整個月裡因鬼門大開，百姓為求平安，無不供奉飯菜來祭祀，而以七月十五日中元節當日為活動的最高潮。故現今的中元普度祭點，實融合了道教的中元節與佛教的盂蘭盆會，成為臺灣節慶中一年一度的盛事。例如最早被派駐臺灣的日人之一佐倉孫三，在其著作《臺風雜記》中便記載了「盂蘭會」的景況：

> 臺人勤業貨殖之風，無貴賤、無老少皆然。是以一年三百六十餘日，
> 營營栖栖，未嘗休業撤勞。唯中元盂蘭會，戶戶爭奇、家家鬪奢，
> 山珍、海味、酒池、肉林，或聘妓吹彈、或呼優演戲，懸采燈，開
> 華筵，歌唱管絃，亘一月之久。〔註213〕

這樣的熱鬧氣氛，在傳統的山村部落裡更顯濃厚。如文中所述，青年們為了能在祭典期間大展身手，無不加緊練習表演節目；而其他住民也為了賺錢供祭典花費孜孜不倦，整個部落忽然充滿活力地忙碌起來。作者還藉由對比的方式，透過源的感受——祭典過了之後，部落就會有霉味，令人覺得想要跟著巡迴演出的藝人一起去旅遊〔註214〕——具體地反映出中元祭典在部落人民生活中的重要性，讓眾人不分長幼皆引領期盼它的到來。

2、入學規矩

由於部落中沒有新式的教育機構，因此父母們便將子女送進書房，而入學時則須依循傳統禮制為之：「在入學那天帶著雞蛋等祭品去拜孔子公。」〔註215〕對此，作者並沒有進一步說明其用途與意義何在？據《臺灣舊慣習俗信仰》一書載：

> 私塾多半在每年的正月開學，由父母領著孩子到書房先生那裡報
> 名，去時要帶雞蛋、蔥、芹菜、「豆仔糖」等贈送老師。私塾在書房

〔註212〕參見（西晉）月氏三藏竺法護譯：《佛說盂蘭盆經》，收入大藏經刊行會編輯：
《大正新修大藏經》（臺北：大藏經刊行會，1983年1月），第16冊，頁779。
〔註213〕同註164，頁6。
〔註214〕同註192，頁23。
〔註215〕同註192，頁26。

的正中央供有孔子像，開學那天，父親要領著孩子祭拜孔子，並由
老師用家長送的雞蛋，從學生後面往前滾，如果雞蛋正好滾到兩腿
的中央，就表示將來讀書成績會好。送蔥是「聰明」的諧音，討個
聰明的吉利話。而芹菜的「芹」和「勤」的音類似，是討「勤學」
的吉利話。至於所送的砂糖豆，則是分給同學吃的。〔註216〕

中國人尊孔子為萬世師表或至聖先師，頌揚他學而不厭，誨人不倦，有教無
類的治學態度和教育精神。在其人格、思想的薰陶下，樹立了中國人尊師重
道的優良傳統，這從書房裡奉祀孔子像，學童入門時要敬獻老師束脩並祭拜
孔子，便可窺見一斑。即使是高唱日本文明的時代，部落家長及學童們對此
依然遵行不悖，揭示了儒家文化對人民生活、觀念根深柢固的影響。

3、爭訟裁斷

在臺灣民間，尤其是較為傳統封閉的鄉下地方，如遇是非善惡難辨之事
端，多利用賭咒（立誓），俗謂「咒咀」的方式，交由神斷。小說描寫陳福禧
和鄭水聲相互指控對方盜伐自己的竹林，為此鬧進了警察派出所，不過警官
也束手無策，曲直難分。雙方僵持不下，陳遂提議與鄭一起到有應公面前去
斬雞頭發誓，其誓詞如下：

> 假如鄭沒有盜伐我陳的竹子，由於我令他負上冤罪，那麼這隻雞靈
> 可以附在我身上。相反的假如鄭真的盜伐了我陳的竹子，雞的冤魂
> 啊，去找鄭吧。相對的鄭就唸相反的誓詞發誓。〔註217〕

通常民間賭咒立誓的形式可依其情節之輕重分成三種。一般紛爭，便以口頭
當場對天發誓，即「指天咒咀」；事態較嚴重者，為求慎重起見，則須到城隍
爺、大眾爺等司法神面前發誓；至於像文中所提的「斬雞咒咀」，則是立誓形
式中最為極端的，意指誓詞如有半句虛假，那自己的命運就像雞一樣頭斷血
流。一言以蔽之，不論採何種方式立誓，它利用的乃是人民敬畏鬼神、懼怕
因果報應的心理，從而使不敢發誓的人被迫吐實，或讓一些狡猾之徒在發誓
時，因心虛而露出破綻。再從民俗學的角度觀之，陳勤建以為民俗的功效中
有所謂的「法約性」存在，其言：

> 任何民俗都具有法律一般的約束能力，民俗的法約性是十分奇特
> 的，它與憲法典律不同，是一種約定俗成的習慣力量，包括了信息

〔註216〕同註169，頁113。
〔註217〕同註192，頁32。

　　　　　壓力、規範壓力、慣性壓力和民俗制度。不論民俗呈什麼形態，一
　　　　　旦形成，便會對人民的生活、言行產生法一樣的效應。〔註218〕
賭咒立誓之所以成為漢民族社會爭訟裁斷的心意信仰民俗，即因其蘊含的權
威文化對人們的思想言行具有如法律般的制約規範力量，它與會危害社會生
活的純粹迷信不同，其合理的流行、應用，不僅可以遏止人的劣根性，亦可
促進人性的良知，達到維持社會秩序，穩定社會和諧的積極效果。時至今日，
即便教育普及、科學昌盛、思想開化，但類似於小說的故事情節——對於人
民的爭訟事件，代表國家機器的派出所無法發揮科學辦案的作用，而須仰賴
民間賭咒立誓的俗信來輔助判斷或協助破案——在臺灣民間仍可聽聞，證明
它已成為臺灣人民生活型態中一種代代相承的文化傳統。

（四）寫作技巧

　　對小說篇名的匠心設計，一直都是張文環作品的一大特色，他慣用富有
象徵性或寓言性的文字，來反映小說的主題意旨，並傳達個人的文學思想，
使其大部分的小說皆能達到「文」、「題」相契的藝術統一。而〈論語與雞〉
可說是張文環小說篇名中最「奇」、最「怪」者，若單從字面意思要猜想作品
內容，我想會讓大多數的人有丈二金剛摸不著頭腦之感吧！不過當我們仔細
地品讀完小說後，便不難看出作者獨具的巧思了。依筆者之見，「論語」與「雞」
代表的正是小說兩條敘述主線，前者為部落的書房教育，後者係部落的風俗
民情，兩線以村民爭訟為接點，合而為一，並將情節帶至最高潮。再就二者
蘊涵的深層意義論之，《論語》是孔子和弟子們的談話兼及行事的記錄，被歷
代儒學者奉為立身處事、人格修養的學術寶典，是中國禮數傳統之象徵；而
「雞」乃常見之家禽，或給人們食用，或作祭典法事之供品，在小說中則象
徵「物質慾望」。這一雅一俗互相衝突、互不協調的結合，構成了作者反諷虛
偽貪婪的書房老師之喜劇因素，由此引出傳統禮教和封建道德的崩潰，以及
舊式知識分子在新時代的墮落，從而揭示一九二〇年代臺灣社會於思想、文化
和教育型態上，與時俱進的不爭事實。

　　其次，〈論語與雞〉承襲了〈過重〉以兒童視角作為敘事觀點的手法，張
恆豪對此評道：

　　　　　在世界文學以及當代電影中，不乏以兒童的觀點，或以少年為主角，
　　　　　來觀察反思成人世界的生存百態及價值觀念。兒童的敘事眼睛，雖

〔註218〕同註 44，頁 70。

　　然沒有社會化的世故成熟，卻是純真心靈的自然反映，不摻雜世俗
　　的虛偽和利害，直穿透人生潛在的真偽善惡，因此以兒童的敘事觀
　　點，直道人間真相，拒做任何批判，其實隱隱透露的正是作者自我
　　的人生觀照。〔註219〕

作為小說裡的聚焦者，源仔有如攝影機般，將日常生活的所見所聞一一攝入
鏡頭，客觀而真實地呈現了異族統治下臺灣人民的生活實相，不論好的、壞
的，純樸或偽善的，都帶有鮮明的「我族」文化氣息，是殖民「他者」無法
置喙、滲透的臺灣人集體記憶。張文環企圖藉由源仔的童眼來見證一段現代
進程中的臺灣歷史，透過他對成人世界的觀察、對生活現狀的省悟，為我們
揭示了舊有價值和既存體制「改變」的必然結果，有效地強化了小說的時代
感和現實性。

　　而在客觀環境及場面的描寫上，作者則以自然主義的敘事技巧，鉅細靡
遺的將聚焦者之見聞忠實地呈現在讀者面前。例如源仔對書房格局及阿嬋睡
姿的陳述：

　　廚房的一半當做學生的房間。中間的那一房是老師專用的。老師的
　　隔壁房間是男學生的房間，這個房間的隔壁就是老師的住所，房間
　　的一角放著木板造的眠床，晚上就是在這裡睡覺。（中略）源仔進入
　　這個房間來找火柴時，看到阿嬋還在熟睡的臉，覺得很可笑。因為
　　她是女生，卻張開手腳以大字形睡著，好像青蛙仰望的姿勢，阿嬋
　　把一隻腳靠在弟弟的肚子上，這樣的睡法讓人覺得弟弟太可憐。靠
　　的地方如果是在弟弟的脖子上，也有可能使弟弟氣絕。〔註220〕

通過源仔具體的描繪和天馬行空的想像，為讀者展示出一幅幅歷歷如目、生
動鮮明的有趣畫面。此外，和其他作品一樣，張文環再次表現了他對小說人
物心理、情緒的高度掌握，如寫阿嬋因睡覺的臉被喜歡的人（源仔）看到而
露出不悅的表情，讓源仔見之害羞地跑了出去，表現出兩小無猜的微妙感情。
又如寫源仔被父親抽問功課時的緊張，以及因跟著咒誓的人去看斬雞頭而怕
父母打罵的焦慮不安，都深刻地刻劃出兒童對父親權威不容挑戰的懼怕心
理；而當他發現父親無意責備自己後，隨即收斂情緒，藉故說話討好母親，

〔註219〕張恆豪：〈日據末期的三對童眼——以《感情》、《論語與雞》、《玉蘭花》為論
　　　　析重點〉，收入陳映真等著：《呂赫若作品研究》（臺北：聯合文學，1997 年
　　　　11 月），頁79。
〔註220〕同註192，頁27。

把源仔想掩飾過錯的心機傳神地揭露出來。以上，皆使我們見識到作者擅於揣摩人物在各種情境下，不同心理變化的功力。

（五）〈論語與雞〉評價再議

身為戰時臺灣文壇指標性人物的張文環，其言動想當然是眾人關注的焦點，每每新作刊出，即不乏有文藝界人士發表文章評論之。然觀點不同，則褒貶各異，以下筆者便以〈論語與雞〉為例，就其相關評論提出個人見解，冀能給予該作更客觀的文學評價。

首先，於張文環私人剪貼的文章中，有一篇木口毅平作，名為〈尖兵〉的評論：

> 以鈍重的姿勢打破文學的硬壁，像盲目往前衝的一頭牛，在此，張
> 文環氏的〈部落的慘劇〉、〈論語與雞〉，都是瘋狂地表現其浪漫精神，
> 充滿苦澀的文學體臭的作品，不管如何，在此可明白的看出其獨特
> 的個性，完全不同於龍瑛宗氏的〈白色山脈〉。〔註221〕

讀完這篇評論，讓人有種不知所云的感覺，特別是他以「浪漫精神」和「苦澀的文學」來評價張文環的作品，更是與我們認知上的張文環文學特質扞格不入。其中疑惑，或許可從另一篇中村哲的評論文章〈論近日的臺灣文學〉找到解答：

> 張文環的作品雖然筆力雄渾，但我認為尚未完全發揮到極致。他的創
> 作欲和表現的形式是從來的小說形式所不能侷限的。光是這一點，就
> 足夠令人對他的不羈野性寄予深切的期待了。張氏絕不可滿足如前一
> 期刊的〈論語與雞〉那種夏目漱石所鼓吹的「低迴趣味」。他的長處
> 在於筆力的強勢與韌勁，不需被舊有的小說類型所拘束，也無須顧慮
> 小說的結構云云，應該開拓出屬於他自己的一條路。〔註222〕

蔡源煌嘗言：「浪漫文學的特質，可以用『解脫』兩個字來涵括。它一則解脫既往的文學規格化做法，一則也尋求人性束縛的解脫。」〔註223〕以此概念，再參照中村哲之言來解釋木口毅平所謂的「浪漫精神」，便可豁然開朗。

〔註221〕木口毅平著，陳明台譯：〈尖兵〉，收入陳萬益主編：《張文環全集》，卷 8，頁 7。

〔註222〕中村哲著，吳豪人譯：〈論近日的臺灣文學〉，原載《臺灣文學》2 卷 1 號，1942 年 2 月，收入黃英哲主編：《日治時期文藝評論集・雜誌篇》，第 3 冊，頁 227。

〔註223〕蔡源煌：《從浪漫主義到後現代主義》（臺北：雅典出版社，1988 年 4 月），頁 4。

　　木口毅平意在強調〈部落的慘劇〉和〈論語與雞〉於表現形式和結構安排上，有別於舊有的小說類型；張文環以獨特的「野性」，不迎合世俗觀點，創造出屬於自己的文學特色，這是木口及中村兩人對其肯定並予以鼓勵之處。而木口所謂「苦澀的文學」之批評，乃是就張文環作品的主題及風格而言。不論是〈部落的慘劇〉或〈論語與雞〉，作者皆揭示了舊有傳統對人性的桎梏，前者寫萬壽束縛於童養媳婚姻的悔恨；後者則寫源仔因接受書房教育，而無法像公學校的小孩盡情玩耍的憂鬱。為了解脫他們生活的苦澀，作者安排萬壽逃離部落、暴露書房先生的道德偽善，但一切的描寫均是以殖民地的現實社會為基礎，濃厚的時代性、社會性與寫實性，即為張文環文學無可取代的體臭。然並非所有的文學者，都能像木口和中村一樣肯定、同意或接受張文環小說的獨特之處。如向來在評論上言辭犀利的澀谷精一就對〈論語與雞〉批判道：

> 和前一期的〈藝旦之家〉相比，本作似乎有點草率，而且還很不容易讀。這篇小說後半段比前半段有趣，可是在結構安排上有問題，使得最重要的作品主題模糊失焦，使前後互不搭調，非常可惜。前半段中，阿源和老師的女兒之間的情節，並沒有多大意思。如果將此段刪去，而能夠集中描寫諷刺那位品行不端的論語老師，則必然成為一篇好作品。〔註224〕

由上述可知，澀谷精一針對的，是小說結構及主題的缺失。他認為〈部落的慘劇〉和〈論語與雞〉兩作，都有前後情節不連貫而造成主題失焦的弊端。但筆者以為澀谷的這番評論，只適用於〈部落的慘劇〉，〈論語與雞〉卻沒有他所指稱的問題。因為同樣以二條敘述主線推動情節發展的兩作，後者做到前篇未有的統一；且在小說主題的闡釋上，後者較之前篇，亦能按照小說既定的構思，將之完整呈現。更重要的是，對書房老師的諷刺，並非張文環寫作的重點所在，他只不過是作者用來見證時代遞嬗、轉折故事發展的關鍵人物而已。

　　至於澀谷批評小說不易讀，我想這就是日臺文化差異所造成的「謎」，從而暴露出其相對於「我族」的「他者」身份。〈論語與雞〉是一篇具有自然主義傾向的小說，其特徵誠如左拉所言：

> 自然主義小說不過是對自然、種種存在和事物的一種調查研究。因此它不再把興趣放在按某些規則來精巧地構思並展開的一個寓言方

〔註224〕同註189，頁246。

面。想像不再有用武之地，情節對小說家來說也無關緊要了，他不再去操心故事的編排、前後承接和結局；我的意思是説，自然主義小說家並不插手對現實進行增刪，他也不服從一個事先構思好的觀念的需要來製造用以構築一個屋架的種種部件。我們的出發點是，自然即是一切需要；必須按本來的面目去接受自然，既不對它作任何改變，也不對它作任何縮減；對於它本身提供一個開端、一個中段和一個結尾來説，它已是足夠優美、足夠宏偉的了。〔註225〕

這段內容，無疑印證了中村對張文環小說形式、特色之觀察；也足以弭平澀谷對其結構安排之異議。

（六）結語

綜觀張文環這篇小說，它就像歷史的紀錄者，客觀而寫實地藉由源仔成長的體悟，為讀者揭示一個變動中的臺灣社會。過去的傳統價值，在殖民現代化的進程下一一瓦解崩潰。從大家族制的衰微，培養長子當官的風氣不在；到高唱日本文明、認同日語的優勢地位；最後通過源仔對師道的幻滅，以公學校取代書房作結。值得注意的是，作者在小說中對日本文明及部落傳統，並沒有明確地表現出肯定或批判的態度，甚至對書房老師也未有道德上的評論，他僅僅陳述源仔所見之事實，因為「作品本身就包含著結論」〔註226〕，這是受到自然主義文學影響之故。然而，從小說對祭典前部落青年勤於練習弄獅子舞和鑼鼓陣、以及部落人民生活型態、書房入學規矩、斬雞頭立誓等具有民族色彩的情節描寫，不論是放在故事發生的一九二〇年代同化時期，抑或小說創作的一九四一年皇民化階段，都不難看出張文環欲以「在地文化」來凝聚臺人感情，藉此維繫精神主體不被日本文明所淹沒的企圖。這樣的寫作策略，在其日據時期的小說中屢見不鮮，他反殖民不反文明的文學思想，盡在不言中。

八、〈夜猴子〉

一九四一年十二月八日，日本為實現其大東亞共榮圈的美夢，遂在無預警的情況下空襲美國太平洋基地珍珠港，開啟了太平洋戰爭。而在臺灣，總督府不僅配合日本國內的侵略腳步，進行軍事人力的動員；另一方面也強化對文壇

〔註225〕同註66，頁198。
〔註226〕同註66，頁242。

的統制，驅使作家朝文學奉公的道路前進。就在太平洋戰事方酣之際，張文環於一九四二年的《臺灣文學》二卷一號上發表了開戰以來的首篇小說〈夜猴子〉（按：又譯爲〈夜猿〉）。然觀其內容，絲毫不見戰爭色彩，亦無殖民者活動其中，而是充滿田園牧歌式的鄉土情懷；弔詭的是，這樣一篇作品竟在翌年二月獲皇民奉公會頒予第一屆臺灣文學賞，令人有丈二金剛摸不著頭腦之感。究竟〈夜猴子〉是否爲符合國策的「協力」之作，底下就讓我們一窺其堂奧。

（一）「張家」與「石家」的對應關係

〈夜猴子〉與張文環其他小說一樣，皆蘊含著作者童年生活的回憶，特別的是該篇小說首次具體而鮮明地反映出其家族事業，就連人物的安排，在現實中也可找到相互對應的關係，有著強烈的自傳性格。爲了更方便說明，筆者先將「張家」與「石家」之間的對應關係列表如下：

表六：張文環家族與石有諒家族之對應關係表

	張文環家族	石有諒家族
祖　居	大坪（深山部落）	山中 R 部落
家族結構	張文環曾祖有五個兒子，但大房、三房因無子嗣而倒房，而張文環爲第五房之後。	石有諒父親有五兄弟，他排行第五，後來有兩個兄弟同時過世。
家族地位	第四房張銃漢祖父及第五房張文環祖父，是當時村裡的有力人士，分別被稱爲總理老大和老大。	石有諒父親的三兄爲原住民部落通事，兩人皆是村裡名人。
祖業	山林、田產	山林、田產
事業	張文環父親最初於大坪山區經營山林，從事筍乾及竹紙事業。竹紙生產時，張父會僱請工人幫忙洗竹作業。其弟張和也經營竹紙業，兩人曾合夥經營。	石有諒父親留有一山產物加工廠，他後來接手從事筍乾及竹紙事業。竹紙生產時，石有諒會僱請工人幫忙洗竹作業。其弟夫妻倆也每天從部落通勤來幫忙。
家庭成員	父張察、母張沈巉；子張文環、張文鐵。	父石有諒、母阿娥；子阿民、阿哲。
山區商店位置	梅仔坑街市	R 街

由上表可知，「張家」與「石家」的家族背景及生活環境均十分近似，石有諒一家的山居生活可說是張文環兒時在大坪成長記憶的再現。其堂弟張銃漢表示：

堂兄幼年家住大坪（今太平），常跟著父母到出水仔山上，在山上的
寮和山下的厝之間來來去去。出水仔山上廣大的竹林和猿猴，在我
們那裡是出了名的，大家都知道。他未入學前就是在出水仔山上玩
大的。〔註227〕

張文環十三歲那年爲了就學方便，全家才從大坪遷至梅山街市，其父也改在
小梅小賣市場賣豬肉爲生。換句話說，張文環於入學之前，有十二個年頭是
在大坪度過的，這段無憂無慮，可以在山林中盡情奔跑、快樂玩耍的童年歲
月，成爲他日後與眾不同、獨具特色的創作素材來源。正如文藝心理學所論：
「童年的體驗對作家的影響是深刻的、內在的，它造就了作家的心理結構和
意向結構。作家一生的體驗都要經過這個結構的過濾和折光，即使不是直接
寫到，也常常會作爲一種基調滲透在作品中。」〔註228〕。

　　張文環繼〈論語與雞〉反映大坪的書房經驗後，〈夜猴子〉再次以大坪山
區爲舞臺，藉由石家人勾勒出當地的自然生態和民俗舊慣，爲其人生留下值
得紀念的一頁。

（二）〈夜猴子〉中記載的地方史實、風俗舊慣與民間傳說

1、地方史實

　　石有諒出身地主家庭，其祖輩在 R 部落的山上擁有大片的竹林，熟知地
方沿革的阿婆對母親道：「這個地方三十多年前，我二十歲左右的時候非常熱
鬧，山對面有梨子園和茶園，還有做乾筍的，差不多有二、三十個人，每天
在這兒穿梭。興旺的產業好像就是從你公公的時候才開始變凄冷。」〔註229〕
依小說設定的時代——大正八、九年（1919～1920）——推算，石家產業興
盛的時期約是一八九〇年前後，屬梅山地區發展的第二階段，即由天然資源的
採集變成利用居住地附近的土地開發產業。而位處深山區的大坪，因廣植竹
類作物，造就了竹紙及筍乾等相關產業的興盛；除此之外亦兼焙製茶葉，尤
以鄰村龍眼村所產的茶最爲優質，與大坪的茶業一起挑至臺南出售，商業貿
易頗爲熟絡。但若照阿婆的說法，這種光景在日本治臺之後就逐漸衰退，以

〔註227〕同註35，頁11。
〔註228〕金元浦主編：《當代文藝心理學》（北京：中國人民大學出版社，2009年7月），
　　　　　頁114。
〔註229〕張文環著，陳千武譯：〈夜猴子〉，原載《臺灣文學》2卷1號，1942年2月，
　　　　　收入陳萬益主編：《張文環全集》，卷2，頁58。

致原本把竹林便宜租給別人，自己則到街上瞎混的石有諒，不得不面對家道中落、家計難爲的事實而再回到部落。至於石家產業淒冷的原因，阿婆如是說：「你公公有五個兄弟，他是老么，老三在當原住民部落通事，比現在嘉義的劉闊先生，照顧更多的原住民。不過命運很難預料，每個人都那麼篤實，卻到了有諒時代，那麼多財富都損失了。」〔註230〕

　　在此先要問劉闊何許人也？《嘉義市志・卷七・人物志》載有其事蹟，略述大意如下：劉闊（1872～1952）生於雲林古坑，童稚之齡即遷至嘉義僻壤山界公田村。其父劉瑞玉在公田開設「合成本店」，以採集山貨兼販賣山間日常生活用品爲業。光緒七年（1880），劉父因積勞成疾，四十九歲病逝，時劉闊年僅十三歲，隨之繼承父業，經營「合成本店」，並學習原住民語，以便與部落進行交易。劉闊二十三歲時，一邊從事山貨交易，一邊兼營合成本店，每日工作繁忙，時常往返於嘉義和原住民部落，處理業務，生意騰達。光緒十九年（1893），阿里山各部落發生惡性天然痘傳染病，後被劉闊治癒，雲林管番局官員調查得悉此事，甚爲感動，經阿里山番人總頭目宇旺之正式報告，立即稟報臺南府尹。得臺南府尹召見至臺南府，由府尹面賜褒獎狀，稱讚劉闊爲吳鳳第二，並面命爲阿里山理番通事。迨日人據臺，受首任嘉義廳長岡田信興委任，出任安撫阿里山番人之職，嗣後擔任公田甲長。另一方面，日人爲開發阿里山森林，進行建造阿里山火車鐵路，遂委託劉闊搬運阿里山場地之糧食及器材等等，他便在達邦社設立合成交易所。劉闊每日雖爲事業四處奔走，但對地方公益事業，無不盡心，在改善部落交通建設及番人生活方面，貢獻良多。昭和二年（1927），因公田的竹林被日本人石灰社松田強行侵佔，劉闊憤而領導受害民眾群起反抗，卻爲此遭到當局遷怒，取消其經營的阿里山番人交易所，同時亦不准申請採取抽藤或其他林業產物。隨後又被嘉義郡郡首強迫出任番路庄長，任內四年，劉闊造福鄉里，革新庄役場財政，其懿行深受地方百姓欽佩。〔註231〕

　　以梅山的歷史來看，清康熙六十一年（1722）爲防止民番鬥殺之情事，乃劃定時稱「土牛紅線」之民番界線。依此界線，今之梅山鄉盡屬番地，在大坪三十二彎七仔彎路一公里處仍留有一民番界碑。而通事之職責，係擔任

〔註230〕同註229，頁58。
〔註231〕參見賴彰能編纂：《嘉義市志・卷七・人物志》（嘉義：嘉義市政府，2004年11月），頁307～308。

原住民與漢人溝通之媒介，負責翻譯。而照阿婆所述，石家老三任通事期間比劉闊更有貢獻，想必亦是「仗義疏財」、「樂善好施」之人，不過這也將加重其經濟負擔，若無開源節流之法，不假時日生活定出現問題，此即石家衰落的原因之一。再者，阿婆提到的另一個原因就是兄弟分房，如此個別擁有的祖業便相對減少，以致到有諒一代所剩無多，這點與張文環家族頗為相似。另外，筆者認為日本治臺後，伴隨而來的資本主義經濟所造成的臺灣產業結構面的改變，才是石家沒落的主因。為了便於統治和掠奪資源，日本殖民臺灣之初即大力發展交通建設，不僅帶動了城市經濟，也使城鄉往來更為便利，從而吸引山村部落青年到街市或都會發展，有諒就是最佳的例證。人口外移的結果，勢必造成傳統產業勞動力不足。且像山產加工這種利潤微薄，工作又辛苦的行業，實無法吸引青年目光。於是，在上述三種內外因素的影響下，有諒在父親過世後僅十年之間，就陷入生活窘境。

2、風俗舊慣及民間傳說

〈夜猴子〉讓人印象最深刻、覺得最有趣的，莫過於充塞在情節間的風俗舊慣描寫。誠如它被推薦得獎的理由：「忠實正確地表現了臺灣最廣泛的生活層的模樣，沒有絲毫賣弄小技巧的作風，令人恰如其分地感受到臺灣大眾的生活片斷。」〔註232〕藉由小說中風俗舊慣的描寫，不僅可以使讀者了解先民的生活面貌和生活智慧，也間接還原了張文環兒時的生活經歷。例如蛇忌鵝糞，所以鵝成為山中居民不可或缺的家畜；猴子在搶窠，表示天氣忽然變冷，故觀其動向，可預知颱風；察看環境，便知捕獲何種動物，像捉到貉的話，周圍比用鐮刀割過還乾淨；綁猴子光是手腳反綁還不夠，一定要把右手和左腳、左手和右腳互叉綁在背後才行，且為防止咬人，需先讓牠咬樹枝再把嘴巴縛緊；用竹筒做的捕鼠機，兼可做為小孩的玩具；把青澀的柿子浸入石灰池水，經過二、三天，澀味就會消失且非常可口；把茅草插於土窯上，等其枯萎就可挖出埋在裡面的蕃薯。以上舊慣，是先民面對惡劣環境所累積下來的生活智慧，頗具參考的應用價值。

另在風俗方面，譬如新養的小狗要先讓牠拜神壇和灶君，如此放出來飼養才能聽話並得到平安，而拜完之後要用一枝小竹枝裝作擦拭小狗屁股的樣

〔註232〕池田敏雄著，陳明台譯：〈「張文環《臺灣文學》的誕生」後記〉，原載臺灣近現代史研究會編《臺灣近現代史研究》第2號，1979年8月，收入陳萬益主編：《張文環全集》，卷8，頁56。

子，然後唸咒語，讓牠以後固定在一處大便；過年要貼春聯、穿新衣，且從除夕夜到元月十五日都要「呈燈」，因燈和丁同音，點燈也就是添丁之意；把冬至黏在門上的乾糰子剝下來烤火，可用來占卜胎兒性別，若糰子浮出氣泡，則為生男之徵兆（按：若糰子表面有缺孔，則為生女之徵兆）；每一頭牛的下巴都有四、五根硬鬚，若只有一根，就是牛王；在山上工作開工前要先拜土地公，工場開工期間，每月初一、十五也要祭拜土地公，就連抓到山豬都要拜土地公；打雷時要用雙手搗住雙耳，渾身用力著，以免肚臍被攫走。

　　至於作者描寫最詳盡的，就是他切身經歷，關於製作竹紙及筍乾的作業流程。就用途而言，桂竹可用來造紙，麻竹則用來做筍乾。而在前置作業方面，必須先於工寮附近選擇一適當的地點作為曬穀場，再來就是建造長方型石板池，並在池水加入石灰；接著將春季砍伐的幼竹浸漬其中，使之腐爛，目的在軟化竹子的纖維。然後是洗竹作業，就是把去年夏天浸入水裡的幼竹取出，洗滌掉石灰的活兒。這是最辛苦的工作，因為手腳和皮膚受石灰水的浸蝕，夜裡會針刺般疼痛，所以在洗竹後都得焚燒樟腦樹來烤乾手腳。農曆二月要完成洗竹作業，三月三日清明節過後，製造竹紙的工廠便要動工。而洗好的竹子再用牛拖動石臼將之輾碎，繼以人工取其紙漿，曬乾做成竹紙。迨竹紙工廠動工後，主人還要每天檢查紙貨和調查竹紙市價；且趕在筍乾工廠開工之前，還要到竹林選擇要留作母竹的筍子做上記號；看到竹子稀疏的地方，便撿起掉在根部的竹皮打結做記號。隨後麻竹筍也開始生產，工人會把掘來的竹筍煮熟放在院子的筍架上曬成筍乾，再把成品搬到街市的商店販賣。中元快到的時候，山間雨量特別多，遇到驟雨來襲，要趕緊收拾筍乾，因為被雨淋過的顏色會變差，就賣不出去。

　　綜而言之，春季要砍伐幼竹浸漬在石灰水池裡；而從夏季到秋末，是製造竹紙和筍乾的季節；工廠作業結束後的冬天到初春是農閒時期，張文環娓娓道來，巨細靡遺，讓讀者在增長見識之餘，也得以一窺山村居民的勞動面貌。

　　另外，小說還敘述了一則有別以往的民間傳說，內容是關於張天師與杜鵑鳥的由來：

> 有一天有個阿公帶孫子到草原去，來到一所石門前，阿公好奇地想窺視裡面，忽然石門自動關起來。阿公唸了一句：「石門開，石門開，天下貴人來。」石門又自動開了。阿公便叫孫子等在外面看牛，自

己先進去，如果石窟裡面有好東西，再出來帶你進去。他這樣交代
孫子，是怕萬一進去之後遇到危險，不會害到孫子，才一個人進去
了。然而，進去一看，裡面是堂皇的宮殿，阿公感到訝異，可是阿
公進去的瞬間，石門又自動關閉了。孫子在石門外一直等，也等不
到阿公出來。他學阿公的唸詞唸了，石門也不開。只好在石門外繼
續叫阿公阿公，叫到疲倦了，就開始叫公公。終於叫到吐血了還在
叫公公，公公，終於叫到死了。聽說死了以後變成杜鵑，變成杜鵑
還是繼續叫他的阿公。而阿公變成張天師，所以杜鵑就是張天師的
孫子。〔註233〕

這則傳說今日看來十分特異，它的情節實分屬古代兩個不同的故事。一個是
道教始祖張道陵（後稱張天師）修道成仙的故事；一個則是蜀帝杜宇死後化
成杜鵑鳥的故事。且小說又云部落住民把張天師當成鬼王來祭拜，這也與我
們熟習的鬼王鍾馗之說差異甚大。但顯然這則結合張天師與杜鵑鳥故事的傳
說，較之原始的版本是更貼近生活，更富於地方色彩了。而這樣一則奇特、
新穎的民間傳說，應非作者虛構，當是曾經耳聞，換句話說，它可能是流傳
於梅山地區的特有故事。其來源為何？生成背景為何？頗值得臺灣民間文學
的研究者進一步挖掘、探究。於此，張文環展現了善於搜羅題材將之靈活運
用的本事，使小說更為生動有趣。

（三）殖民批判與主體建構

戰時體制下，臺灣作家的抵殖模式大致可分成三類，一類是直接暴露日
本帝國主義擴大戰爭、殖民統治者壓迫人民的罪行，如楊逵、吳濁流等作家。
一類是以張文環和呂赫若為代表的風俗畫家，他們寓抵抗意識於臺灣風俗的
描寫及對封建陋習的批判中，以隱忍的態度換取獨立自主的創作空間。另一
類作家由於受西方文化影響較深，沉浸於唯美的追求，描寫日本統治下知識
分子的徬徨與苦惱，或轉向探索庶民世界的人生課題，以龍瑛宗為代表。然
無論是哪一類作家，「他們的心境是謎樣的，言詞是閃爍的，但反抗的傳統不
變」〔註234〕。〈夜猴子〉便是張文環於戰時體制下，寓殖民批判於風俗描寫的
佳作。

〔註233〕同註229，頁 59～60。
〔註234〕彭瑞金：《臺灣新文學運動四十年》（高雄：春暉出版社，1997 年 8 月），頁
29。

　　小說一開始便描繪了石家家道中落，全家搬至山中孤居，寂寞悲淒的黯淡景象。作者雖未明言何以如此？但誠如前文所述，石家產業的沒落，與日本治臺後所引進的資本主義經濟，對傳統文化與生產結構造成的毀滅性衝擊脫離不了干係。街上混不出名堂還因細故與人發生爭端的石有諒，在父親好友萬頂叔借貸資金並充當和商店交易的保證人之協助勸諫下，決心回到自己的部落重振家業。值得注意的是，有諒行事衝動的個性和未及獲利便先負債務的兩個不安因素，實已為日後悲劇性的結局埋下伏筆。有諒回到部落後，為了開墾和工作方便，不得不離群索居，與妻小住進深山裡祖傳的獨屋。剛搬來的時候，石心裡一直渴望回到街上，或回到部落人群比較多的地方，而感到寂寞難耐。但為了孩子的將來，也為了爭口氣，他從買牛，到尋找街上合作的交易對象、興建工廠和水池、調查竹紙及筍乾的市價、處理資金的融通等，無不親力親為；不論是竹紙製造或筍乾生產的過程，他也都全程參與。由於石的奔波努力，工廠一切運作順利，主僱之間一片祥和，家裡充滿歡樂氣氛。中元節快到時，石為了準備一些節慶的必需品和發給工人的薪水，而到街上去購物並與交易的商店算帳。石此行是倍受眾人期待的，孩子想著父親會帶禮物回來送給他們，辛苦工作的工人希望他們的勞動結晶能換來等值的代價，不管大人或小孩都滿心雀躍地盤算著。然父親卻遲滯未歸，不久從街上傳回不好的消息，石因與日昌商店的老闆打架而鬧進派出所：

> 聽說，因為由日昌商店貸款三、四千圓，這裡生產品的價格都要由
> 商店任意查定販賣。石看商店查定的價格太沒有道理，才到萬頂叔
> 家去商量，不巧，萬頂叔臥病，石不得不單獨跑去抗議。可是對方
> 卻堅持說如果不同意商店查定的價格，可以還清債務，一刀兩斷不
> 再交易。這與初次談妥的情形不同，於是開始爭執。石終於忍不住
> 對方的傲慢侮辱，出拳毆打了對方。〔註235〕

日昌商店的老闆抓準石急需用錢且短時間無法清償債務的心理，才有恃無恐地剝削壓榨，這種蠻橫強取的卑劣手段，與殖民政府對臺灣的資源掠奪如出一轍。論者云：

> 日本帝國主義發展之基本特徵，即為「以資本隨著國旗前進」，而不
> 是「國旗隨著資本」。因此，在對殖民地的關係上特別是在已隸屬其
> 國家權力支配之屬地；其統治之基本性質，是以強有力的國家權力

〔註235〕同229，頁84。

> 支持、扶助其產業資本之發展，建立起其絕對性的資本之獨占；實
> 際上，乃至是直接以國家權力「合法」的掠奪方式，從事原始資本
> 之累積。而為了使殖民地人民順從此一秩序，本質上帶有黷武性質，
> （中略）同時，也在其殖民地統治上表現了絕對的專制與高壓趨向。
> 〔註236〕

日昌商店所代表的殖民資本主義經濟，與石所代表的廣大臺灣弱勢農民，正是日治下兩個權勢最不平衡的縮影。石長期忍耐寂寞，辛苦工作，冀能振興家業的希望，終在資本主義唯利是圖的脅迫恫嚇下宣告敗北，作者寓託於石悲慘命運的殖民批判意識，不言可喻。

〈夜猴子〉中張文環除了藉由隱喻的手法對殖民資本主義作出批判外，也為日本統治下的臺灣人民積極尋找、建構代表我族生存希望的烏托邦，這主要表現在小說敘事空間的對立化。石曾在街上受僱當記帳員，但這段街市生活日後卻令他感到懺悔，因為不僅荒廢了祖業，且發展亦不如預期，過著比部落還貧窮的生活。此外，複雜的街市也是個充滿糾紛、衝突的危險場所。未回到部落之前，石就曾因細故與人在市場發生爭吵，幸被父親好友撞見，予以斥責，才使事態不致擴大；繼承祖業之後，石又因日昌商店老闆任意查定販賣價格，還擺出一副有恃無恐的傲慢態度而出手打了對方，為此被送進派出所。通過這些情節，我們可以發現張文環筆下的街市，是一個象徵資本主義與殖民行政合治的公共空間，它是人民不幸、苦難的根源。要脫離其掌握和壓迫，唯有回歸「山村」。

相對於街市給人負面的印象，山村則是斯土斯民安居樂業的理想家園。它雖無街市的繁榮，初至之時還有一種冷清寂寞的孤獨之感，但卻洋溢著希望與歡笑，善良樸實的居民，賦予了山村和平、友愛的氣息。且看張文環描繪的山村生活：住在裡面的人們仍然使用舊有的農曆，依時序勞作，過傳統的節慶。家中豢養各種禽畜，是大人與小孩的生活良伴；依季節更換新裝的花草樹木，為山村調製出色彩不一的四時景色；竹林田園是眾人賴以為生的寄託，也是兒童遊戲、大人打獵的休憩場。親子之愛，主僱之情，譜成山村美妙的樂音。再往深處走，渡過一座潮濕的沼澤上的橋，再翻越一座山頭，便來到阿婆所在的部落。這個部落以出產山茶花聞名，幾乎每家都種有山茶

〔註236〕黃靜嘉：《春帆樓下晚濤急——日本對臺灣的殖民統治及其影響》（北京：商務印書館，2003年10月），頁36～37。

花，且周圍還栽植密柑、文旦、柚子、佛手柑、菊花等經濟作物。當地居民對於到訪者，皆眞情以待，歡喜迎之，與石居住的山村，自成一個有別於街市的社會秩序以及充滿愛與人情的生活體系。村民們彼此往來作客，和天地萬物和諧共處，其間看不到殖民者的身影，亦無資本主義的銅臭味，更感覺不到行政權力運作的痕跡。由此可見，張文環筆下的山村，是有別於「他者」的「主體」所在，是力抗「皇民化」的精神堡壘，是他心中理想的生活環境。在一如田園牧歌的情節敘述中，顯然蘊含著「抵殖」、「反皇民化」的國族寓意。

　　雖然故事最後，石的辛勞因那惡性自私的商人而挫敗，但小說也提到：「假如夫妻兩個協助，努力經營產業還無法輕鬆過日，到了孩子他倆的時代，也會得到成功吧。天總是不會遺棄善良人吧。」〔註237〕誠如彭瑞金所云：

　　　　張文環文學裡的原鄉，雖然算不上愁苦大地，卻無疑被描繪成是淚水
　　　　和汗水交織，悲情與歡愉並見，勞苦中夾雜諧趣，粗鄙亦不失風情，
　　　　有苦難也有希望的有情大地。是一個極具自己特質的所在。〔註238〕

張文環深知臺灣人在異族統治下做人不易，前途同是艱難，不過只要守住土地就等於留住希望，總有雲開見月之時。

（四）結語

　　一九四三年二月七日，張文環以〈夜猴子〉同《文藝臺灣》西川滿的〈赤嵌記〉和濱田隼雄的長篇小說〈南方移民村〉，在「期待創造出眞正可以提昇國民精神的文化資產，對本島文化的新建設有所貢獻」〔註239〕的評選理念下，獲皇民奉公會頒予第一回「臺灣文化賞」之「文學賞」。評委之一，亦是向來與臺人作家親近友好的臺北帝大教授工藤好美，在頒獎後的翌月即發表一篇文學評論，對獲獎三人的作品提出己見。針對張文環的〈夜猴子〉，工藤如是說：

　　　　他的文章總是直接與現實面對面，挖掘著現實的一角。如果說他的
　　　　成功作品——例如〈夜猿〉——有漂散著任何一種情調的話，那不
　　　　會是來自主觀的情調，而是客觀的情調。也就是說，現實本身所帶

〔註237〕同註229，頁45。
〔註238〕彭瑞金：《歷史迷路文學引渡》（臺北：富春文化，2000年10月），頁52～53。
〔註239〕角行兵衛著，邱香凝譯：〈戰爭與臺灣文學賞〉，原載《臺灣時報》26卷3號，
　　　　1943年3月5日，收入黃英哲主編：《日治時期臺灣文學評論集‧雜誌篇》，
　　　　第4冊，頁120。

> 來的藝術效果。他是一個現實主義者。恐怕在臺灣的作家當中，像
> 張文環這麼徹底的現實主義者沒有第二人了。他的強處就在於那現
> 實主義的韌性與堅強的風範上，這使他的現在令人滿意，也使他的
> 將來更令人期待。不過，說是現實主義，也有很多種現實主義。張
> 文環的現實主義，又是何種現實主義呢？簡單地說，那是自然主義
> 式的現實主義，或至少說那是與之十分相近的東西。〔註240〕

張文環的創作深受日本自然主義之影響，日本近代自然主義派的作家作品如
長塚節（1879～1915）的〈土〉、島崎藤村（1872～1943）的《破戒》、國木
田獨步（1871～1908）的《命運》與《武藏野》及田山花袋（1872～1930）、
正宗白鳥（1879～1962）等人的作品，相信都是他參考學習的對象。因此，
張文環形諸於小說的敘事方式，便是以客觀寫實的手法，細膩而徹底地描繪
他所觀察到的外在環境與日常生活；如實記錄、反映臺灣農村社會在日本文
明及殖民資本主義入侵下的衝擊與改變，流露出對臺灣鄉土的濃厚情感和對
臺灣傳統文化的眷戀，同時通過大量的風俗描寫，偷渡他潛藏於內的抵殖意
識。且由〈夜猴子〉還可發現，其批判矛頭有從殖民行政體系轉向殖民資本
主義的位移痕跡，這是因應戰時官方檢閱嚴格的保護色。於此在在說明〈夜
猴子〉絕非迎合時局之作，它的獲獎，可能與中央提倡「振興地方文化」的
政策有關；恰恰相反地，該作呈現了張文環一貫「隱忍」的抗爭態度，曲折
地傳達出異於殖民者的臺灣文化。

九、〈頓悟〉

　　一九四一年六月二十日，日本內閣會議通過在臺實施陸軍特別志願兵制
度，其後臺灣總督府遂於一九四二年二月起開始接受陸軍志願兵的申請。同
年三月，甫出刊的《臺灣文學》二卷二號上，登載了張文環一篇名為〈頓悟〉
的小說。敘述青年為德，在本島人志願兵實施令發佈後，如大夢初醒，認為
唯有志願當兵才是做人的意義，才能證明男人的價值。這般具有煽動性、宣
傳性的小說內容，符合了當局「文學報國」的要求，卻與張文環過去堅守民
族立場、寓含抵殖意識的創作大相逕庭。然若就情節細讀之，不難發現〈頓
悟〉在敘述上語多矛盾，且充滿暗示性的諷刺；而為德的從軍不但突兀，也

〔註240〕工藤好美著，邱香凝譯：〈臺灣文化賞與臺灣文學——以濱田、西川、張文環
　　　　三人為中心〉，原載《臺灣時報》26卷3號，1946年3月5日，收入黃英哲
　　　　主編：《日治時期臺灣文藝評論集‧雜誌篇》，第4冊，頁112。

很牽強，並無激勵人心的英雄感。綜合種種跡象，可以推測〈頓悟〉當是作家被迫表態的「應時」交差之作。進言之，〈頓悟〉乃一篇披著「皇民文學」外衣，卻打著紅旗反紅旗的異議之作。至於張文環在〈頓悟〉中眞正要表達的創作意圖，大致可分成兩部分來討論，一爲對資本主義功利論的否定，一爲對志願兵政策的消極抵制。

（一）否定資本主義功利論

〈頓悟〉延續了前篇〈夜猴子〉的批判意識，以資本主義對臺人生活、思想的衝擊與影響作爲論述主題，小說舞臺也由鄉村移置到商業氣息更爲濃厚，可說是資本主義大本營的首都臺北。全文以第一人稱的敘述方式，通過爲德的所見所聞，所知所感，帶領讀者認識臺北這個金錢至上的資本主義世界。

小說開場，作者便透過十幾個店員像蕃薯似地擠在一間寢室的場景，揭示資本主義苛刻勞工的自利本質：

> 如同其它多數經濟理論一樣，資本主義有一個心理學上的前提，也是一個有關人性的簡單假設：人都是自利的（self-interested）；在確定行動方向時，每個人很自然地會考慮什麼對自己最有利。人們心目中的最大願望是夢想保有和增加私人財產。人們今天的所做所爲都是爲了明天獲得更大的報償。〔註241〕

如此惡劣的生活環境，讓初來乍到的鄉下青年爲德覺得「很不舒暢、很鬱悶」〔註242〕。而在鄉下已習慣早起的他，「覺得臺北的早晨無聊極了。在鄉下，除了病人以外，沒有人會睡到這麼晚的」〔註243〕；換句話說，臺北在爲德的心裡，儼然成爲一座病態的都市。到了用餐時刻，爲德與其他員工共桌吃飯，但同事們那種貪婪的吃相，就如爭取利益的戰士般，亦讓他無言以對。另外，負責記帳工作的爲德，在空閒時也要跟其他店員一樣，站在玻璃櫃後面，拿著布尺伺候顧客。如此一來就得向年輕的女客人說些阿諛諂媚的奉承話，對爲德而言，他認爲這不是男人該做的工作。而更令他感到痛苦的，是接待窮人和有錢夫人這檔事，因爲爲德了解窮人的心理，所以他不明白爲何賣給窮

〔註241〕亞倫伊沙克（Alan Isaak）著，王逸舟譯：《政治學概論》（臺北：五南圖書出版有限公司，1993 年 5 月），頁 167。

〔註242〕張文環著，陳千武譯：〈頓悟〉，原載《臺灣文學》2 卷 2 號，1942 年 3 月，收入陳萬益主編：《張文環全集》，卷 2，頁 126。

〔註243〕同註242，頁 127。

人的東西反而比較貴。其實理由很簡單，係有錢人會被店家奉為上賓，買東西自然有打折；相反的，不入店家眼底的窮人，自是無此優惠。由於不能融入群體，為德成了同事背後揶揄嘲笑的對象。其間，我們不斷看到為德糾正自己的想法，強迫自己要「習慣」，他心裡的無奈與掙扎，作者如實地將之呈現在讀者面前。顯然，為德無法適應臺北的生活，甚至可說是格格不入，自絕於外。於此，張文環欲藉由為德的處境，在鄉下與都市之間畫出一條清晰的楚河漢界，其意圖是很明確的。

　　涇渭既明，接下來就是一連串對都市／資本主義價值論的批判。首先表現在為德對店主人訓示的質疑：

> 「不過，為德君，我知道你很努力用功，也聽過你父親說你希望繼續升學，人總是要有希望，很好。──可是，你需要慎重考慮的是，學問還是為了獲得社會的地位所需要。為了自己的生活好，也就是為了提升自己生活的學問。那等於是為了賺錢啦，不是嗎？所以從今以後你要拼命學習做生意，生意才是賺錢，這一點，至少我已經體驗過了。世間所說的文化活動的青年，那都是無能的青年做寄生蟲式的活動。只要能賺錢就自然成為紳士，紳士才是執文化活動牛耳的人。所以要一心一意努力賺錢。我只是中學畢業，但是有必要的時後，可以僱用大學畢業的人來工作。有錢能使鬼推磨啊！這一句話你能了解吧，這就是商業精神，你應該知道。」

> 主人所說的一點都沒有錯，但是我總是感覺有點想不通。確實他說的很有道理，只是想這個社會真的就是如此嗎？我心裡感到很不服氣。如果能夠提出質問，我想要問他幾個問題。然而，我這種想法，或許是鄉下青年才有的氣質。〔註244〕

為德的質疑，也是張文環的質疑，更是他為自己從事文化活動正當性的捍衛與辯駁。在金錢萬能論的資本主義世界，人的一切行為都被賦予功利化的解釋，依店主的思維，做學問與從事文化運動是蝕本無益的庸人之舉，唯有透過商業謀利才是正途。只要有錢，權勢自然相伴而來，不用學問也能當紳士，執文化之牛耳。張文環特別強調為德係以「鄉下青年」的氣質來審視「都市商人」的價值觀，除了突顯城鄉對金錢認知的差異外，也諷刺了社會上那些利用文化人身份來掩飾一身銅臭的偽君子。值得注意的是，小說還刻意標示

〔註244〕同註242，頁128。

店主既是商人又兼有多項公職的雙重身份，這不就恰好成爲殖民主義和資本主義互爲表裡、狼狽爲奸的罪佳鐵證嗎？

　　爲德與店主的分歧尚不僅於此，爲德工作的店，每個月有一次座談會，內容是有關商業的課程講座：

> 主人在黑板上，用粉筆寫商業資本幾個大字，很認眞地說明資本主義的意義，但是我卻聽得不太瞭解。是主人的說明不好，或我的學問不夠水準？
>
> 「因爲如此，一切都要以謙遜的態度伺候顧客。這絕不是爲了得利，卻是一種社會思想！是立身處世的根源。」
>
> 聽到最後，才好不容易抓住了結論。（中略）但是要我全面性接受那些理論，我還有些未能同感的地方。我認爲不必說了那麼多理論，應該有誠意待人就好。〔註245〕

連「借方」與「貸方」都會搞混的爲德，店主滔滔不絕的資本主義大論有如對牛彈琴，他根本無心聽講，而把心思放在觀察其他同事的神情上。至於他所謂的結論，只不過是對店主的話「選擇性」的「斷章取義」。在爲德看來，做生意哪需要理論，誠意待人最重要。張文環通過爲德的想法，反映出鄉下人樸實、單純的一面，並以嘲諷的口氣道：「要逢迎顧客，卻含有那麼多思想，是意想不到的。」〔註246〕都市的商家，往往爲了謀利不擇手段，虛僞、矯情、爾虞我詐，人性的醜陋黑暗，讓爲德萌生離職的念頭，但又恐家鄉父母擔心，所以他打消主意的同時，也替自己來都市工作的目的明確地定立目標，即學習做人的道理以及培養一技之長，除此之外，別無非分之想。到此，爲德清楚地與殖民資本主義作出切割，繼續奉行鄉下人固有的理想價值，這才是他歷經「都市文明」洗禮後的眞正「頓悟」。

（二）弱化志願兵政策的積極意義

　　爲德到臺北工作的第三天，便有寄人籬下身不由己的感受：「主人的筆尖，像養鴨人家的竹竿，其他的人都像鴨子。因爲鴨子是依照養鴨人家的竹竿，決定應走的方向。」〔註247〕張文環以隱喻的手法，把像養鴨人家一樣操控、管束店員行爲思想的主人比喻成殖民者，那麼文中所說喪失自主權利的

〔註245〕同註242，頁130。
〔註246〕同註242，頁130。
〔註247〕同註242，頁129。

鴨子／員工，不待言象徵的就是日本統治下苦難的臺灣人民。自臺灣淪爲日本殖民地的那刻起，不但要忍受當局行政權力的壓迫，還要接受其歧視性的差別待遇，可說臺灣人在日本的統治下，就像傀儡般，任其操弄擺佈，喜怒不由自己。最殘忍的，莫過於日本帝國主義爲一遂其大東亞共榮圈的美夢，開始對外發動侵略戰爭，殖民地的臺灣人不僅被捲入戰火，有些人還在非志願的情況下被強制送到戰場當砲灰，成爲代罪的無辜犧牲者。

　　日本統治臺灣的五十年，始終把臺灣人當成次等國民看待，在權利與義務上，和日人皆有顯著的差別。就以人民應盡的三大義務之一服兵役而言，自中日戰爭爆發後，隨即有臺灣人軍夫、軍屬被徵調前往中國擔任補給支援工作；與此同時，爲了驅使臺灣人投入侵略戰爭，日本政府遂在島內推行身分美化的「皇民化運動」，利用學校系統、警察系統、社會組織及報章媒體對臺灣人進行政治洗腦，鼓吹愛國思想。儘管如此，當局一方面顧忌臺灣與中國的血緣關係，怕臺灣人到了戰場臨陣脫逃或倒戈相向；一方面日本國情認爲當兵是一項實現個人價值，極爲光榮的事情，故非我族類的臺灣人當然不能與之共享這份榮耀。職是之故，戰爭初期，臺灣人只能充當比軍人地位低好幾倍的軍夫或軍屬，供其使喚。繼之，日本政府以解放歐美在亞洲的殖民地，實現大東亞共榮圈爲號召，發起所謂的「大東亞聖戰」。雖然它還是不願直接採取徵兵制而以志願的方式來厚植兵源，但卻已爲長期備受歧視的臺灣人開啓一扇救贖之窗。因此當志願兵制度實施後，臺灣許多青壯年，或基於爲天皇盡忠、報效國家的榮譽心和使命感；或將之視爲改善生活、轉化身分、提升地位的契機；或受到時下激情影響而盲從，遂掀起一波波志願兵熱潮。當這些志願者要前往訓練所時，地方官民還會夾道歡送，塑造出慷慨赴義的英雄形象，間接鼓舞了更多臺人從軍的意願。然此等風光入伍，參與聖戰的偉大任務或英雄形象，卻在〈頓悟〉中被爲德志願的動機消解殆盡。

　　〈頓悟〉的情節大致可分成兩部分，前半部旨在描寫爲德與都市生活的隔閡以及工作上的困惑與煩惱；後半部則轉入爲德的愛情故事，敘述他因感情挫敗而志願從軍的心路歷程。回到前文，爲德剛從資本主義的迷障中脫出並確立自己今後努力的方向，卻又不幸地墜入愛情的泥沼。他的戀愛對象是兒時的玩伴阿蘭，爲德從小就喜歡阿蘭，把她當成結婚的理想對象，後來因舉家搬至鄉下而斷了聯繫。十幾年過去，童年往事仍歷歷在目，於見到阿蘭的那一刻再度浮現。但阿蘭見到久別重逢的爲德，卻沒有意外的神情，也沒有

懷念昔日情感的表示，作者將之歸諸時代的轉變——浪漫時期已過，現在是重視金錢的世界——，並諷刺說：「都市人是沒有時間懷念以往的。」〔註248〕顯然張文環有意藉阿蘭的反應，刻劃都市人的冷陌無情，也透露出對昨是今非、人心異變的感傷。無疑，這次重逢的經驗因阿蘭神情冷淡而讓爲德既失望又難過，甚至有種自取其辱的感覺，以致不敢再主動找她說話，只能在夢裡尋其踪影。

　　進退失據的爲德，對自己的處境感到憎恨，爲了抗衡相思之苦，他開始利用上班空閒時間讀書，但此舉不僅引起主人的注意，也被貼上不求上進、失去信用的懶惰青年標籤，遭到其他店員的非議。工作、愛情皆不如意的爲德，徹底陷入人生谷底。不久，志願兵實施令發佈了：

> 不知道爲什麼，我好像被打了肩膀似地，開始思考做一個男人應有的作爲，一時毫無理由地流淚了。眼前浮現出父母的姿容而很悲傷。男子漢居然大哭，是這麼不好的嗎？那麼，我自己是不是算是沉澱在最底下的男人？看到扛著鎗行軍的士兵，那是令人羨慕的，因而我想志願當兵。我的雙親跟別人的雙親不同，是能體諒又能尊重孩子意見慈祥的雙親，所以一定會理解我爲了精神生活的飛躍，要做的決定吧。無論如何，我已經無法耽於現狀了。現在的我，決定當兵，正好就是篩選出我做人的意義，男人的價值要經過戰爭來評定。
>
> （中略）同時有了這個理由，能跟阿蘭道別，才是快樂的事。〔註249〕

英國批評家威廉・燕卜蓀（William Empson,1906～1984）在其名著《七種類型的含混》中，根據詞語內涵與外延在邏輯上混亂的程度輕重，把「含混」（Ambiguity）分成七種類型，其中第六類是所謂的「矛盾式含混」（ambiguity of contradiction），係指作者解決不了因同義反複或牛頭不對馬嘴而引起的矛盾，以致使讀者心裡產生困惑，必須自己捏造出一些理由來解釋文本中的矛盾。〔註250〕上述引文中，便出現了含混矛盾的文學現象，就字面意思看，爲德好像「頓悟」到男人應有之作爲而志願當兵；但若眞是這樣，又能得到父母的理解，因感雀躍才是，爲何在思考的同時會「毫無理由地流淚」，且「眼前浮現出父母的姿容」。再者，小說先是描述爲德係因自覺而想當兵，後又說

〔註248〕同註242，頁134。
〔註249〕同註242，頁136。
〔註250〕參見趙一凡等主編：《西方文論關鍵詞》，頁156～163。

他是因羨慕拿槍行軍的士兵才想當兵，一為主動，一為被動，實不能混為一談。以上二例，前後顯然出現無法聯結的矛盾，其實它正是作者故意造成的含混，使敘述內容產生歧義，提供讀者再詮釋的可能。為德會流淚，乃因他心裡清楚志願當兵並非本意，亦違背父母希望他認真做事、努力學習的期待。然身陷事業、愛情困境的為德，不想「病死或悶死」在都市，也為擺脫現實的苦惱，於是遂假志願當兵為出口，求得「精神」之飛躍。如此一來，他便可以鍛鍊身體為由，回到鄉下去。另外，亦可藉此話題換得和阿蘭交談的機會，既能在她面前一展英雄氣概，博取稱譽，以彌補自己無權無財之弱勢；還可趁機向她表明心意，探其反應，這些才是為德真正決定從軍的動機，是他苦思後「頓悟」的救贖之道。

（三）小結

　　戰後，曾投身志願兵行列的臺人受訪時表示，當時會參與志願兵的徵選，或受「一種國民的責任感」所驅使，或認為「能當兵是一件光榮的事」，或抱著「不願輸給日本人的心情」，或將之視為人生目標，「想到海外做一番轟轟烈烈的事」〔註251〕，其動機都是正面且積極的，把「志願兵」的價值發揮到極致，頗符合「聖戰」的精神。反觀為德，他從軍的理由看似冠冕堂皇，實則英雄氣短、牽強矛盾，毫無感動可言，此乃張文環成功的寫作策略。礙於時勢及官方壓力，他不得不發表這篇具有協力戰爭和宣傳政令色彩的小說。然綜觀全文，張文環先藉由為德不如意的都市生活，批判了殖民資本主義，繼以其對阿蘭情感的描寫，貶抑志願兵制度的價值。且關於志願兵議題，張文環僅在接近末尾處用不到一段文字的方式處理，依比例原則評斷，張文環「敷衍」當局的意圖是很明顯的。再者，即便涉及志願兵議題，但它卻無關國家認同或民族大義，僅僅被當成是個人逆境中的精神出口而已，這對殖民政府推行志願兵制度的初衷無疑是一大諷刺，透露出作者對日本發動侵略戰爭不以為然的態度，以及對志願兵政策的消極抵抗。

十、〈閹雞〉

　　張文環的小說創作無論戰前戰後，其焦點始終放在「人」的身上，探討「人」的問題，以「人」為敘事中心，次第開展。他寫給晚輩張良澤的信中曾云：

〔註251〕蔡慧玉編著：《走過兩個時代的人——臺籍日本兵》（臺北：中央研究院臺灣史研究所籌備處，1997年11月），頁48、279、376、392。

文學工作是追求人的生存意義，不管原子彈與電腦如何發達，人與人
之間的問題是永遠存在的，人無疑是一種多慾而自私的動物，要緊是
人自體由其教養所產生出來的良識良知，會不會檢討自己所潛在的善
與惡，能不能修養檢討到什麼程度，由其良知所修養的人是從光閃閃
有魅力的文學作品產出來做社會的理想。不管科學如何進步，人的道
德問題永遠存在，（中略）人永遠是感情有靈性的動物，所以每日追
求人的精神生活問題是不會落後的，所以要了解過去（歷史）才會分
析現在，分析現在的智識累積起來就是將來的理想。〔註252〕

張文環認為人的價值、人的尊嚴、人的生存意義、人性的善惡、人與人之間
的關係，是超越時空的普遍性議題，是一個正直作家永遠必須探求的對象。
由「人」的關注中，挖掘人性的醜惡，揄揚人性的良善，反思善惡的根源，
從而指出一條救贖之道，使人獲得精神生活之提升，這就是張文環小說所以
動人並具深厚人道主義情懷的原因。一九四二年七月，發表在《臺灣文學》
二卷三號上的〈閹雞〉，可視為張文環對資本主義與殖民現代化影響下人心異
變的觀察記錄，赤裸裸地將世間的虛偽矯情攤在陽光下，是一篇將臺灣命運
與女性自覺相互結合，富有批判色彩的社會小說。

（一）封建父權的利己主義

日據時期的臺灣社會，雖因西風東漸的影響和知識分子對現代文明的提
倡，而有「婦女解放」之主張。然沿襲自中國的封建家庭制度和父權體系，
實已深根固柢，又豈是三朝五夕能撼動。加上外來殖民者與資本家的壓迫及
剝削，使得當時臺灣女性在內外勢力的聯合宰制下，地位不如以往，處境更
為堪憐。就以〈閹雞〉的女主角月里為例，她的不幸，可說是由其父兄一手
促成。月里的父親林清標在 TR 庄經營搬運公司，但這非其本願，他一心嚮往
行醫，故對鄭三桂開設的漢藥房有濃厚的興趣。當清標洞悉三桂中意月里做
他次子阿勇的媳婦，又覬覦自己持有的位於 SS 庄車站預定地的土地，於是別
有用心地答應這門親事，並且把它視為與三桂談判的籌碼。沒有現金的清標，
為了能便宜買下藥房，便想提高土地的價格；但三桂也有自己的打算，賣給
清標的藥房不收壹萬圓不放手，因此阿勇與月里的婚期，就在雙方的堅持下
被延滯了。

〔註252〕張文環：〈張文環先生書簡〉，《夏潮》第 4 卷第 4 期（1978 年 4 月），頁 74。

　　受重男輕女的封建思想影響，生女兒或養女兒，如同一椿有出無進的賠本生意，所以月里小時候，兩個哥哥都被送去學校，唯獨不讓她唸書，清標的理由是：「女人是菜種子命，依照種植的土地或培育的方法而命運也不同。雖然本質良好，但是後來的過程不好，就會被搞壞。因此教育女人，太照顧女孩子而辛勞，並不是最好。」〔註253〕這一席話，無疑是清標的推諉之辭，只不過是替自己剝奪女兒受教權的差別待遇找一個自圓其說的理由，由此來看日後清標對月里婚事的態度，便不會感到詫異了。身為人父，竟把女兒一生的幸福當成滿足私慾的工具，像商品買賣般地討價還價，全然把月里婚姻的成敗，建立在和三桂的交易能否獲益上，實充分地表現了封建父權於兩性關係的利己主義。誠如上野千鶴子所揭示的那樣：

> 在最廣義的父權體制之下，男性對於女性構成一種「利益集團」（interest group）。異性愛（hetero-sexuality）的關係，與其說是一種異性之間的聯結，不如說是在這樣的關係中，共有利益的同性聯結。（中略）婚姻與其說是夫婦之間的盟約，不如說是男性成員同志以交換姊妹所建立的義兄弟之盟約。從未開化社會到產業社會，男性成員都假藉各種制度為名，排除女性成員的權利，以謀求他們之間共通的利益。如果從父權體制來看，資本主義不過是一種從屬於父權體制的制度變種而已。〔註254〕

可說阿勇與月里，皆是三桂和清標謀取共通利益下的犧牲者，由此披露出父權體制與資本主義互為表裡的惡性本質。那麼，這椿建立在利益交換下的婚姻，其結局為何？張文環不動聲色地藉由婚前一段意外插曲，為情節的發展埋下伏筆。原本預定秋天舉行的結婚典禮，卻因清標長子夭折而延期，若依鄉下的風俗，婚前雙方家中發生不幸，則被視為凶兆，婚事不宜再進行。但利益當前，三桂、清標那管得了禁忌，故阿勇與月里的結合，不待言，只能以悲劇收場。

　　且看月里如何在男權利己主義的意識形態下，一步步被推向萬劫不復的深淵。月里的家人在土地與藥房的交易尚未達成前，不論是兩位哥哥或母親，

〔註253〕張文環著，陳千武譯：〈閹雞〉，原載《臺灣文學》2卷3號，1942年7月，收入陳萬益主編：《張文環全集》，卷2，頁156。

〔註254〕上野千鶴子著，劉靜貞、洪金珠譯：《父權體制與資本主義——馬克思主義之女性主義》（臺北：時報文化出版企業股份有限公司，1997年6月），頁50。

對她都十分溫柔體貼。而當清標取得福全藥房的經營權後，他全心投注在 TR
庄新藥房的開設上，把它看的比女兒出嫁還重要，並對即將嫁爲人妻的月里
說：「嫁雞隨雞，嫁狗隨狗。古早的人都這麼說，妳也聽過吧。女人的血緣在
娘家，但是跟女人的命運毫無關係。女人的命運是跟婚家一樣，而那是全靠
人的努力而改變的。」「嫁雞隨雞，嫁狗隨狗」的俗諺，本在期勉爲人妻子應
與丈夫禍福與共，從一而終，立意良善，但清標卻扭曲其義，藉此撇清日後
照顧女兒的責任。父親的話，讓月里感到「悲哀和不安」，「好像被什麼遺棄
了似的」〔註255〕，預示了她將與娘家漸行漸遠的未來命運。果然，其後月里
趁著回娘家的機會，想請求父親讓公公免費拿藥，或許清標察其來意，便假
裝工作繁忙，避而不見。好不容易等到吃飯時間，月里淚眼哀求，但清標卻
充耳不聞，只聽到二哥開口說：「月里，不是藥費的問題。是怕他那肺病衰弱
的身體，萬一在店裡倒下去了，怎麼辦？妳的公公好像打算在我們的店裡死
去，真是卑鄙的想法。」〔註256〕二哥刻意以「妳的公公」跟月里的婚家做切
割，並以陰謀論來解釋三桂到藥房拿藥的動機，其目的就是要徹底斷絕與鄭
家的關係。一方面是因爲自己和地方望族有親事正在進行，擔心受到拖累，
一方面乃三桂在 SS 庄聲名不佳，怕會讓客人產生不好的印象而影響到店裡的
生意，所以月里娘家的意思是想等到三桂死後，阿勇再建鄭家之時，才出手
援助。對此，作者以「這跟等到賺了錢才要助人行善的人講的話一樣，毫無
新意」〔註257〕，來諷刺其敷衍搪塞、漠然置之的冷血態度。事實印證，後來
阿勇患病，月里回娘家商量求援，依舊被二哥拒絕，便可清楚地看出其心機
何在。

　　上野千鶴子云：

> 近代產業社會中，家庭被認爲是競爭性的「公」社會之避難所，是提
> 供安慰、平安的最後「私」堡壘；自從這種「近代家庭」被建構起來
> 後，家庭就被認作是計算、功利皆無法侵入的無私共同體──其中所
> 有成員共同承擔所有苦樂，達到真正平等的超個人單位。〔註258〕

但這樣的理想家庭結構，在女性主義者看來，不過是眾人信仰的神話而已；
實際上，強調共同性和無私的「家庭」，其男性支配及女性壓抑反而更較社會

〔註255〕同註253，頁167。
〔註256〕同註253，頁171～172。
〔註257〕同註253，頁173。
〔註258〕同註254，頁51。

為甚，置身其中的女性，儼然成了父權體制下男性的附屬品，為其經濟、生產提供無償的物質基礎。正如月里的父兄，面對她孤苦無助的求援，不僅沒有給予安慰，還企圖切割，明顯暴露出家庭在男性支配下的功利主義本質。當月里無法再為他們換／獲取利益時，即棄之如敝屣，使其像被家人遺棄的孤兒，帶著悔恨回到鄭家。

另外，小說寫到月里答應在祭典中擔任車鼓姐的消息傳開後，她曾向負責人請辭。但負責人考量到由女人來扮車鼓姐，在村裡還是頭一遭，村民也都很好奇，因此反而更積極地唆使鼓勵。當月里正式上演時，作者生動地描繪了村人爭相目睹的熱鬧場面：

> 人們都吞了唾液，伸長脖子，踮起後腳跟，透過前面的人的肩膀，想看清楚月里纖細充滿魅力的步子。預演在群眾面前展開了，像天女般的月里，臉在扇子的陰影裡忽隱忽現，表現女人嬌羞的舞蹈，真是令人消魂那般美麗。她大膽地跳舞。男人撲向她，她就躲開，躲開了卻豔送秋波。火把的火搖晃著。觀眾看得入迷了。共舞的男人也越跳越起勁，讓看的人都產生了妒意。從來沒有看過露天下男女相慕而舞的場面，觀眾都被一種愛的妖怪纏住了似的神魂顛倒了。〔註259〕

站在負責人的立場，為了滿足村人的好奇心，冀望在祭典時聚集人氣，他當然不允許月里臨陣退縮；再看那些垂涎月里美色，見其出場，宛如餓虎撲羊，極盡挑逗輕薄，忘情與之共舞的男人，又是什樣嘴臉？不論是負責人或這些男人，有誰想過月里家中的現狀適不適合做此表演？有誰在乎她已是有夫之婦？他們關注的不過是自己的私慾而已。祭典過後，當月里遭流言中傷，被視為會勾引人家丈夫的夜鷹而遭到村裡婦女怨恨時，又有誰挺身而出為她辯駁？他們只是一群有色無膽的利己主義者罷了！月里由此看透了村裡男人自私怯懦的社會現實。故我們不禁要問，月里的不幸到底是誰造成的呢？若非父兄的無情冷漠，阿勇的病情當不致惡化，就能與月里正常生活；若非負責人的唆使煽動，月里也不會因扮演車鼓姐而招來無端是非。接連的打擊，終讓身心俱疲的月里性情大變，自暴自棄，化為一朵世俗不容的野玫瑰，一步步走向自焚的火獄，她的人生，成了封建父權與資本主義宰制下無辜的祭品。

〔註259〕同註253，頁147。

（二）資本主義造成的人心變異

　　一九三五年，臺灣總督府在臺北舉行始政四十週年臺灣博覽會，目的是
爲了向世界誇耀、展示它在臺灣進行「現代化」的成果，藉此美化其掠奪殖
民地資源的罪行。事實上，臺灣社會的現代化，乃是以合乎日本帝國利益爲
前提，必須要有利於日本資本主義在臺之發展，才有可能被付諸實行。舉凡
交通建設、水利工程、都市發展，無一不是以經濟榨取、資源輸出爲考量。
然而，在現代化過程中，資本主義急遽發展的結果，不僅改變了臺灣人固有
的生活方式，也間接影響到其舊有的傳統思想及價值觀念，最明顯的莫過於
金錢至上與人心向利。

　　文中云：「說到大正十三年，好像很久以前的往事了，但是人的貪慾並不
會那麼容易按照時代的社會道德而改變的，所以這件事也不該被認爲是陳腐
的吧。」〔註260〕因此，〈閹雞〉的主題之一，便是對人性貪慾、勢利問題的揭
露。小說描寫大正四年（1915年）春，在TR庄和SS庄之間架設了製糖會社
的鐵路，使SS庄的產業大爲振興。不過SS庄會社線的車站，卻設在村子的
下坡路三、四百公尺前的地方，這對有行李的人十分不便，必須利用臺車或
牛車搬運，所以到了冬天，遂有車站要延長到村尾來的消息。三桂聽聞後，
立即產生非分之想，他心裡盤算著，如果能在車站前持有十間左右的房產，
那就不用苦守藥店，可以躺在床上輕鬆度日。然車站預定地的土地大部分是
屬於清標所有，故三桂便以了解土地買賣或山產物的運輸業務爲藉口，專程
到TR庄去刺探清標的口風。而清標也有謀取藥房的野心，在各有所圖的情況
下，作者通過兩人爾虞我詐、虛僞矯情的算計，把人性貪婪、自私的黑暗面，
毫無遮掩地暴露於讀者面前：

> 「你也不應該只關在藥店裡，另外想想擴張事業怎麼樣？」
>
> 「你要借給我資本？」
>
> 「開玩笑，我這邊資本不足，確實知道有把握可賺錢的事業，都還
> 是無法出手。」
>
> 「鐵路的事嗎？」
>
> 「那也是。」
>
> 「不過，那不只是傳聞嗎？」〔註261〕

〔註260〕同註253，頁146。
〔註261〕同註253，頁157～158。

彼此試探性的問話之後，較三桂來得狡詐的清標，隨之對其曉以利害，表面上假裝關心藥房的生意是否受到西藥店的衝擊，實際上是暗示三桂漢藥房已無前途。且清標已預料到阿勇所學的新知識，無助於家業的發展，對每況愈下的福全藥店，清標相信三桂讓渡只是遲早的事。

不久，三桂因在清明祭典中，趁勢摸了雜貨店女兒的胸部而慘遭群眾圍毆。清標得知後立刻趕到 SS 庄看三桂，但他並非真心誠意的去關心，而是怕三桂會自暴自棄地把藥房賣給別人，這才是他此行的真正目的。後來，三桂如願得到清標的土地，為了一圓發財夢，他不惜舉債，在可能成為新車站的地方建了三棟相連的二層房屋，將鄭家的未來寄託於一個未知的政策，可謂孤注一擲。然結果是令人失望的，三桂未及見到新屋落成就過世了，火車站延伸的計畫也只是一場空，沉重的利息負擔，成為拖垮鄭家的最後一根稻草。至於把月里當作交易籌碼的清標，在藥房到手後竟不顧其死活，將之逼入絕境，是造成她以死解脫的最大劊子手。通過這些情節，張文環深刻地暴露出伴隨現代化而來的資本主義對臺灣人思想觀念造成的負面影響。它讓人墮入金錢崇拜的迷思，從而產生如三桂般不切實際，冀能一步登天的妄想，最後落得家破人亡的命運。而在清標身上，我們則看到金錢對人性的扭曲、變異，他與三桂交往時的齷齪心思，拒絕女兒求援的冷酷無情，此等泯滅人性的作為，皆源於資本主義金錢至上、唯利是圖的意識形態。

再如小說描寫阿勇婚禮及三桂喪禮兩種截然不同的場面：

> 由於持有三棟相連的二樓房屋，以及有可能變成車站的土地的關係，三桂就會跟著這個村子隆盛的波浪而成功，在村子裡有這樣的風評。因此阿勇的結婚典禮，比預定的人數還多的村裡士紳，帶了祝儀來道賀。使三桂也感到好有面子啦。農夫是最不懂人情，遲鈍又不知道人的偉大。村裡的紳士們都這麼說。可是農夫們卻嘲笑紳士們毫無節操。三桂被毆打的時後，沒有一個人要去救他，現在卻全都到他家去喝酒。那時也有風聲說農夫們談論這些。君子是近於有利而遠拒不利。

> 三桂的死相當可憐。連親戚都對他冷淡。（中略）來參加他的喪禮的人，也不到阿勇結婚典禮式時的三分之一。不過這毫不有稀奇。在這個村裡從事十三年區長的陳，到了晚年，連一個庄丁團的團員也

沒有去看過他。（中略）家沒落了，所有的公職也沒有了，從庄長到
　派出所的巡佐也換人了，誰也不會回憶他的功績。〔註262〕

藉由鄭家婚喪場面的對比和村裡紳士對三桂先後不一的態度，以及陳區長晚
年淒慘的遭遇，一個世態炎涼、人情澆薄、勢利現實的資本主義社會，昭然
若揭。

　　阿根廷思想家杜塞（Enrigue Dussel）指出：「現代性絕對是屬於歐洲的文
化現象，而現代性的擴張也在本質上與帝國主義息息相關。」〔註263〕張文環
於〈閹雞〉中，顯然刻意忽略日本對臺施政引以為傲的現代化功績，因為他
很清楚其中蘊含的強化統治和經濟掠奪之本質。轉而把焦點放在現代化為臺
灣人帶來的災難上，感嘆世道淪亡，批判人心不古，汲汲營營求財謀利，被
金錢所束縛，從而衍生出許多家庭不幸和人倫悲劇。在殖民者壟斷歷史詮釋
權之餘，張文環以寫實的手法，透過小說的形式，另闢一發言空間，真實地
反映資本主義造成的人性扭曲及變異。

（三）月里的救贖之道

　　做為一個人道主義者，張文環以小說反映日治下臺灣人的生存困境及出
路問題，並有意識地將封建父權、殖民者、資本主義三重宰制下的女性作為
臺灣主體的象徵，刻劃其堅強的韌性和自覺的抗暴精神，從而體現人的生命
尊嚴與價值意義，〈閹雞〉的靈魂人物月里，正是這類女性的代表。

　　生於山村的月里，其終身大事仍遵循傳統的婚俗，接受父母之命，媒妁之
言的安排。即便如此，但面對冷淡自利的父親，月里不免感嘆：「女人只是生產
男人的後嗣的機械而已嗎？」〔註264〕透露出其潛在的自覺意識。而她的婚配對
象阿勇，公學校畢業後進入R市第一公學校的高等課就讀，繼之在恩師的介紹
下，謀得一份村公所的工作，且斯時鄭家正在火車站預定地大興土木，依此情
勢，兩人婚後的前景一片看好。熟料，三桂因先前被毆的傷勢未癒，加上火車
站延伸的消息一直不見落實，苦悶至極，遂鬱鬱而終。三桂死後，鄭家的厄運
接踵而來，基於經濟壓力，一家搬回村東後街原充做養豬養雞的房子。月里每
天跟著婆婆飼養母豬，靠賣小豬仔貼補家計；不久，婆婆因無法適應多變的氣

〔註262〕同註253，頁168、174。
〔註263〕轉引自陳芳明：《殖民地摩登：現代性與臺灣史觀》（臺北：麥田出版社，2004
　　　　年6月），頁64。
〔註264〕同註253，頁167。

候也隨之過世。阿勇承受不了父母雙亡的打擊變得意志消沉，索性辭掉村公所的工作；未幾，又罹患慢性瘧疾，健康日走下坡。最後在阿漫言語的刺激下，阿勇累積已久的情緒徹底崩潰，自此成了行屍走肉般的幽靈。

遭逢家庭劇變的月里，不離不棄地照顧癡呆的丈夫，一年過去，她的絕望已經麻木，但每當村裡有熱鬧時，月里就會心亂，感到焦躁不安。在此，作者通過月里情緒的波動來暗指她心境的變化。月里的焦躁，乃因自己必須留在家照顧阿勇，但又渴望能跟其他人一樣去看熱鬧，兩難的矛盾，讓她內心陷入掙扎。而受邀擔任車鼓姐，則是月里解放靈魂、尋回自我的關鍵。她十分羨慕打扮成仙女般，有著美麗姿容的歌仔戲女角，希望能像她們一樣上臺演出。另一方面，長久以來的抑鬱，使月里渴望看到化妝過的自己，也渴望別人看到，更發出「我就不能接受男人的愛，自己也愛他嗎？」的詰問。如黃河決堤的慾望，再也抑制不住，負責人的邀請，讓她找到踏出家門的機會，在祭典那天大膽演出，搔首弄姿，將女人妖嬌嫵媚的特質發揮到極至。其後面對二哥的斥責，月里毫不示弱的反駁說：「如果你真正親切地關心我，就不要只在祭典的時候才來。每個月都來啊，還有也帶爸爸和媽媽來啊。不然，你就不要叫我妹妹。要飲我的血的時候，我才是你的妹妹，這種想法，我不要接受。」並以自己的不幸作為報負雙親的手段，她想寄一張與阿勇的合照回去，叫他們明白女兒之所以落到如此田地，係娘家一手造成，且對外揚言：「我死了也不會離開鄭家。孤兒是能認清自己的本分，才是幸福的方法。」為了怕別人看不起阿勇，也連帶看輕她，月里比以往更注意外表的打扮，「自己是女人，為什麼不能化妝？」〔註265〕

以上描述，是月里自覺的過程，我們看到一個從傳統婦德中解放出來的現代女性，她不斷通過自我反思與質問，克服心理的矛盾和掙扎，進而衝破種種道德禁忌，勇於正視內心的聲音與慾望，由為別人而活轉向為自己而活，由妥協轉向反抗，逐漸蛻變成一個具有自主意識的女性主體。可以說，月里的自覺，其實就是一種「反向轉化」（Enantiodromia）的表現：

> 精神分析學認為：意識與無意識往往處在相互對立的位置，當一種
> 傾向在意識中占據主導地位的時候，就會掩蓋無意識中另一種相反
> 的傾向；然而精神是一個有機整體，隨著意識中自覺傾向的極端的、
> 片面的發展，無意識中與之相反的傾向也會積聚起強大的勢力；這

〔註265〕同註253，頁146、148、181、182。

種相反的勢力一旦建立起來，就會先是抑制意識中的自覺傾向，接
著就會突破意識的控制，導致情感、價值、信念和追求向反面轉化。
〔註266〕

先前受封建父權及倫理道德抑制於潛意識的本性與自我，再歷經娘家遺棄、
婚家衰落、丈夫癡呆、村人非議的進程，終使月里積累已久的憤懣、悔恨與
不甘的情緒爆發開來，造成價值和信念的逆轉。蛻變後的月里，不再苦守死
寂的房子及失魂的丈夫，她像男人一樣到處工作，雖然看輕男人，卻也掩飾
不了內心的自卑，直到遇見阿凜，月里的生命才得到昇華。

　　阿凜是月里雇主李家的三子，父母考量他是瘸子，所以幫他娶了一個頭
大手腳小，同樣身體殘陷，能與之「匹配」的媳婦，名叫阿珠，婚後生有一
子。不過阿凜對父母決定的這椿婚事十分不滿，對阿珠也頗有意見。這起因
於阿凜乃公學校畢業，成績好，會畫畫，又會刺繡，過年時鄰近的農夫還會
請他寫對聯，所以雖然腳殘，卻持有比平常人加倍的自尊心。但村人只見其
缺陷就不願介紹正常的女子給他，讓阿凜不禁怨恨世間無情，僅能透過畫像
楊貴妃或王昭君等古典美女來撫慰心靈，然阿凜最想畫的則是現代女性之
美。就在月里看見阿凜的畫作後，既佩服又感動，對他想到別處學畫的希望
和志氣，更覺驚訝，那是自己所缺乏的自信及對人生的正面態度。由於兩人
皆在非自主的情況下，接受父母的親事安排；且阿珠雖較阿勇健全，但與阿
凜貌合神離，其婚姻狀況和守著影子過活的月里無異；又兩人都是不甘於現
實環境，欲從世俗藩籬解脫之人。類似的遭遇，讓阿凜與月里有了同病相憐
的認同感，「殘廢的阿凜持有優異的技能，殘廢的自己持有完全的手腳和目
鼻」，合體之後，不就是一個完整的人嗎？

　　在阿凜身上，月里得到生命的啟蒙；而阿凜在月里身上，則看到夢寐以
求的現代女性美，一句「同志」，代表彼此的默契，兩人的結合，是超越肉體
情慾的精神層次。但在封建保守的農村社會，這種不倫背德的戀情一開始便
註定以悲劇收場。面對大頭仔娘家兄弟包圍斥責，月里毫無懼色，反而嘲諷
的揶揄說：「哼！你們這些毫不爭氣的傢伙，那麼怨恨，那麼不甘願，就殺死
我算了，不敢殺一個女人嗎？」李家人愈是阻撓，月里、阿凜的情感愈是濃
烈，「我要永遠背著你走──」〔註267〕。持有相當覺悟的兩人，既不容於今生，

〔註266〕同註114，頁240。
〔註267〕同註253，頁186、188～189。

只好寄託於來世,遂投潭自盡已表廝守決心。值得注意的是,月里敢向大頭
仔的兄弟叫囂,鄙視他們,意味著封建父權在她心裡的徹底解構,象徵臺灣
人「去殖化」後的抵抗精神,如此對傳統價值及威權的顛覆與否定,和尼采
(Friedrich Nietzsche,1844～1900)推翻上帝信仰的意義相仿。尼采宣稱:

> 上帝死了!永遠死了!是咱們把他殺死的!我們,最殘忍的凶手,
> 如何自慰呢?那個至今擁有整個世界的至聖至強者竟在我們的刀下
> 流血!(中略)這偉大的業迹對於我們是否過於偉大?我們自己是
> 否必須變成上帝,以便顯出上帝的尊嚴而拋頭露面?從未有過比這
> 更偉大的業迹,因此,我們的後代將生活在比至今一切歷史都要高
> 尚的歷史中!〔註268〕

人們對上帝的崇敬就像女人對男人的服從,在西方世界和男權社會中,上帝
與男人是絕對威權的象徵。因此,女人對男人的詆毀或忤逆和褻瀆上帝有著
同樣的反叛精神,代表擺脫傳統文化束縛,以及對價值體系的重新評估。藉
由否定過去的信仰中心與精神支柱,使自身陷入孤獨無援的絕境,以獲得更
自由的生存選擇,進而完全地掌握自己的命運,走向新生,此即月里的救贖
之道。

　　至於為何作者要選擇月里與阿凜做為小說最終的悲劇主角,或許我們可
以由斯馬特(Smart)的話得到解答:

> 如果苦難落在一個生性懦弱的人頭上,他逆來順受地接受了苦難,
> 那就不是真正的悲劇。只有當他表現出堅毅和鬥爭的時候,才有真
> 正的悲劇,哪怕表現出的僅僅是片刻的活力、激情和靈感,使他能
> 超越平時的自己。悲劇全在於對災難的反抗。陷如命運羅網中的悲
> 劇人物奮力掙扎,拚命想衝破越來越緊的羅網的包圍而逃奔,即使
> 他的努力不能成功,但在心中卻總有一種反抗。〔註269〕

父母雙亡的打擊,加之流言蜚語的中傷,使一家之主的阿勇像是被「妖怪抽
去了腦髓,上廁所或做任何事都變成機械性的動作了,可以說是一個近於廢
人的人」〔註270〕。其處境雖令人同情,卻無法予人一種悲劇的快感。相較於
性格軟弱、逆來順受的丈夫,月里以反叛對抗苦難,為理想的愛情同現實拚

〔註268〕　(德)弗里德里希·尼采(Friedrich Nietzsche)著,黃明嘉譯:《快樂的知識》
　　　　　(北京:中央編譯出版社,1999年1月),頁127。
〔註269〕　朱光潛:《悲劇心理學》(合肥:安徽教育出版社,2006年8月),頁205。
〔註270〕　同註253,頁148。

搏著，其後更選擇用激烈的方式，以身殉道。自殺，是爲了貫徹生前的意志，也是爲了保存「殘廢者」的尊嚴，亦是對社會強暴最嚴厲的指控。他們肉體失敗的同時，卻在另一個世界慶祝精神的勝利。對月里與阿凜而言，「死亡本身已經無足輕重。……悲劇認定死亡是不可避免的，死亡什麼時候來臨並不重要，重要的是人在死亡面前做些什麼」〔註271〕。

（四）風俗描寫與道德反思

〈閹雞〉中的風俗描寫，有別於其他篇章或作情節之點綴，或作環境之渲染，而是與小說人物命運融爲一體，爲關鍵轉折之所在。如三桂先代經營的福全藥局，爲了方便不識字者辨別，特意在窗邊放隻木雕閹雞，充做藥房的標誌。這樣的宣傳手法，雖然引人注目，也招來財富，但閹雞的命運卻成爲村人議論的焦點。農民間的知識者批評說：「大體去勢雞這種東西是不生後嗣的，所以其龐大的財產也不會有繼承人，這一點爲什麼他們沒感覺到呢？」而村裡的知識分子則從不同角度，論述閹雞「精神上的缺陷」。不管哪種說法，村人對閹雞的看法皆是負面的，認爲它會像惡靈的咀咒般，爲鄭家後代帶來無法承受的厄運。其關鍵就在三桂讓渡藥房給清標時，唯獨留下閹雞作紀念，卻沒按村人建議，將其供奉祭祀，而是藏在阿勇的床下。後來阿勇「無後」且「發瘋」，有如一隻「被雨打落翅膀的悲慘的雞」〔註272〕，不正應驗了村人的預言嗎？起到首尾呼應、情節統一之效。

再者，閹雞除了表面可見的實質意義外，做爲小說篇名，依張文環慣用的雙關手法，不難發現它還隱含著作者所欲表達的象徵意義。閹雞除了暗示鄭家衰落的必然結局外，也象徵著日治下臺灣男人的處境與女性化特質。艾勒克‧博埃默（Elleke Boehmer,1961～）云：

> 當不同文化的優劣排列均是相對於一個主宰性的、好戰的歐洲而言的時候，這種做法就有可能引導出前文所提及的其他民族的陰柔化的形象。印度人，尤其是孟加拉人，一般都被刻畫成被動、軟弱、誘人墮落、無精打采的形象，而且和殖民者那剛健的男子氣慨相比，他們普遍都顯得女裏女氣。〔註273〕

〔註271〕同註269，頁205～206。
〔註272〕同253，頁152、181。
〔註273〕（英）艾勒克‧博埃默（Elleke Boehmer）著，盛寧譯：《殖民與後殖民文學》（香港：牛津大學出版社，1998年），頁95。

日治之前，臺灣男性無疑是社會、家庭中的宰制者，男尊女卑的性別差異，仍維持著中國舊有的封建型態。但在日本殖民臺灣後，這種二元對立的等級框架被打破了，只要是臺灣人，無論男女老幼，其共同身份就是被殖民者，權力結構也因此產生異動。失去支配權的臺灣男性，處境與女性沒有兩樣。且在軍事或人力動員上，男性受到的迫害更較女性來得深刻，身心受創的結果，使他們雄風不在，像是被殖民者閹割的公雞一樣，畏縮、軟弱，成為最失意的一群。這也就是為何張文環筆下的男性，普遍都帶有陰柔性格的原因了。

其次，福全藥房能在地方經營的有聲有色，被列入富豪之家，都要歸功於三桂祖母與母親所建立的良好人際關係。依照傳統嫁娶儀式，新娘「出轎」是非常講究的。《臺灣舊慣習俗信仰》載：

> 當新娘的陪嫁行列到達男家後，新娘的轎就暫時在男家門前停下，新娘首先把一串鑰匙交給媒人，再由媒人交給新郎，意思是讓新郎用鑰匙打開新娘所陪嫁的一切東西。（中略）新娘下轎的時辰，是由日師在事前選定的，既不能早也不能晚，必須在指定時刻出轎。時辰一到，就把新娘轎抬到正廳的前庭，這時新郎手拿一把扇子打轎，同時又用腳踢轎門的附近。這是趁新娘的不注意，使新娘大吃一驚，以表示新郎有勇氣，也就等於向新娘示威，以便將來使新娘百依百順。這一切儀式都完了之後，轎夫才打開轎門，並唸四句吉利話，（中略）男家就要賞賜先準備好的「紅包」。這時媒人就要領新郎的弟弟或家中童子到轎前，把一個裝有兩個橘子的盆遞給新娘，新娘用手摸摸橘子表示謝意。（中略）這也是一種討吉祥的儀式，因為兩個橘子是代表婚後夫妻兩人生活的甜蜜，俗云：「糖甘（柑諧音）蜜甜」之意思，而盆是象徵家庭幸福圓滿。緊接著男家就請「好命人」（父母雙全的「全靠人」），拉著新娘的手把她從轎裡接出來。〔註274〕

小說中，三桂的祖母扮演的正是牽新娘下轎和說吉祥話的角色。她是接近九十歲的老婦人，長壽被視為幸福和福氣的象徵，因此，每當村裡有結婚典禮，就會請阿婆來牽新娘出轎。過程中她所說的話，村人也都洗耳恭聽，深怕漏掉任何一句。阿婆八十八歲身故時，村人還為她舉行由始以來最大的喪禮。阿婆死後，三桂的母親尚能維繫與村子各家的關係。但在其死後，三桂短視近利、貪小便宜、不顧人情的經營態度，讓村人大感失望，職員亦紛紛出走，

〔註274〕同註169，頁202。

為鄭家的敗亡種下禍因。三桂喪禮的冷清，對照先前阿婆的風光，不無是對好高鶩遠、不切實際、貪財吝嗇之人的一大諷刺。

　　除此之外，作者還藉由阿勇的親事，描寫了地方沿襲的婚俗：

　　　　依照村裡的習慣，新郎由親戚或長輩的親友陪著，要親自招待客人
　　　　來參加囍宴，必需親自到客人家去邀請。依照形式要左手拿著菜籠，
　　　　分發煙草或檳榔才是禮貌。新郎是臉紅紅的站著，陪他的人站在旁
　　　　邊，要很客氣地邀請而打招呼。說這一次真多謝你的照顧，今晚，
　　　　準備有粗菜薄酒，請過來喝喜酒。而由新郎給男人煙，給女人檳榔
　　　　親自邀請。〔註275〕

於此，一方面顯出農村社會多禮重情的善良風俗，一方面也反映婚喪喜慶乃地方社交重要的一環，能藉機聯絡感情，建立關係。

　　再者，繼承先代漢藥房的三桂，其命名來由係取「三貴」之諧音，有財、子、壽三貴和福、祿、壽三貴之意。因家裡開店，為避免客人有「貴」之聯想，故以較含蓄的「桂」代之，這樣的命名方式，實承載著父母冀其興旺家族事業的矚望與寄託。萬萬沒料到，真正決定三桂命運的，竟是一場祭典。在 SS 庄一年的行事裡，最熱鬧的是農曆三月三日的清明節，同時也是宗族神 S 廟的祭日。當晚村裡的姑娘們都會盛裝打扮，聚集到野臺戲前。三桂一時色慾薰心，覺得剛搬來的雜貨店謝德的女兒有機可趁，便伸出狼爪摸了她的胸部，姑娘驚叫之後，三桂立即遭到眾人圍毆。經此重擊，身體單薄的三桂暗傷難癒。另外，三桂育有二子，但天資聰穎被視為希望的長男阿成，卻在公學校畢業之前夭折，留下平庸的阿勇，印證了「愚鈍的孩子才能替父母送終」〔註276〕的俗語。二子一死一瘋癲，註定三桂無「福」享「壽」，亦無子相繼。又如前文所述，作者安排阿勇與月里違反禁忌舉行婚禮，也為其後的不幸埋下伏筆。

　　至於〈閹雞〉中運用風俗題材表現最為出色的，莫過於透過時代遞嬗下的一場熱鬧祭典，為月里創造自覺的契機：

　　　　說到大正十三年，可以說是臺灣歌劇的全盛期。這時代的戲劇，從
　　　　亂彈到九角仔，不說是屬於北管或南管的名稱，一律說有男女班來
　　　　村裡的時代，戲裡的女角必需真的由女人扮演，貫徹這種主張，可

〔註275〕同註253，頁169。
〔註276〕同註253，頁165。

> 以知道就是客家歌劇影響了一般的戲劇。即使是亂彈戲，到了晚上
> 十一點收幕前，也變爲歌仔戲的曲調，使村民們感到高興。歌仔戲
> 怎麼能夠這樣抓住民眾的心呢？當然這是因爲它不像以往的戲劇那
> 樣使用文言體的對白，而改用比較容易聽懂的臺灣話，使看戲的人
> 普遍能夠接受。這打動了月里的心，使她大膽起來。〔註277〕

張文環巧妙地假臺灣歌劇全盛時期的大正年間爲小說背景，在客家歌劇的影響下，不僅歌仔戲與時俱進，對白改用符合大眾口味的臺灣話，就連一向由男性反串的車鼓姐，也有以女人來扮裝的要求，爲月里參與車鼓姐鋪陳出有利的條件，使其婚姻上的苦悶和內心壓抑的慾望找到宣洩的出口，從而喚醒潛在的自覺意識。這番情節安排，可謂環環相扣，如出自然，毫無矯揉造作之態，獨顯作者之匠心。

除了精采的風俗描寫外，張文環也不忘對不符合人性、違反人情的道德規律進行反思與批判。小說第一節，作者便從第三者的角度，爲祭典中激情演出而事後遭來非議的月里辯護：

> 可是村裡的人們，背地裡指責她是背德者、發情的母狗，村裡的人
> 們還是同情她的丈夫阿勇，把攻擊的箭尖指向不守婦道的妻。乍看
> 之下這十分殘酷。卻是村裡既定的一種道德規律。然而，假如改從
> 月里的立場來說，既然要訂定多管閒事的道德規律，這些民眾的目
> 光爲什麼不投向逼迫一對男女，不得不墜入這種地步的事件上呢？
> 這不就是所以要寫出供人閱讀的故事的原因嗎？〔註278〕

可見〈閹雞〉的寫作動機，並不在於刻劃不幸，而是針對悲劇的根源。依村裡的習俗，家中有人患病的女性，是不被允許濃粧豔抹的。既然如此，爲何村人還要慫恿月里演出車鼓姐，而在滿足視覺的刺激與心理的好奇後，那個祭典當晚被男人簇擁的女人，瞬間變成村人口中不守婦道、不顧廉恥的「夜鷹」。是女人爲什麼不能化粧？通過月里的心理活動，作者對這種不合人情、帶有壓抑女性的風俗提出質疑。何況，阿勇瘋癲已是積年累月，藥石罔效，難道月里就該受此原罪，拋棄愛美的天性，失去做一個正常女人該有的權利嗎？職是之故，作者藉由月里答應演出車鼓姐，挑戰傳統禁忌，同時通過村人前後不一的矛盾態度，諷刺且揭露傳統道德的利己主義和僞善面具。

〔註277〕同註253，頁145～146。
〔註278〕同註253，頁146。

（五）結語

　　詹明信（Fredric Jameson,1934―）曾言：「第三世界的本文，甚至那些看起來好像是關於個人和利比多趨力的本文，總是以民族寓言的形式來投射一種政治：關於個人命運的故事包含着第三世界的大眾文化和社會受到衝擊的寓言。」〔註279〕作爲殖民地的一員，張文環對臺灣人的處境自有深刻的體悟，在武裝抗日、民族政治運動皆無所作爲的情況下，利用文學創作來偷渡反殖意識，便成爲臺人作家表達抗爭精神的主要手段。而女性問題的探討，正好提供他們一個政治批判的著力點。張文環即於女性身上看到臺灣人命運的共通性，這種共通性乃建立在同爲被壓迫、被支配的弱勢者此一情感上。強權底下，她／他們被迫消音，任由宰制。故對張文環而言，封建父權、殖民主義和資本主義，就像是異形同體的共犯結構。依此類推，張文環藉「民族寓言」的形式，在〈閹雞〉中批判資本主義及封建父權的另一目的便呼之欲出了。其次，張文環也通過月里性格的轉變，嚴肅地反省了臺灣的陋規劣習。誠如陳映眞所言：

> 文學教人反省，教導人之所以爲人的條件。當世俗的力量使人不再成爲人，不管其外來的力量是否出於政治、經濟或人内心的罪惡，使人的形象扭曲了，這時文學便啓發人思考的力量：思考什麼是愛？什麼是罪？什麼是公義？什麼是寬容？這些都是向來一切偉大文學的主題。〔註280〕

經由文學創作提升臺灣人的文化生活，是張文環自參與「臺灣藝術研究會」以來不變的信念。〈閹雞〉中，我們看到村人的流言蜚語和虛僞無情的道德規律，對阿勇及月里造成巨大的精神壓力，致使他們加速走向人生悲劇。因此，張文環要那些自利又好管閒事的人們，在批評別人之前先檢視自己的言行，筆尖無不流露著對弱勢者的同情，和糾正社會風氣的良心。

　　一九四三年，正值皇民化運動甚囂塵上之際，總督府爲宣導政令、發揚日本精神，乃在臺灣各地上演「皇民劇」。這種徒具形式毫無內容的戲劇演出，引起《臺灣文學》同人的反感，遂組成「厚生演劇研究」，於九月在臺北「永樂座」舉行公演，和同時間在「第一劇場」上演的《赤道》對打。林博秋改

〔註279〕張京媛主編：《新歷史主義與文學批評》（北京：北京大學出版社，1993 年 1月），頁 235。

〔註280〕陳映眞等著：《曲扭的鏡子――關於臺灣基督教會的若干隨想》（臺北：雅歌出版社，1987 年 7 月），頁 103。

編自張文環同名小說的《閹雞》,一上演就得到觀眾廣大的迴響,好評如潮,使「厚生演劇研究會」在這場臺灣戲劇路線詮釋權之爭獲得空前勝利。戰後,〈閹雞〉的光芒並未消退,一九五七年又被漢興有限公司改編拍成電影《恨命莫怨天》。其後,陸續有劇團演出《閹雞》,二〇〇八年更由臺南人劇團將之搬上國家劇院。〈閹雞〉之所以歷久不衰,獲得眾多文藝工作者的青睞,或許就是因為它能真切地反映時代、表現人性、貼近生活、感動人心之故吧!

　　附帶一提的是,據林雲鵬表示,臺灣光復之初,張文環有意將〈閹雞〉出版,原稿放在《聯合雜誌》辦事處樓上。然適逢二二八事件之後,一切出版品都要接受檢查。當時由莊遂性、張煥圭、洪炎秋三人出錢合辦,請張我軍負責主編的《聯合雜誌》月刊,也依規定送至軍人之友社檢查。十幾天後接到一紙手令,謂內容有民族感情離撥云云,不准出版。或許有前車之鑑,林雲鵬便去將〈閹雞〉的稿子拿回來,半路碰到流氓說他是阿山,抓他欲打,後來開脫,稿子亦還給張文環,〈閹雞〉出版的計劃遂胎死腹中〔註281〕。

十一、〈地方生活〉

　　張文環的小說,或多或少都反映著其人生某段經歷或體驗,故事舞臺也不脫東京、臺北、臺中、梅山這幾個他曾生活過且充滿回憶的地方。從〈地方生活〉裡作者設計的敘事空間——K庄、T部落、R部落來看,其指涉的分別應是小梅庄、大坪村及《山茶花》中阿婆所住更深山裡的不知名部落。然特別的是,同樣以故鄉梅山為底蘊,但呈現的卻不是大家習以為常的童年經驗,而是首次將返臺之初的心路歷程提煉為素材,藉由小說人物將之演譯再現。至於在主題思想上,張文環以澤的婚事為主軸,通過王、楊兩家的交遊、聯姻,揄揚朋友之間難能可貴的情義;也透過澤的回歸、王主定和楊思廷對土地的認同與依戀,以及淑價值觀的偏差,多方面地表露作者反殖、去殖,進而肯定我族文化的主體意識。以下,就讓我們一一探究。

(一)心路歷程之投射

　　小說中澤的成長背景,可謂張文環自身經歷之投射。他出生於近阿里山的T部落,有個好酒並喜談三國故事的父親,家族在這繁衍已久,祖先均葬於此。部落裡設有漢書房,而公學校則位於T部落六公里外的K庄,後來澤

〔註281〕參見施懿琳、鍾美芳、楊翠著:《臺中縣文學發展史田野調查報告書》(臺中:臺中縣立文化中心,1993年6月),頁214。

一家乃遷往 K 庄經商。無論澤的生長環境、其父親形象或遷徙路線，都與張文環如出一轍。再比較兩人求學過程，澤從公學校畢業後進入 C 市（應爲嘉義市）的中學，繼之赴東京讀大學。由地方（臺灣）到中央（日本）的升學途徑，正是張文環和日據時期臺灣知識分子在教育資源被殖民者壟斷之下，爲求突破困境所發展出來的升學之路。而小說還特別提到，澤「進入大學的時候違逆雙親的意思，任性地希望自由的生活，結果那生活也像海市蜃樓般消失了」，「從學校畢業了卻還是一介的失業者，自誇的心逐漸被削下來。在這種情況下，澤覺得最痛苦的是要寫請父親匯款的信」〔註282〕。這裡透露的顯然是張文環留學東京期間的心聲，他曾在《福爾摩沙》第三號編輯後記中自云父母希望其將來做文官或當醫師，但張文環仍決定以興趣爲依歸，選擇東洋大學文學部就讀。即便如此，家人還是給予自由發展的空間，尤其是他的父親，自感教育之不足，故全力支持張文環兄弟倆往更高的學識探求。不過張文環卻因涉及左翼運動而在被捕出獄後遭到學校退學，使他的大學夢彷彿海市蜃樓般虛幻而短暫。由於張文環在日並無工作，因此返臺之前的經濟，係仰賴父親匯款維繫，辜負父老期待，未能完成學業的張文環，其自責、羞愧之情，不難想見。

　　再者，澤從東京回到 K 庄，只帶回堆積如山的書籍，村人除了冷眼視之外，對他一點關心也沒有，這也符合張文環返臺之初面臨的處境。一九三八年張文環抵臺後，先於臺北短暫停留數日，便偕妻回到故鄉梅山。但在傳統守舊的鄉下，村人對他不求仕途而以文學爲業多輕視之，且其先進、現代的思想也與地方格格不入，被視爲異端。就像澤穿著熨過線條的西裝褲，走在田園小徑那樣的不相襯，雖然有一種貴族性的陶醉，卻也難掩寂寞無聊之感。因而當秋風吹起時，澤便懷念起住過多年的東京郊外情景。通過澤／張文環之遭遇，一方面得見時人以功名利祿爲取向的傳統價值觀，一方面也反映出留日學生在回歸母體後，必須面臨的新舊衝突和自我調適。

（二）發掘人性之良善

　　繼〈閹雞〉之後創作的〈地方生活〉，於情節架構上是有雷同性的，兩篇小說皆以親友間的聯姻爲敘事中心，由此開展出其他情節。相異的是，張文環在〈閹雞〉中，藉鄭三桂與林清標各懷鬼胎協議下的聯姻，揭示金錢對人

〔註282〕張文環著，陳千武譯：〈地方生活〉，原載《臺灣文學》2 卷 4 號，1942 年 10月，收入陳萬益主編：《張文環全集》，卷 3，頁 3、10。

性的扭曲變異，這樁以利益交換為前提的婚事，終使親家變仇家，把人性貪婪勢利的黑暗面暴露無遺。而一向給人正面力量的張文環，隨即在〈地方生活〉中，通過王主定和楊思廷兩個竹馬之友的聯姻，描述一段令人稱羨，聞之動容的真摯情誼，意在發掘人性之良善，藉此對抗、諷刺金錢至上及利己主義之醜惡，在物慾橫流的社會裡，實有撫慰人心之效。

　　楊思廷與王主定分別出生在山裡的 R 部落和 T 部落，兩人自小便是書塾同窗，歲數相同，所以互以「同年」相稱，像兄弟一樣親密。其後兩家移住 K 庄，一個經營商店，一個經營精米工場，又像事先約定似地娶了同齡的妻子並於同年結婚。婚後雙方約定，如都生男孩，就讓其結為兄弟，若生一男一女，則成為夫妻。另外，在性格和興趣上，兩人既互補又相契，主定屬「沉思型」，思廷屬「外交家型」，皆是戀酒貪杯之人，因而兩個主婦的囉嗦也一樣，相處融洽。職是之故，兩家的互動十分密切，不僅祭典或公公的生日互相協助慶祝，雙方的祖先去世時，彼此也慎重地盡了兄弟之禮與朋友之義，是鄰人稱羨的管鮑之交。生產的結果，兩家的頭胎都是男孩，繼之思廷再得二女一男，長男阿山和澤同進 K 庄的公學校，長女婉仔則順理成章成為澤日後的婚配對象。至於次女淑，因主定之妻只有一子之故，便希望收養她，卻也不願強人所難，但仍將淑視如己出，呵護備至，遂使兩家的關係更為親密。

　　按主定的想法，人過了四十大關熱情就會退卻，在街上也感到無聊，便須轉換方向回舊巢去。這個理論，在思廷身上獲得實踐，他關掉商店，帶著妻小返回出生地 R 部落開墾務農，與王家各分東西。雖然距離遠了，但關心彼此的心不變。由於楊家位居深山，醫療資源缺乏，因此澤的母親會委託農夫送去家庭所需的常備藥。到了要為澤與婉仔舉行婚禮時：

> 父親請親戚做媒人，商量婚禮的細節。這反而受到楊同年叔責罵了。真糊塗，還要來聽取我的意見。以為我比較聰明嗎？不要做得那麼麻煩，越簡單越好，一切委任你決定了。那麼地傳話過來。於是新娘嫁妝等也都由澤負責選擇。（中略）至於聘金，澤的父親想多拿一點，但是為了支付澤的學費早已用盡了儲蓄，所以包六百元表示意思，對方卻回聘四百元，形式上楊叔父是收了二百元聘金，但是另以贈給澤買鞋費附了二百元，實際上聘金是全退回來了。（中略）還有，楊叔父交代媒人說，無法給新娘帶去陪嫁錢，不過，以新娘應帶傢俱的用金壹千元也托媒人帶來，並附信要澤自由買衣櫥鏡臺，

這是和婉仔和妻商量的結果，才決定這麼做。〔註283〕

中國婚俗儀式中的聘金和嫁妝制度，向來被有識者詬病。因為這種如同買賣的婚約，不僅有物化女性之嫌，也有藉此圖利之弊。在男女雙方相互角力和算計下，往往造成弱勢的一方經濟壓力，導致爭執不快，有些親事還因此而告吹；即便結了婚，先前產生的嫌隙，亦可能成為日後夫妻、婆媳、娘家和婚家衝突的導火線。反觀王、楊兩家聯姻，單純而無心機，雖是依照傳統婚俗，但表現出來的卻是一種相互信任、替對方著想的默契，聘金和嫁妝制度的負面影響被淨化了，變成充滿人情味的婚俗禮儀。

筆者認為，張文環想傳達的是風俗本身並無好壞，甚至大部分的風俗其本義都是良善的，之所以衍生各種弊端，係人為之扭曲，故關鍵存乎在人而不是風俗，只要導正人心，即可還風俗之美好。有別於一九二○年代臺灣文化啟蒙運動時期，張我軍等高喊廢止聘金之口號，在殖民地政府亟欲消滅漢文化的一九四○年代，張文環對傳統風俗舊慣的利弊革興有了不一樣的思考，如何保存固有的風俗文化，成為皇民化運動下臺灣知識分子的重要課題。

而文中最感人之處，係思廷到主定家養病的一段情節。思廷身體不好，深山裡治療不便，因此在親家老友的勸說下，來到 K 庄養病。但近兩個月的療養，思廷病症不見好轉，又不願到 C 市的醫院住院檢查。農曆年近了，依照習俗，過年時家裡留有病人被認為不吉利，這讓思廷對主定抱歉不已，好生愧疚。「澤的父親不得不生氣地說，我是重義氣、不怕麻煩，睡在哪一方都一樣，不必心煩，客氣是多餘的，不要那麼萎縮，反而放輕鬆一點勤謹吃菜，大家才會高興」〔註284〕。《論語・鄉黨》言：「朋友死，無所歸。曰：於我殯。」〔註285〕說的是孔子重友之情義。主定無視禁忌，對思廷精神喊話，鼓勵安慰，不離不棄，和孔子同具偉大人格。正所謂患難見真情，兩人的情誼在此刻分外另人動容。藉由前後兩篇同為親友聯姻的小說，以主定、思廷之真情對比三桂、清標之卑劣，突顯了張文環對人性癉惡彰善的思想。

（三）建立在鄉土認同及傳統文化上的反殖意識

詹姆遜（Fredric Jameson, 1934～）在〈處於跨國資本主義時代中的第三世界文學〉提到：

〔註283〕同註282，頁29。
〔註284〕同註282，頁37。
〔註285〕同註208，見〈鄉黨〉，卷10，頁91上。

　　　　所有第三世界的文化都不能被看作是人類學所稱的獨立或自主的
　　　　文化。相反，這些文化在許多顯著的地方處於同第一世界文化帝國
　　　　主義進行的生死搏鬥之中——這種文化搏鬥的本身反映了這些地
　　　　區的經濟受到資本的不同階段或有時被委婉地稱爲現代化的滲
　　　　透。〔註286〕

日本統治臺灣後，爲了鞏固支配地位，確保他們在社會和文化上的領導權，
先以同化政策爲手段，消弭臺灣人的漢民族意識，繼之再以激進的皇民化運
動，改造臺灣人的身心靈，供其驅使，爲帝國主義的侵略戰爭服務。其間，
殖民者不斷透過教育制度、傳媒和其他文化形式，強制灌輸自身的價值觀及
意識型態於被殖民者，使臺灣人在以日本爲中心的殖民論述中被邊緣化、貶
抑化，造成母語流失、認同混亂、文化傳統面臨消逝的命運。歷經帝都洗禮，
亦參與過左翼運動的張文環，對殖民者之本質和臺灣人之危機，勢必有著高
度自覺，〈地方生活〉即清楚地呈現出他對殖民經驗的反省和去殖民化的企圖。

　　首先，小說描寫澤留學東京時，被某美術研究所的女學生吸引住，產生
愛慕之心，所以沒有多餘的心思去想故鄉的事，暑假也沒有回臺的打算。而
讓他決定返鄉的關鍵，在於體悟到：「畢竟那是現代女性虛榮的縮影，一旦被
背著轉向甩掉了，澤的心裡雖像暴風雨後般荒涼，卻向周圍的靜寂甦醒過來。」
〔註287〕張文環以隱喻的手法，把女學生借指爲他曾心嚮往的日本，但親臨之
後，因思想眼界大開，得以看清殖民者虛僞的本質，從而產生如澤一般的自
覺。回歸故鄉／臺灣，正是澤／張文環自我解殖後的精神象徵。

　　回到家鄉的澤，「想著在城市裡上班，而以故鄉在鄉下自豪」〔註288〕。
他的想法暗示了城市只適合賺錢，鄉下才是安身立命之所。令人意外的是，
受過高等教育的澤，覺得「指腹爲婚」這種違背自由意願的舊式婚姻，反而
比一般任人安排的婚姻靠得住，可省去精神上的困擾，讓人不禁質疑作者思
想是否朝封建陋習傾斜。然誠如前述張文環看待聘金制度一般，他提供讀者
另一個不同的思考面向，是一種建立在比較之後的認知。指腹爲婚，乃至交
好友，因志趣相投，關係匪淺，恰好兩人的妻室都已懷孕，爲延續世代之情
誼，使下一代同樣親密，遂相約如生一男、一女，就讓他們結爲夫妻，其中

〔註286〕同註279，頁234。
〔註287〕同註282，頁10。
〔註288〕同註282，頁2～3。

又包含從一而終、信守承諾的美德。以此對比利益交換下，被父母強制安排的婚姻，孰聖潔，孰卑劣，立見分明。

　　既認同這門親事，澤遂在父親陪同下，由 K 庄經 T 部落前往 R 部落拜訪思廷家，此行對甫從東京返鄉的澤深具意義，可視為一趟回歸母體的尋根訪親之旅。出門前，澤遵照從小養成的習慣，在祖先祭壇點香拜拜。到了闊別十多年的出生地 T 部落，澤驚嘆其改變，店舖林立，遠較童年時開化。熟悉的氣候環境，迄今仍深深烙印在澤的腦裡。過去的親戚或鄰居都稀罕地走來看這位留學歸國的青年，對此作者描述到：

> 澤跟那些人沒有什麼好講。有樸實的人，也有喪失樸實，用像早熟的孩子口吻講話的人，令人厭煩，因而澤像來到這個部落的新娘一樣沉默著。因為沒有擁有衣錦還鄉那樣的東西，澤受到各種方面的評價，而感到悲哀的心情。然而，他一點也無意輕蔑他們。他跟逐漸聚集來的親戚或有關係的人，在談話之間，先前的隔閡也慢慢解消了，而看到他們誠實規規矩矩又樸素的人格，不無感動。〔註289〕

這裡我們看到澤與村人關係的變化，是由隔閡到融入，由一開始因村人的負面評價感到悲哀，到發現村人的真誠樸實而備受感動。在 T 部落停留一晚之後，澤與父親繼續他們未完的行程。路途上，澤聽著父親講述昔日祖父們拿獵槍在山上打獵的往事、交通運輸的沿革、部落的地理景觀及生產型態，彷彿歷歷在目，令澤好不懷念，頓時忘了失業之苦，盡情回憶，與故鄉的一切連成一氣。它呈現的是一個知識分子拋棄殖民化視角，重新發掘鄉土之美的過程。薩依德把這種過程稱之為「歷史的重返」，亦即重新發現曾被帝國主義壓制之本土歷史的回返，它既是一種重占（reoccupation），也是一種「重刻」（reinscription），這兩個相互交疊的過程，構成了後殖民文化抵抗之政治與意識的主要內容〔註290〕。在殖民論述二元對立的框架下，曾被殖民者污衊為落後、野蠻的鄉土，藉由一次旅程，澤用自己的意識、自己的眼睛對它重新占領，進行歷史記憶的再詮釋、再編碼、再感受。通過與鄉土、村人共通情感和集體意識之建立，不僅完成自我價值之回歸，也具有精神救贖之意義。

〔註289〕同註282，頁 12。
〔註290〕參見宋國誠：《後殖民論述——從法農到薩依德》（臺北：擎松圖書出版有限公司，2003 年 11 月），頁 570。

　　再以主定的人生哲學爲例，他認爲做生意賺錢是有年齡限制的，「上澀就會攝」，過了四十就無法掙扎。「要在俗世跟人家爭利而生活，寧可過著以自然爲對象的生活才能快樂。土地是不背叛人的」。思廷也有同感，他說：「爲了培育孩子要花掉教育費，寧可分土地給每一個孩子。土地會給勤勉的人好多吃不完的果實。」〔註291〕兩人不約而同地肯定土地的價值和其對生存之意義，有土地最實在，於表現對土地濃厚依戀之情的同時，也隱含著對街市／都會功利主義之批判。

　　張文環在〈地方生活〉除了流露鄉土認同、情繫大地的主體意識外，也藉由傳統文化之彰顯做爲反殖理論之依據，反映在小說中則爲風俗舊慣之描寫及突顯漢學教養之優越。前者如出門之前，要在神壇點香，祈求神明保佑，此爲上馬之禮；到了目的地是下馬，也要拜神。又如把春仔花（薔薇的造花）插在頭髮上，表示等待喜慶日子到來；嫁娶儀式遵循禮制，新娘出轎時間關乎一生吉凶，需費心選定；過年家中不留病人之禁忌；吃飯時座位席次按照規矩，主定與思廷坐上位，右邊坐澤和阿山，左邊則坐阿海及長工，且依男先女後順序用餐。後者則表現在思廷對子女的教育、澤對傳統文化的態度和澤、婉仔、淑三人之言行處事上。僅管山中已吹進現代文明之風，但王、楊兩家仍以漢文通信，顯示對固有文化之堅持，特別是思廷，他認爲道德修養比現代知識重要，因此雖遷居回深山務農，也要孩子們學習《論語》，沒上過公學校的長女婉仔，便具一定程度的漢學素養，次子阿海，更完全以《論語》培養長大。再看代表現代知識分子的澤對傳統文化之態度。當阿海問澤新的現代學問跟孔子教的學問有何不同時，他回答說：

> 據於誠實而苦悶想出來的事，無論在什麼時代都有其新的生命。所以孔子在現今的大學裡也唸《論語》。只是說，阿海，譬如你在想的中庸之道，如果據於狹窄的論語性，或儒教性來思考，而不考慮事物及現代這個科學進步的社會道德的話，那麼，中庸反而無法得到真實的中庸吧，因此，如果能思考新的東洋文化的話，在此會產生新的中庸之道啦，這一點才是困難。〔註292〕

《論語》不僅是儒家經典的代表，亦是中國文化傳統之象徵，但日據時期隨著新式學校的引進，讓當時臺灣的知識分子頗爲憂心。林獻堂即言：「漢學者，

〔註291〕同註282，頁7～8。
〔註292〕同註282，頁22。

吾人文化之基礎也。（中略）今欲求新學若是之不易，而舊學又自塞其淵源，如是欲求進步其可得乎？」〔註293〕但我們也不得不承認，舊文化中的確存有部分不合時宜，阻礙社會發展的保守性因素。因此，張文環一方面藉由思廷對《論語》予人正面意義的道德修養之重視，闡發傳統文化中的合理性；一方面也透過澤之口，提出保存、延續傳統文化之法，即去蕪存菁、不墨守成規，繼能與時俱進，調和東洋文化，實際上就是希望能把自身文化提升至和日本文化一樣的高度。如此一來，既可確保其不致淹沒在現代化洪流中，亦可藉之做為抵制同化政策及皇民化運動之利器。

　　其次，再觀小說對澤、婉仔、淑三人言行處事之描寫。受傳統重男輕女觀念之影響，思廷不主張送女子去上學，所以婉仔是在漢學教育下成長，具有內斂、保守的性格和漢文讀寫的能力。嫁給澤之後，她持家勤慎，善解人意，與長輩應對進退，拿捏得宜，深受公婆寵愛。反觀受過高等教育的澤，在婉仔身邊絲毫不見其優勢，兩人討論問題時，亦是婉仔占上風，澤被她的理論吸引著。主定也認為婉仔比澤還了解古早慣例的人事，又能談得來，而覺得媳婦可愛；就連澤的母親都抱怨說：「這個孩子不知道學了什麼，真的不是婉仔幫忙的話，這個孩子實在不行。頭腦沒有婉仔的一半，婉仔來了以後幫助我最多。」〔註294〕至於婉仔的妹妹淑，因幼時寄宿王家，遂在學校老師的勸誘下得到上學的機會。公學校畢業後，由於婉仔向父母說情，使淑進入C市的女學校，又在房東阿婆的介紹下，與其唸醫科的親戚結緣，成為她日後的未婚夫。相較於溫柔婉約的姐姐，接受新式殖民教育的淑是具有現代感的女人，任性而現實，有追逐享樂的傾向，小說高潮即由她帶起。

　　思廷久病不癒，淑的婚禮因此延期，但她認為婚事比父親的病還重要而感到鬱悶。一天，思廷病況危急，親友聞訊皆趕至王家，大夥都不敢露出悲哀的表情，只有淑表示不滿，在眾人面前發牢騷。澤看穿淑的心思，便把阿山和淑叫出門了解原因。原來淑是怕父親過世後陪嫁金沒著落，所以希望父親能先立遺囑，將家產分配好。這完全是利己主義的想法，只因要嫁到有錢有地位的醫生家庭，為了打消與娘家的等級差別，所以必須積疊陪嫁金帶去，不然會覺得丟臉。淑的厚顏無恥，令人遺憾，不禁讓澤感嘆道：「為自己一個

〔註293〕林獻堂：〈祝臺灣青年雜誌之發刊〉，《臺灣青年》創刊號（1920年7月），見「漢文之部」，頁2。
〔註294〕同註282，頁36。

人的幸福，所有義理人情也敢推掉。（中略）如果，這就是現代的道德，那麼接著下來的社會道德會是怎樣的？」經由上述對澤、婉仔、三人形象及言行處事的描繪，可清楚看出作者有意以接受傳統漢學教育的婉仔作為對照組（Control Group），而把接受新式殖民教育的澤和淑作為實驗組（Experimental Group）。曾留學日本的澤在父母眼中，其人情世故方面的表現遠不如婉仔，還被說的一無是處；雖有滿腹經綸，但遇到婉仔的提問，卻是英雄無用武之地，甘拜在她的理論之下。至於淑的言行處事對比婉仔，就更令人失望了。姐姐為父親的病況心力交瘁，消瘦得厲害；妹妹卻只想到分遺產、嫁豪門，無視家人心情，不顧父親感受，振振有辭，絲毫不念親情義理。藉由婉仔與澤、淑之對照，透露出張文環對新式教育的批判和質疑。它雖予人新觀念、新思想，對社會的發展及現代化有推波助瀾之效，但卻缺少道德教化、人格養成和傳授立身處事、待人接物的功能。且新式教育以個人為中心的利己主義思想，容易扭曲人性，使人不辨是非，不明事理，違背道義，一意孤行。張文環便以「培育不周全的茉花，卻健美地盛開著，時機一到必會結成果實吧。自然的法則如此養成植物，在這反面天倫在運轉人的社會」〔註295〕。意有所指地諷刺刻意栽培，花錢讓她接受教育的淑，反不如不曾上學卻有健全人格，懂得人情世故的婉仔，從而生起對傳統優良文化、善良風俗的孺慕之情。

（四）結語

宋國誠在其著作提到，去殖化的第一步，首先是「地方性」（相對於那個專斷的中心性）以及地理認同（geographical identity）的恢復，這是民族疆域在文化意義上真正的、徹底的奪回。並引薩依德之言：

> 在反帝抵抗運動的文學中，如果有什麼可以強烈地分別出反帝想像力的話，那就是其中的地理因素的優越性。帝國主義畢竟是一種地理的暴力行為，通過它，世界上每一個空間實質上都受到勘測、繪圖，最後受到控制。對於本土居民來說，殖民奴役的歷史是從「地方性」的喪失開始的，因此，必須以各種方式尋求民族土地地理身份的恢復。由於有外來殖民者的存在，土地首先只有通過想像才能夠恢復過來。〔註296〕

〔註295〕同註282，頁41。
〔註296〕同註290，頁570。

這篇延續〈閹雞〉親友聯姻情節，而在人物塑造上仿照《山茶花》（婉仔／錦雲／漢學教育／內斂溫良；淑／娟／新式教育／固執任性）的〈地方生活〉，表面上似乎無關政治，寫的是家庭生活，但究其實質，卻有以「地方」抵制「中央」的企圖。正如詹姆遜所言：「所有第三世界的本文均帶有寓言性和特殊性：我們應該把這些本文當作民族寓言來閱讀，特別當它們的形式是從占主導地位的西方表達形式的機制——例如小說——上發展起來的。」〔註297〕張文環通過澤的回歸，主定及思廷對土地的認同、對故鄉的依戀和對儒家經典的重視，曲折地表達他「去中心」的反殖立場，從而建立以「地方」為主體的自我價值，使讀者感受到他特定的政治態度。另一方面，張文環還利用漢民族傳統文化的優越性，暴露殖民教育體制的缺失；而對傳統文化（包括風俗舊慣）之論述，不僅是用來抵抗、消解資本主義功利性，亦蘊含了自我反省及調和革新的性格，是作者在文化思想上的進步之處。

十二、〈迷失的孩子〉

　　〈迷失的孩子〉（按：又譯為〈迷兒〉），是張文環發表在《臺灣文學》的最後一篇小說。一九四三年十一月，大木書房出版日據時期唯一的日文小說選集《臺灣小說選》，該作被選入其中，同集另收錄張文環之〈媳婦〉、呂赫若之〈風水〉、王昶雄之〈奔流〉、龍瑛宗之〈不知道的幸福〉、楊逵之〈泥娃娃〉。雖不知其作品取決標準為何，但從上文可知張文環是唯一有二篇小說入選的作家，可見斯時於臺灣文壇之聲名地位。然平心而論，〈迷失的孩子〉相較於日據末期張文環的其他作品如〈論語與雞〉、〈夜猴子〉、〈閹雞〉等並不算出色，難道是因文中若干敘述符合「文學奉公」之要求才使它雀屏中選嗎？關於這點，頗值得我們推敲。

（一）情節析論

　　〈迷失的孩子〉係以大東亞戰爭爆發後的臺北大稻埕為舞臺，是一篇具有時代性和社會性的小說。而在情節方面，則以大目仔家小孩失蹤的案件為引子，敘述戰時一家的生活狀況、與房東之間的齟齬、和鄰人的互動及當下的社會環境。張文環開頭即描繪了舊社會盲人走唱的生活圖景，在社會福利尚不完善的時代，像盲人這種弱勢階級，為了糊口常學習一些樂器，以走唱表演的方式討點賞錢，成為傍晚街路別具風情的走唱文化，〈藝妲之家〉對此

〔註297〕同註279，頁234～235。

亦有反映。小說中這對盲人夫婦，丈夫拉胡琴，妻子彈月琴，背上還背著小孩，於固定的時間到大目仔擺設土豆攤子的亭仔腳表演。一方樂得節省場地費，增加收益；一方喜得免費聽歌，又能藉此招攬客人，形成微妙的經濟互助關係。但原本和樂的氣氛卻因大目仔的么兒黑將失踪而變調，情節也轉入其家庭背景的描寫。

　　大目仔從鄉下到臺北做生意，已二十餘年，與妻子阿卻育有三名子女，張文環並詳細交代了大目仔、黑將和阿花名號之由來：

　　　　（大目仔）原來他有個阿樹這麼很有男子性格的名字，卻因為只一隻眼睛看人的臉，是睥睨著呢，還是在生氣呢，那種神情令人捉摸不清，才被叫大目仔的。

　　　　（阿誠）到了六歲，講話也講不好，每天像個球蹦蹦跳跳睡在地面，臉上塗滿了泥土，鄰居的人都叫他黑將。

　　　　長女阿花出生的時候，大目仔很窮而害怕心愛的女兒被惡魔拐走，因此命名為阿花。一般阿花是女傭的名字。窮人要躲避邪災難只有盡量取普通的名字。〔註298〕

無論是取綽號或是命名，其背後都蘊含著特殊意義或典故。綽號通常帶有趣味性或諷刺性，多以人之形態（大目仔、黑將即屬此類）、相貌或性格為取名依據。而幫兒女命名，更被漢民族視為一大學問，吳瀛濤在《臺灣民俗》一書中，便將主要的命名方式分成：世序命名、五行命名、壓勝命名、時地命名、記事命名、假借命名、庇佑命名、矚望命名等八類。其中對「壓勝命名」的解釋為：「壓勝，意為因厭於某種事情，及制壓邪神而轉之為勝。」因以前生育之子女不順利，或經命卜認為命運不利，則以壓勝，期望其嬰兒之「好養飼」（養育順利），乃有下列幾種壓勝方式：用動物為名（如山豬、阿狗）、用蔬菜為名（如蕃薯、金瓜）、用卑賤者為名（如乞食、阿呆）、用廢物為名（如豬屎、狗屎）；女嬰則以花鳥、草木、水果等命名（如鳳仔、鴛仔、阿桃、李仔、韮菜、芹菜、春花、秋菊）。〔註299〕由此可知，大目仔的命名方式當屬此類，長女取名「阿花」，即欲達到趨吉避凶之目的。阿花於十八歲那年招贅，生了雙胞胎男兒，長子就讀國民學校四年級，一家八口共住在巷子裡一棟老舊房屋的三樓。

〔註298〕張文環著，陳千武譯：〈迷失的孩子〉，原載《臺灣文學》3 卷 3 號，1943 年 7 月，收入陳萬益主編：《張文環全集》，卷 3，頁 86、93。

〔註299〕參見吳瀛濤：《臺灣民俗》頁 117～118。

　　大目仔除了晚間在住家樓下的亭仔腳擺攤外，白天也租用對面雜貨店的一角落賣糖果餅乾和飲茶。其後，張文環以自然主義的手法，客觀細膩地描寫了大目仔的居家環境：與大目仔住在同棟二樓的人，「是讓養女從事賤業賣淫的房東，巷子對面的樓下是賣雜貨的夫婦住著。說是雜貨店，其實很像是一般的糖果店，顧客都是這個巷子一帶的孩子和主婦們」。至於大目仔一家棲身的三樓，「也只有三個房間。其中一個房間是二樓的房東留著做預備房而空著。後面一個房間就是黑將一家租用的。房東的預備房是有客人來，二樓房間不夠用的時候，房東的阿婆就上來睡那個房間。剩下一個房間是廳堂，不過因跟廚房連在一起，面積又不大，房東才不租出去做為公用。（中略）到了夏天，大目仔都會拿薄被在公用廳堂地板上睡。如此生活了十數年歲月。然而，女兒結婚之後，黑將父子移到廳堂睡，原來的房間就讓給姊姊，做為新婚夫婦的寢室。因此房東就發牢騷，大目仔再支出月租三圓的房租，才把廳堂也租下來」〔註300〕。不論是以山村或都市為舞臺，張文環的小說總能予人厚重的現實感，原因就在於他對環境的刻畫或場景的描寫，常不避枝節地如攝影機般真實而逼真的呈現其所創造的情境，再讓筆下的人物活動其中，藉以展示環境對人物的影響或制約，以及人物對環境的感受和本能性的反應，此即自然主義大師左拉所謂的「自然小說」論。

　　另外，張文環在小說中，也藉由黑將失蹤後大目仔的處境和房東對他的欺凌，來象徵城鄉之間的對立。把養女當搖錢樹的房東阿婆，在阿花十七歲那年，竟厚顏無恥地唆使大目仔讓她去賣淫，但被其怒斥拒絕，阿婆雖不再提起，兩人卻也因此反目。阿婆想把大目仔一家趕出去，然礙於當時法令而不可得，黑將的失蹤，正好給她一個藉題發揮，趁機報復的機會。由於大目仔覺得報案申請程序麻煩，所以第一時間只到市內所有的派出所詢問而已，但此舉卻引起鄰人疑惑，「殺死白癡兒子」的謠言不脛而走。頓時大目仔一家成為警察調查、鄰人監視的對象，卑鄙的阿婆更是逮住機會從旁煽動，並幸災樂禍地以嘲諷的言語向來訪的女人說：「妳看，儘管那麼窮可是好像闊貴族，說什麼醜業啦，賤業啦，那麼看重女兒，活該，現在可好了？穿了破衣服，抱著雙胞胎的男兒消沉的情形，不就是乞丐女一樣嗎？」同樣從事醜業的阿秀婆來時，她又對其抱怨道：「樓下那個獨眼仔是大傻瓜。」「有錢過快樂的生活好，還是過乞丐一樣的生活好？我好心告訴他方法，他卻反白眼大

〔註300〕同註298，頁87～88。

聲喝我。」「做乞丐也不想要女兒賺賤業的錢來養活，大混蛋！」〔註301〕被鄰
人視爲弒子的嫌疑犯，被阿婆說成不知好歹的大混蛋，來自鄉下的大目仔一
家，彷彿被當成「他者」一樣排擠、孤立，儘管來到臺北已二十多年，照理
說街坊鄰居對其爲人再熟悉不過，卻還是傳出這等離譜謠言，可見大目仔依
然不被眾人接納或信任。

　　而阿婆一席輕蔑刻薄的話，恰好起到反襯大目仔人格的作用。相較於房
東逼女爲娼，大目仔展現了富貴不淫，貧賤不移，威武不屈的人格特質。從
小說內文可知，在臺北這個充滿商機的大都會，大目仔卻不曾有改業的念
頭，一直固守一個鍋子擺攤生活。雖然經濟不寬裕，全家擠在租賃來的小房
間，但面對房東的利誘，不僅不爲所動，還勃然大怒，顯示其疼愛、保護子
女的偉大父親形象。大目仔的父愛，可由文中兩方面看出，一是前述爲阿花
細心命名和讓房給他們夫婦，自己移睡廳堂；一是把阿誠視爲家裡的福星而
特別寵溺。阿誠出生後，家計隨之轉好，使大目仔聯想到鄉下農夫若在無意
中買下不錯的牛，而那頭牛進門後家運跟著變富裕，農夫便會懷著感恩的心
情，在牛年老後蓋座牛棚給牠居住，並餵以嫩草，使老牛安穩地度過晚年，
這是大目仔親眼看過的。因此，大目仔認爲牛都會對人有益，何況是自己的
孩子，故他對天生駑頓的阿誠，並不感到悲哀，反倒是世間好管閒事的人才
令大目仔厭惡。不待言，作者通過大目仔對子女的疼愛，以及同鄉下農民純
樸仁厚的心地，反諷了都會人思想的齷齪和被金錢扭曲的人性。然依據自然
主義的法則，「社會及生存的環境對於人是無情的——小說中描寫人與環境
的衝突，到頭來，人總是敵不過自然環境與社會。（中略）人永遠是脫離不
了社會經濟力量影響的」〔註302〕。貧困的家庭，終究爲錢產生矛盾，阿花
的丈夫是西服店的師傅，每天早出晚歸，要養育妻小著實不易。因此阿花缺
零用錢的時後，便把要給父親的錢減少一點，使大目仔很不高興，父女感情
開始出現裂痕，阿花遂成父親發洩鬱悶的對象，這或許才是窮苦人家眞正的
悲哀吧！

　　小說末了，係以喜劇收場，在阿誠失蹤三天後的第四天上午，派出所派
人通知大目仔前去，順利地帶回迷路的兒子。大目仔一家重新燃起希望，恢
復自阿誠失蹤後就停業的攤子生意，迎接中元節的到來。作者既以「迷失的

〔註301〕同註298，頁87〜88。
〔註302〕同註223，頁25〜26。

孩子」名篇，但通觀內容，隨不能說名不符實，卻有一種「主題失焦」之感，阿誠在小說開頭失踪，在結尾出現，中間細節全無交代，不禁讓人好奇到底張文環的創作意圖為何？目的是什麼？這便是接下來我們要探討的。

（二）作者的諷喻

〈迷失的孩子〉發表於一九四三年七月，正值大東亞戰爭達白熱化的階段，這一時期的作家在當局嚴密的檢閱制度下，絕不允許出現反政府的言論，並進一步被要求撰寫皇民文學，協力戰爭，宣揚國體精神。我們從〈迷失的孩子〉中，的確也看到戰爭的影子。如小說寫大目仔的攤子本來是賣土豆湯，但戰爭爆發後土豆原料短缺，杏仁種子也較難進貨，不得已只好改賣芋仔湯，反映出當時物資缺乏，民生家計受影響的情況。且為了配合戰時體制，法律規定房東不能隨便趕走房客。此外，小說也揭示殖民政府在臺灣的人力動員——女人參加特別志願護士，男人當志願兵，「如此國家與國民的生活密切關聯起來」，「國家會保護我們」〔註303〕，大目仔亦因阿花當了女子青年團的班長感到得意。作者先是負面描敘戰爭對人民生活的影響，後又正面呼應國策，肯定當局及其推行的方針。這種含混不清，意圖不明的手法，正是張文環慣用的虛與委蛇寫作策略，只要我們細心解讀，不難發現字裡行間隱而不露的諷喻。

小說中後段，有一處對阿誠形象的生動描寫：

> 阿誠雖不是聰明的孩子，但是動作很敏捷，抓住了東西奔跑的姿勢像猴子。（中略）阿誠常會拿東西塞入口裡，所以手和嘴唇都呈現白色，但手和臉會因被泥土弄髒而像長了綠黴那樣看起來很黑。他被母親罵了，會彆扭一下，卻知彆扭也沒有用，就想開了，躺在地面上，把腳放在竹椅子上，倒過頭來從底下看行人的臉，或看房屋的顛倒世界，自得其樂。「這個孩子真奇怪，每一次都把頭顛倒過來睡。」鄰居的主婦那麼說，大目仔會出聲苛責阿誠。阿誠聽到苛責，更覺得有趣似地連屁股都要靠上竹椅子，更加倒反過來欣賞顛倒的世界。〔註304〕

上述文字，除了說明阿誠的活潑好動外，值得注意的是他自得其樂，鄰人卻覺得怪異的舉動——喜歡把頭倒過來睡，欣賞「顛倒的世界」。通過兒童的視

〔註303〕同註298，頁89。
〔註304〕同註298，頁90～91。

角來觀察大人的世界，反映殖民地的現狀和臺灣人的生活，如〈過重〉、《山茶花》、〈論語與雞〉便是以此類技巧寫成的佳作，主要是藉由兒童純眞的心靈，直道現實的眞相。阿誠所見「顚倒的世界」，實具一語雙關之意，既指因倒頭而造成的視覺結果，又意味著日本殖民下的臺灣社會。臺灣本是我族生息之地，日人卻反客爲主，使臺人從主體顚倒爲客體；而由日本帝國主義一手發起的大東亞戰爭，卻要無辜的臺人爲其衝鋒賣命，上戰場當炮灰，這難道不是一個是非、黑白顚倒的世界嗎？作者諷喻之心，表露無疑。

再者，張文環對阿誠失踪後的去向安排，也頗令人玩味。小說最後寫阿誠失踪是因迷了路，才跟乞丐的孩子一起被帶進萬華的「愛愛寮」收容。作者如此安排，定有其用心，欲探何意，首先就要從「愛愛寮」了解起。愛愛寮乃施乾（1899～1944）所創立，施乾生於臺北淡水，父親施論本服務於警界，後轉行從事營造業，母親葉氏，家境頗爲富裕。施乾自幼勤勉好學，一九一二年畢業於滬尾公學校（後改稱爲淡水公學校，現今之淡水國小），以優異的成績考進專爲日本子弟設立的總督府工業講習所（後改制爲臺北州工業學校，現今之國立臺北科技大學），一九一七年畢業後，任職臺灣總督府技士。一九二一年，臺灣總督府通令全臺各地進行貧民調查，施乾奉派到艋舺地區（今龍山、雙園二區），他發現貧民之中有三代都爲乞丐者，竊生惻隱之心，決定有所作爲幫助這些乞丐。施乾每天一下班就到萬華找乞丐聊天，了解他們的生活實況，自掏腰包看護患病乞丐，教導乞丐的兒女唸書識字。最後施乾不顧家人反對，毅然辭去令人稱羨的公職，並託二伯父施煥說服父親支助金錢，又從經營「施合發」木材行的大伯父施坤山那募得木材，遂於乞丐聚集的「綠町」購置一地，一九二三年興建了乞丐收容所，名之爲「愛愛寮」（今臺北市萬華區大理街一百七十五巷二十七號，光復後改稱「臺北愛愛院」，之後幾經更名，現爲「財團法人臺北市私立愛愛院」）。愛愛寮除了收容乞丐，亦包括抽鴉片煙者、痲瘋病者、精神病者。由於經費有限，因此病患之醫護、餵食、洗衣、沐浴、理髮、捕虱等事，皆施乾與妻子（元配謝惜，一九三二年去逝，一九三四年續弦日籍女子清水照子，中文名爲施照子）躬自爲之。另一方面，愛愛寮不僅免費提供收容者食宿，亦教導他們編織、養豬、種菜等技術，使其具有自力更生的能力，幫助他們重返社會。一九二九年，施乾的義行，還被來臺訪問的日本文豪菊池寬於回國後在報紙上大幅報導，感動了日本天皇，獲日本宮內省頒發天皇御賜賞金，他將錢全數用來建設愛愛寮。

其無私大愛的奉獻精神，可謂「臺灣人道主義的先驅」〔註305〕。今以將象徵臺灣人善行德性的愛愛寮，對比殖民者之作為，由此來評斷張文環的民族立場及其對戰爭的態度，自然可得到客觀公允的答案。

（三）結語

〈迷失的孩子〉若單就題目觀之，容易令人聯想到公案小說或偵探小說懸疑弔詭的情節，文字應是緊湊而高潮迭起的。但實際一看，真有天南地北的落差，全篇盡是家庭生活與日常瑣事的描寫，筆調不疾不徐，緩緩道來，雖聞得到戰爭氣息，卻只是不成比例的裝飾和點綴而已。或許對想要透過寫作維繫臺灣文學命脈的張文環來說，在皇民化運動愈演愈烈，時局愈來愈艱困的環境中，作品是否有鮮明的主題或高超的技巧已不是那麼重要。因為小說本身的自然主義傾向，即是一種對殖民者消極的抵抗，誠如陳芳明之言：

> 所謂自然主義，乃是直接呈現社會生活的實相；猶如照相機一般，讓作者所觀察到的現實，客觀地以文字描繪出來。它沒有像寫實主義那樣充滿了戰鬥性，反而表現了無力的悲哀與無盡的黯淡。縱然自然主義具有消極的意味，其文學作品置放於殖民地社會仍然還是挾帶了高度的批判意識。〔註306〕

職是之故，如何避免被當局操控，作出翼贊國策的皇民文學；如何堅守民族立場，偷渡反殖意識，繼續描寫臺人生活，個人以為，這才是戰時體制下張文環所關心的重點吧！

十三、〈媳婦〉

張文環以媳婦仔風俗作為小說主題，始於一九四一年八月發表的〈部落的慘劇〉，不過該篇刊出後，被文學者批評有主題失焦、情節不連貫、內容被素材淹沒之弊。〈媳婦〉寫的同樣是童養媳的故事，與〈部落的慘劇〉對照，兩者在藝術構思和敘述手法上均極為相似，但〈媳婦〉顯然已能較集中的呈

〔註305〕盧俊義：〈施乾——臺灣人道主義的先驅〉，《自由時報》，2003年11月30日。關於施乾之事蹟，參見李汝和主修：《臺灣省通志》（臺北：臺灣省文獻委員會，1970年6月），卷7「人物志」，第4冊，頁304～305；張炎憲等撰：《臺灣近代名人誌》（臺北：自立晚報，1987年1月），第1冊，頁190～197；國立編譯館主編：《臺灣小故事101》（臺北：國立編譯館，2008年7月），上冊，見〈愛愛寮的故事——施乾和清水照子〉，頁1～4。

〔註306〕陳芳明：〈寫實文學與批判精神的抬頭〉，《聯合文學》第16卷第5期（2000年3月），頁140。

現主題，謀篇佈局也更形流暢。這反映出張文環在創作上的自我要求和學習改進，尤為重要的是得見他對臺灣媳婦仔問題的持續關心。以下，我們就從張文環對此風俗的看法和態度開始探討起。

（一）〈媳婦〉與〈老娼消滅論〉

與〈媳婦〉同時發表的，有登載於《民俗臺灣》的〈老娼消滅論〉，內容說的正是張文環對媳婦仔制度的觀察和見解。這種結合社會議題，雙軌同調的文學表現方式早見諸〈藝妲之家〉，〈媳婦〉的創作亦是如此，故二文可一併論之。小說乃以「現在—過去—現在」之敘事手法寫成，開頭讀者即感受到一股壓抑、窒息的空氣，未婚夫離家出走，為了不影響家中氣氛，童養媳阿蘭只能克制情緒，暗自心傷。阿蘭三歲就被楊家抱來當童養媳，其目的是「要當自己家媳婦的女孩，必需跟全家人心意相通，符合自己家風的女孩子才是理想」〔註307〕。對此，張文環在〈老娼消滅論〉有進一步的說明，其言：

> 中南部地方所謂的「童養媳」，是因為家中沒有女兒，或女兒很少，才收養女孩作為兒子的「媳婦仔」。女孩長大了，就送作堆，下嫁給自己的兒子當媳婦，使其能符合自家的家風。養「童養媳」的意義即在於，由自己一手來扶養自己中意的媳婦。〔註308〕

當然這只是媳婦仔風俗形成的源由之一，其他如男方要節省聘金、增加家中勞力等，都是抱養媳婦仔的考量因素。不過，張文環在小說中也指出，北部地區有很多人養媳婦仔作為不良用途，但卻點到為止，沒有更具體的解釋。而這部分空白，評論文則有所補充：

> 「童養媳」是指長大後跟自己兒子送作堆的養女，養女則是長大後，有對象時，就嫁給別家當媳婦的。所謂「扮仔查某子」。可是，自從戶籍法上禁止下女隨同有錢人家的女兒伴嫁的習俗以後，下女就往往改以養女的名義登記戶籍。這樣的養女及齡後，大抵是嫁給別戶人家，或依然留在家中納為第二號的妾，兩者選一。北部的情形就完全不同了。全部一律稱為「媳婦仔」。只要是從別人家收養的女孩子，就是自己家沒有兒子，也叫「媳婦仔」。在南部，若稱

〔註307〕張文環著，陳千武譯：〈媳婦〉，原載《臺灣文學集》第一輯，1943年11月，大木書房出版，收入陳萬益主編：《張文環全集》，卷3，頁96。

〔註308〕張文環著，陳明台譯：〈老娼消滅論〉，原載《民俗臺灣》3卷11號，1943年11月，收入陳萬益主編：《張文環全集》，卷6，頁184。

為「媳婦仔」的話，一定是家裡有兒子的。北部卻不拘泥於此。因
此，南部地方的婦人們，常常惡意把玩藝妓或玩妓女的男人們，叫
做「北部的老娼的兒子」。可見北部有很多人家作買賣「童養媳」
的生意。〔註309〕

張文環憑著敏銳的社會觀察力，清楚地道出南北文化的差別，北部地區「養
女」與「媳婦仔」不分，一些不肖人士專門收養媳婦仔，等其長成後讓她從
事賤業或通過買賣獲取利益，扭曲了媳婦仔制度的本質和意義，這是張文環
在文中大加撻伐，深入檢討的。然〈部落的慘劇〉及〈媳婦〉，皆不見此歪風
劣習，不論是前篇裡的淑花或後作裡的阿蘭，都受到養父母如親女兒般的疼
愛。因此，張文環在小說中所要突顯的，乃是媳婦仔制度可能產生的負面影
響。

　　阿全和阿蘭相差兩歲，同在一所公學校就讀，阿全六年級，阿蘭三年級。
但原本的兄妹之情，卻因上學後變了調，在學校裡，阿全覺得阿蘭很礙眼，
總想躲避她；相反地，阿蘭則稀鬆自然，一如往常。箇中緣由，係阿全的同
學得知阿蘭的媳婦仔身份，便故意藉此調侃、嘲弄阿全。遇到這種狀況，阿
蘭會跳出來怒斥其朋友，而一開始因尷尬而沉默的阿全，最後終奈不住朋友
的一再羞辱遂出手打了對方。這場孩童間衝突的情節，可說是小說最精采引
人之處，張文環把阿全生氣的模樣，雙方扭打的姿態，旁觀者起鬨、挑唆、
勸架的情形，描寫得淋漓盡致，有如在現場架了攝影機般的生動寫實。

　　為了顧及阿全的感受，阿蘭因而中途退學，在家幫忙家事。雙親並於阿
全公學校畢業後，頂下一間雜貨店做為他將來的事業。可是阿全卻辜負父母
的苦心，不但沾染抽煙惡習，一付自大的樣子，還竊取金庫財物，流連料理
店，與臺北來的女服務生調情。就在準備撮合兩人成為夫妻的那年初春，阿
全一方面被外面的愛情所迷惑，一方面為表示反對和阿蘭結婚的意志，遂趁
著去都市進貨的機會跑到臺北，留下悲傷的阿蘭和氣憤的父母。阿全離家後，
阿蘭的生活及個性出現很大的轉變，她成為家庭經濟的重心。至於逃婚的阿
全，最後因得不到父親的金援，且揚言要登報跟他脫離父子關係，終究還是
回到故鄉，又怕雙親怒氣未消，所以只好暫住阿蘭娘家，託其父親前去說情，
故事到此結束。

〔註309〕同註308，頁184～185。

（二）阿蘭的形象

〈媳婦〉中令人印象深刻的人物應屬媳婦仔阿蘭，從她小時候敢挺身而出咒罵嘲弄阿全的朋友，便得見其潛在的剛烈個性。雖然養家父母將她視如己出，但總歸不是親生女兒，故一切決定仍以本家的利益為優先，加上母親對阿全過分寵溺，致使阿蘭被犧牲上學的權利，造成她心理創傷，在同儕之間變得卑屈。且早已被安排好的人生，使阿蘭不像一般女孩子那樣擁有快樂的青春。迨阿蘭十八歲時，她看到與自己同年的女孩子都變得很漂亮，驚訝之餘也產生了自覺意識。阿蘭開始思考自己的將來，她想要化妝，卻不願美麗的一面讓阿全看見，對其不良舉措，覺得噁心；又看見氣憤難平的父親，阿蘭竟暗存快樂的心理，把它當成雙親寵愛阿全強迫自己退學的報應，長期壓抑的情緒，在此刻終於獲得釋放和補償。原本任人擺佈、唯命是從的阿蘭，頓時由作者筆下的扁平人物蛻變成具有多樣性格、自主思想、血肉豐滿的圓形人物。阿蘭的改變，在阿全離家後愈益明顯。她開始化妝打扮，拿衣服去溪邊洗濯時，受到其他姑娘的讚賞，美貌為她博得了好人緣。

另一方面，由於村裡的女孩若每天出現在化妝品店會被人指指點點，招來不好的風評，所以透過家裡開雜貨店的阿蘭代買是最方便的。且姑娘們為了買化妝品能有折扣，或新的化妝品進貨時能先得到消息，莫不親近阿蘭，使她從平凡的鄉下女性變成社交型的人物。因為阿蘭的外交能力，加上婆婆的支持，反倒讓化妝品在店外賣得比店內好，婆媳倆進一步擴大生意，帶著化妝品到有女兒的家庭去行銷，儼然是最佳夥伴。阿蘭的生活重心，逐漸從家務轉成家業，不變的是她心裡仍然認定這樁不滿意，卻也不作他想的婚姻。在此，我們看到的是一位既具傳統婦德又有現代獨立自主性格的女性。阿全的出走，象徵封建父權的解脫，讓阿蘭有重新認識自己的機會，原來經過打扮後，自己也能這麼漂亮，還獲得眾人的肯定，使她由卑屈轉為自信，更取代阿全在家中的地位，成為雜貨店主要的經營者。阿蘭一步步建立起自我認同和價值尊嚴，從她像家中女主人般對廚房阿婆的工作表示不滿意，以及鄙視那些誘惑阿全的女人，即可看出其今非昔比的改變。可以說，阿蘭不僅沒有媳婦仔遭養家虐待或買賣的不幸，與〈部落的慘劇〉中同樣被婚配對象遺棄的淑花相較，她不但不沉溺悲傷，反而有積極作為，在她身上，閃動的是如〈閹雞〉的月里般，由逆境自覺的女性光輝。

（三）結語

　　小說寫的雖是媳婦仔的故事，但張文環的重點乃欲透過阿蘭的遭遇來反思童養媳制度的問題。以阿全和阿蘭爲例，阿全逃婚的理由之一係：

> 阿蘭是沒有夢想的女人，不識風趣的女人。臉的表情也沒有變化，漫不經心的束髮，只亮著美容霜光澤的臉，無潤飾的眼神，像她，一旦生了孩子，會變成怎麽樣的女人？恐怕是毫無意思的女人。要結婚，也應該從別的地方迎來新娘，才會有舉行婚禮的感覺。〔註310〕

阿全會如此挑剔阿蘭，說穿了就是因長久朝夕相處，以致失去新鮮感，自然覺得對方沒有魅力，且娶的是自己妹妹，亦無結婚的感覺，故而排斥。相反地對阿蘭來說，媳婦仔的身分讓她的青春不像其他女孩那樣不受拘束，可隨心所欲；且發現阿全的缺點後，對他感到厭惡，卻無力改變，只能黯然接受。勉強將兩個不相愛又沒意願的人撮合在一起，實是違反人性之舉，媳婦仔制度，在此遂成爲桎梏男女雙方的牢籠枷鎖。

　　再就社會層面而言，北部許多媳婦仔被老娼控制，淪爲賺錢的工具，又這些過慣糜爛生活的童養媳，久而久之也陷入金錢物慾之中，唯利是視，成爲社會的隱憂。故張文環主張：「有必要對臺灣罪惡不良的『童養媳制度』作一全面性的檢討。（中略）我深信老娼要是消滅了的話，社會生活必然呈現出光明的一面。」〔註311〕這裡指的「光明面」，係評論文所舉——可一手扶養中意的媳婦，使其符合家風（按：誠如前述，收養媳婦仔的好處尚不僅於此）。至於如何移風易俗，去蕪存菁，張文環認爲這部分有賴民間與政府攜手合作解決。

　　綜合上述，〈媳婦〉絕非無病呻吟的創作，而是有感而發，與〈藝妲之家〉一樣，藉小說反映時事，再配合評論文章或座談型式，冀能影響社會輿論，端正世俗風氣。

十四、〈父親的送行〉

　　〈父親的送行〉是張文環所有小說中最簡短的一篇，一九四三年十二月二日刊載於《興南新聞》，經陳明台譯成中文後僅二百五十六字，內容係描寫父親送兒子出征的情景。

〔註310〕同註307，頁101。
〔註311〕同註308，頁186。

　　自中日事變後，殖民政府便開始有計劃地推行皇民化運動，要求臺灣人奉祀神宮大麻、說國語、穿和服、改姓名，欲使臺灣人從精神到外表徹底同化，進而認同他們的作為。另一方面，斯時在臺灣各地大都以公學校為單位成立青年團，由校長任團長，曾經當過兵的老師任教官，每隔幾天就召集十五至二十歲的該校畢業男女青年來實施軍事訓練，灌疏他們從軍報國、為天皇而死乃無上光榮的思想，並以雄壯的軍歌激發團員的愛國精神。透過日常生活的同化和社會的宣傳運作，忠君愛國的觀念深植年輕人心底。故志願兵制度一發布後，臺灣青年競相志願，掀起一股從軍熱潮。然若就此以為所有志願青年都是心甘情願，抱著崇高的理想或正面的態度去從軍，那可能會陷入殖民政府有心營造出來的假象中。馮作民即言：

> 日本人所實行的志願兵制度手段非常毒辣，軍部當局發動警察和御用紳士，到家家戶戶強迫父母叫他們的兒子「自動」去當兵。此外對於在東京留學的學生，就強迫他們的父母寫信給兒子，叫兒子趕快「自動」從軍為「天皇陛下去犧牲」。更有的強迫父母刻兒子的假圖章，蓋在申請「志願兵」的表格上，結果使他們的兒子就不得不去當志願兵了。〔註312〕

戰爭時期的臺灣人，可說是籠罩在「非國民」的陰影下，個個戒慎恐懼，對當局的命令與政策莫敢不從，由此而被強迫或半強迫去志願從軍的情形，便不難想見了。

　　回到小說，這個有子出征的家庭，絲毫不見殖民者所謂的光榮感或精神飛躍的喜悅，相反的卻瀰漫著一股沉鬱、哀傷的空氣：

> 父親喝醉了。可是，一想到兒子要出征前往前線，也許一去不復返，就感覺剛剛的酒醉像已經醒過來似的。
>
> 「爸爸，就只酒……」兒子想說，話卻哽在喉頭，發不出聲來。很想告訴父親，自己交給母親的月薪，他們兩個人可以分著用。父親卻早察覺他的心意。
>
> 「我不喝酒，就會想東想西，睡不著覺，所以……」〔註313〕

〔註312〕馮作民：《臺灣歷史百講》（臺北：青文出版社，1985年10月），頁249。
〔註313〕張文環著，陳明台譯：〈父親的送行〉，原載《興南新聞》，1943年12月2日，收入陳萬益主編：《張文環全集》，卷3，頁108。

作者僅用一小段文字，便將父子生離死別的畫面寫的張力十足。擔心兒子的父親，必須靠酒精麻痺才能入睡；想安慰父親的兒子，怕觸其情緒而強忍壓抑，欲言又止，此等人倫悲歌，不待言，其禍源正是窮兵黷武的日本帝國。

　　兒子出門後，田間小路上有村裡的年輕人手持旗子前來送行，父親奪過旗子，親自為兒子送行。值得注意的是旗子上「祝林添財入伍」的大字，張文環以「添財」二字一語雙關暗喻了其志願的意義。臺籍日本兵蘇火表示：

> 當時很多人都志願去當兵，那時的人日本精神很重，都說要為國打拼，而日本人也很厲害，把薪水調得很高，（中略）一個月安家費七十圓，戰地再領四十一圓，總共一百十一圓，那時臺灣人的巡查補一個月四十幾塊，日本人多八圓也才五十幾圓，那時的土地，比較肥沃的要一百五十多元，貧瘠一點的八十幾元就可以買到，給這麼高的薪水，大家也很自然的爭相要去。〔註314〕

戰爭期間，殖民政府一切考量皆以軍需為優先，實施嚴格的經濟統制和物資配給，造成糧食短缺，食不果腹，民生凋敝，致使一些青年因家庭困頓，在走頭無路的情況下，只好志願從軍，藉此「添財」。這樣的情節安排，與前文兒子要父母分著用自己的月薪所透露出來的窘境，起到首尾呼應的作用。

　　瘂弦將「極短篇」定義為：「以最少的文字，表達最大的內涵；使讀者在幾分鐘之內，接受一個故事，得到一份感動和啟示。」〔註315〕〈父親的送行〉篇幅雖短，但用意極深。作者通過父子的離別場面控訴了日本帝國發動戰爭的罪惡；而興高采烈夾道送行的人，殊不知他們歡送的並非是忠君愛國的真誠志願者，而是為「錢」找尋出路的無奈青年，絕對矛盾的兩種心理，形成具有悲劇精神的黑色喜劇，其中揉入了作者對殖民政府的諷刺與批判。

十五、〈戰爭〉

　　〈戰爭〉與〈父親的送行〉一樣，是張文環小說中少數的極短篇，寫的亦是青年即將參戰，臨行前的家庭場面。

　　小說開頭先介紹了這個農村家庭的背景。阿萬夫婦育有二子，兄弟相差十歲，兩人感情非常要好。哥哥小學畢業後，便幫父親在田裡做活，他希望讀小學的弟弟將來能繼續讀書，實現他無法往上深造的願望。弟弟也很爭氣，

〔註314〕鄭麗玲：《戰時體制下的臺灣社會（1937～1945）──治安、社會教化、軍事動員》（新竹：清華大學歷史研究所碩士論文，1994年），頁130。

〔註315〕瘂弦：〈極短篇美學〉，《聯合報・副刊》，1991年12月2日。

升上了六年級，功課都名列前矛。接著，作者筆鋒一轉，寫弟弟因褲子不合身，所以總是用手提著褲頭，不然會掉下來。看似尋常的人物描繪，卻暗示了這戶人家清寒的處境，使哥哥從軍的動機有了令人遐想的隱情。

就在離家的前夕，哥哥瞧見弟弟下顎的一顆犬齒搖動著，小說接著發展出一段值得玩味的拔牙情節：

> 第二天早上起床，弟弟感覺在夢中高喊萬歲的自己，牙齒搖搖幌幌的很不舒服。決心讓母親拔掉牙齒，就用細絲纏在那顆犬齒的根部，母親邊拉著細絲的一端，口中邊唸著咒文「站好雙腳，換新牙……」唸著唸著，就用力拉著細絲，細絲斷了，從犬齒的根部流出血來。弟弟發出悲叫聲。「笨蛋，拔蛀牙就像戰爭一樣呀！不准哭！」哥哥這麼罵他。雖然哥哥粗手粗腳的令人害怕，還是決定讓哥哥來拔牙。他的手是要去前線參戰的手，他這回不用細絲，就直接用手拔起牙來了。感覺一陣疼痛，卻看見哥哥已經拔掉蛀牙，拿在自己跟前幌著。〔註316〕

這是全篇唯一得見「戰爭」字眼的情節，卻極不搭調的和「拔牙」連結在一塊，「拔蛀牙就像戰爭」，看是慷慨激昂，實則表現了作者的諷喻和黑色幽默。兩者都會讓人流血，同樣使人發出疼痛的悲叫聲，差別的是，蛀牙影響的只有個人，但戰爭波及的卻是全民。且拔除蛀牙能換來健康，參加戰爭只能面臨傷亡，說起來拔蛀牙要比戰爭對人有益的多。而那雙將拿槍拿炮，參與「聖戰」的手，也可以是拔除「蛀牙」的利器，類比的結果，徹底粉碎了威武勇敢的志願兵概念。

結尾處，寫母親淚眼汪汪的望著出征的兒子，與前文因隔天要離家而顯得難過的哥哥，情感遙相呼應，當中不見要去當「日本的武士」〔註317〕的雀躍，亦無英雄式的悲壯結局，作者用平淡的筆調，描述弟弟有趣地看著哥哥帶上他那顆蛀牙出征去的滑稽畫面。

小說雖以「戰爭」名篇，然綜觀全文卻嗅不到戰爭的激情，及任何煽動性的宣傳炒作，反而是透過不倫不類的比喻，嘲諷了所謂的「聖戰」。這種書寫策略，乃是《臺灣文學》同人爲虛應當局而想出的變通寫作手法。黃得時

〔註316〕張文環著，陳明台譯：〈戰爭〉，原載《臺灣新報》，1944 年 6 月 13 日，收入陳萬益主編：《張文環全集》，卷 3，頁 110～111。

〔註317〕同註316，頁 110。

回憶昔日《臺灣文學》發行過程中，殖民政府認為雜誌內容盡是風俗描寫，對戰爭並無鼓勵作用，遂召他去說：

> 從下期起如果登一兩篇有關戰爭的文章就准許繼續發行，否則的話，今後永遠不准出版。我把這話帶回來告訴張文環氏並經全體同人討論的結果，決定我們在日人的淫威之下，只有暫時委屈求全，以期來日光明之到來。終於由王白淵寫了一篇〈噫！Attu 島〉（憑弔在該島戰死的日本軍隊），由我引用日本南北時代的北畠親房寫在《神皇正統記》的開頭一句話「大日本是神國」，加以發揮，而日人只看題目，就連連點頭說很好很好，哪知在字裡行間，卻含有一種強烈的反日意識，其用心之良苦，絕非局外人所能想像得到的。〔註318〕

由於當局的監督恫嚇，臺人作家不得不寫出這般「掛羊頭賣狗肉」的文學作品，在堂而皇之的題目下，以似是而非或自相矛盾的語句／情節來解構日本帝國主義的神話，繼而於字裡行間蘊含反戰抵殖的文學思想。故像張文環的〈頓悟〉、〈父親的送行〉、〈戰爭〉等「順應要求」之作，閱讀時，唯有透過內容的再編碼、再翻譯，始能明其真義，了解作者的「用心」。

十六、〈土地的香味〉

　　一九四三年十一月十三日，由「臺灣文學奉公會」主辦的「臺灣決戰文學會議」在臺北市公會堂召開。會中西川滿提議將文藝雜誌納入「戰鬥配置」，並主動表示願意獻上《文藝臺灣》，在其三次強烈發言下，加之與會日人文學者的附和，《臺灣文學》終逃不過被官方統合的命運，同《原生林》、《文藝臺灣》、《臺灣》等文學雜誌一起遭到解散，取而代之的是臺灣文學奉公會於一九四四年五月發行的新雜誌《臺灣文藝》，〈土地的香味〉便是張文環發表在《臺灣文藝》上的第一篇小說。該作與〈地方生活〉的關係，如〈部落的慘劇〉和〈媳婦〉、〈父親的送行〉和〈戰爭〉，均是在同一情節架構下加以延伸或變化的變生之作。

　　〈土地的香味〉仍取材自張文環返臺前後的經歷，從中可窺見作者對東京生活的反思，以及對臺灣社會的觀察和體悟，是其日據時期文學思想和心

〔註318〕黃得時：〈張文環氏與臺灣文壇──從「福爾摩沙」「臺灣文學」到「在地上爬的人」〉，收入張良澤編：《張文環先生追思錄》（家屬自印，1978 年 7 月），頁 44。

路歷程的總結。然時值決戰之刻，當局動員作家「文學報國」的態度日益嚴苛，在此情勢下，小說創作亦不得不有所反映，這是避免被冠上「非國民」的無奈，但還是不妨礙我們對作者主體意識的解讀，底下將有更完整的論述。

（一）張文環的自畫像

〈土地的香味〉全文共分八小節，第一小節寫的是留學東京的主角清輝歸鄉前後的心情轉折，其中不管是清輝的外形或自白，皆以張文環為原型，呈現濃厚的自傳色彩，有助於洞徹作者當時的思想面貌。

小說開頭便描繪一個留日知識青年失意、落寞的窘況。「生來就不是現代美男型，身高不到五尺三寸」〔註319〕的清輝，大學畢業後長期失業，一日突然收到家裡要他回鄉的電報，對於即將面臨的社會現實，他重新省視自己的處境而感到絕望：

> 醫學博士嗎？沒有到達那個程度，但至少也要做醫生？或者律師，或發財，但自己其中哪一行都不是，只能拿到一張畢業證書還鄉而已。（中略）要長久留在東京，只是為了要得到體面、虛渡時光而已。清輝頭一次認清了自己的弱點，事到如今才發覺自己對自己評價太高了，而感到愕然。自己不也一樣被卑俗的虛榮心佔據，而害怕回到故鄉的村裡去。等於就是不重視內在的實力，而想以顯現在表面的形式性的東西，來欺騙村裡的住民，不是嗎？不是要把包在藍色棉布裡的人格帶回去，而是要帶回用西裝包裹的虛榮心。〔註320〕

這種孤立描寫個人心理活動，表現對現實空虛乏力的感傷與詠嘆，把自我直接暴露出來的書寫模式，頗有私小說的意味，清輝的自白，多少也是張文環心情的真實寫照。張文環自東洋大學輟學後為何遲未歸鄉？一方面當然是為個人文學理想繼續奮鬥，但不可否認的他和清輝一樣，都背負著衣錦還鄉的壓力。身為村裡少數的留學生，免不了成為眾人關注的焦點，加上功名利祿等傳統價值觀念的束縛，不難想見張文環其時的精神苦悶，因而感嘆「現代教育的缺陷不是在於陶冶人格，不外就是以有出息、發跡為目的的死背課題的考試而已」〔註321〕。

〔註319〕張文環著，陳千武譯：〈土地的香味〉，原載《臺灣文藝》1卷3號，1944年7月，收入陳萬益主編：《張文環全集》，卷3，頁115。
〔註320〕同註319，頁114～115。
〔註321〕同註319，頁115。

　　既無法逃避，只好坦然以對。跳脫現實的憂鬱，清輝／張文環回顧了留日期間的學習歷程，對東西文化進行思辨。清輝的知識追求是從英文學轉入法文學，又從法文學回到東洋文學，換句話說，他是爲了了解東洋文學才去學習西洋文學的。對於東、西洋文化的態度及看法，清輝自有一套獨特的理論見解：

> 明治時代的前輩們首先都經過了東洋式的修養，所以在醉心於西洋的時代裡才能以正確的眼光去取捨選擇輸入外來文化。這在現代的青年是做不到的。（中略）譬如，有位相當親密的朋友，袒護歐洲某一有名的政治家，清輝卻主張，不論他治理自己國家有多少妙處，如果無法受到自己國家以外的異民族的好感，我就討厭他。清輝說德必普及至遠方。他跟我並無任何利害關係，可是我會討厭他。爲什麼？因爲他的德不夠麼，西洋與東洋的相差之處正在此。（中略）以往的東洋，對異民族的政治道德，似乎比利益更立腳於緣，因此很可能在東洋會發生戰爭吧，這是從利要恢復緣的戰爭。（中略）西洋的思想能治國不能平天下。（中略）必需要更具體地把握東洋政治道德的理念才行。〔註322〕

藉由清輝與友人的論辯，張文環表達了對明治維新以後日本現代化的思考。爲了興利除弊、厚植產業實力、富國強兵以晉升現代化民族與歐美列強爭勝，於是在政治、經濟、社會文化及教育方面取法西方思想和典章制度，使傳統封建的日本一躍爲亞洲現代化強國。然隨著國力的富強與經濟實力的提升，日本帝國也跟著歐美列強腳步，對外發動侵略戰爭，福澤諭吉的「脫亞入歐」論，正好爲日本殖民擴張行爲提供了理論基礎。福澤認爲日本要強盛就要走全盤西化之路，掃除儒教及其觀念的影響，切斷與中國文化固有的聯繫，他把中日甲午戰爭的勝利，視爲文明戰勝野蠻的象徵，可見日本成功轉型之餘，也繼承了西方資本主義，以個人利益爲本位的掠奪作法。因此在清輝看來，西方的現代性是利己而排他，就像日本對待異民族的臺灣，不行德政，卻要求無條件順從，難怪人民會群起抵抗，作者諷喻之意，溢於言表。相反地，以儒家漢學爲根基的東洋文化，以「德」爲本，推己及人，對異民族具有敦睦友善的政治道德，是建立在「仁義」之上，以其爲核心的價值理念。故清輝以明治時代具東洋式／漢學修養的前輩來對照現今一味西化的青年，而得

〔註322〕同註319，頁115～116。

到「德」之喪失之結論。顯示張文環對走向西方／日本才是現代化唯一出路的殖民教育，自覺地進行了檢討及反省，從中體現出他「中體西用」、截長補短、調合東西、取其中道的文化觀和知識論。這種把東洋式修養、漢學教化與本土性等同或含混的說理模式，成為戰時作家殖民批判最佳的保護色，張文環並通過清輝洗澡是要沖洗掉俗世塵埃的說法，來表達自己去殖、不流於功利價值的立場。

（二）鄉土認同與主體回歸

懷著鄉愁回到故鄉的清輝，和〈地方生活〉裡的澤一樣，面臨到鄉人檢視其留學成果的壓力。另一方面，失去樸實性格、墨守傳統價值的鄉人，與歷經現代文明洗禮，思想自由開化的清輝，也在情感上出現矛盾，加上嫁給富豪為妻的舊情人漠然以對，使回鄉的清輝不但得不到安慰，反而墜入自哀自憐、頹喪憂鬱的牢籠。現實生活中，張文環就曾對故鄉景物依舊，人事全非的變化發出感嘆，尤其是鄉人重利這點更讓他無法接受，由此即可說明為何張文環返臺後僅在梅山逗留數日便北上求職，且戰後亦不見其搬回故里，而以臺中作為終老之地的原因了。相同的經驗反映在小說中，係清輝因發表的論文受到肯定而被邀請至臺北參與商業公司的籌設，恰好提供他一個救贖的出口。

然滿懷熱血，冀能發揮所長，在臺北闖出一番事業的清輝，卻無法認同生意夥伴的投機心理和獲利手段——「要賺錢，原來不是邪道是做不到的。站在中間抽取利潤麼」；又看到出資者對辭去報社工作已無利用價值的李君冷淡的態度，讓清輝見識了商人的勢利現實，遂有隨李君一起退出公司籌組的念頭，但被李君所勸阻。其後公司成立，不久中日戰爭爆發，公司的董事陳君想配合戰爭大賺災難財，「商人和知識階級的腦筋就差異在這裡。他們是觀察時局的轉移，而考慮怎樣賺大錢的樣子」〔註323〕。清輝對公司內部各為己利的矛盾自覺前途無法開展，道不同，不相為謀，他最後還是辭去公司職務，全心投入其經營的農園。

這個農園是公司成立之前清輝與姊姊在草山上購置土地共同建造的，裡面養雞、養羊，也種蔬菜，工作並不清鬆，還要兼顧公司的籌組計畫，但他仍樂此不疲，即使要通勤來回兩地，亦甘之如飴。清輝把農田視為一種理想，

〔註323〕同註319，頁133、167。

他曾於過年返家時被故鄉風物所感動，而後悔自己為什麼不做農夫，也體會到父母所言：「人只要心善仁慈，不會那麼容易餓死的。」〔註324〕再回臺北，清輝實踐了他親近土地的願望：

> 在自己故鄉做農，會愧對把自己送去留學的父母的體面，但在這裡
> 不必擔心那些。清輝感到心情輕快地，裸著腳肩上打著鎬頭走出去。
> 掘開新的泥土播種的感受，是別的地方得不到的悅樂啊！人類有各
> 種紛雜的煩惱，畢竟為了生活而來的，那麼就盡量減少煩惱生活，
> 不是比較幸福嗎？種子會萌芽，那新芽每天早上就會以非常的氣勢
> 伸長，清輝感到快樂。〔註325〕

農園生活讓清輝覺得幸福安樂，是一份值得他全心投入即使粉身碎骨也不後悔的事業，他可以依照自己的理想，無愧天地神明，務實合法的經營，是一處沒有世俗塵埃，亦無資本功利商業氣息侵擾的烏托邦。

　　綜而觀之，造成清輝情感創傷，使他苦悶憂鬱的根源，是殖民資本主義影響下的社會人心，它讓人喪失原有的純樸，凡事以功利作為衡量價值的標準，自私貪婪，為錢可以不顧道義、不擇手段，鄉村的街市如此，殖民政權腳下的臺北亦然。故不願被名利追逐過著忙碌生活的清輝，選擇離開深愛的故鄉，退出薪水優渥的公司，在山上的農園找到他理想的天地。從日本到故鄉，從街市／都會到山林，張文環通過清輝展示的是一個臺灣知識青年去殖後的鄉土認同與主體回歸，表現出個人對臺灣土地的憧憬和依戀，它的香味象徵著農民頑強不屈的意志，是不同於資本主義銅臭的芬芳。值得注意的是，清輝遷移的軌跡，打破了張文環小說向來以鄉村為主體的界限，即便是臺北，亦能在市區以外的山林農園建構有別於殖民統治的安樂家園。張文環通過空間置換和故鄉複製，既可達到反殖及擴張臺灣主體的文學思想，又能使返臺後因人情異變而不容村里的身心覓得新所，這在他日據時期的作品中，是獨特且深具意義的。

（三）才德兼備的理想女性

　　張文環小說的女性形象，常是他用來批判或肯定傳統及現代價值的媒介，而在〈土地的香味〉裡，我們看到作者首次將單一特質的女性形象做出完美的調和。清輝的姊姊阿節因家事繁忙的緣故，於女子學校三年級時退學，

〔註324〕同註319，頁160。
〔註325〕同註319，頁162。

一方面幫忙家事，同時也在晚間接受父親四書五經的教導，具有相當程度的日、漢文能力。她外表看似柔弱，卻兼具謙讓、堅強的性格，是擔任精米工場會計父親的好幫手，記帳的功夫做得比他好，深獲信任。及長，通過父親的知己阿樹伯介紹嫁給臺北鄭家的長子秀德。其後阿節的公公、丈夫相繼過世，由她獨立撫養就讀公學校五年級的兒子阿塔。她知道婆婆聽不懂國語（日語），爲此特地把阿塔送去公學校而不送去小學校，使其能學會臺灣話跟祖母溝通。又一家人聊天時，阿節說到婆婆喜歡的話題，也會堅持用臺灣話講述，中國文化的孝道思想在其身上體現無遺，這種觀念的形成，應歸功於她深厚的漢學教養。再者，阿節對論題的闡釋或與小叔謙的辯論，則展現她現代知識女性的另一面相，不論是宗教問題或生死觀，都能侃侃而談，見解精闢，使受過高等教育的謙也不得不臣服。

除了阿節之外，小說中另一個性格形象鮮明的女性是阿節的同學阿鶯，她同樣是年輕的寡婦，育有一子。其婚姻對象是富裕家庭，丈夫身體不好，但阿鶯仍深愛著他；丈夫過世後，關於財產分配問題她獨排眾議，說要留給孩子將來之用。把孩子養育成人是她唯一的希望，又對清輝言，自己完成母親的責任後，就算做尼姑也好，反正要做自己喜歡的事。因爲阿鶯具有生意頭腦加上勇敢和勤奮努力，遂靠著牛隻買賣致富，做了某農業公司的社長。獲利好時她會把小牛免費送給農家，並在自己的土地上蓋了小別墅兼農園似的事業，交給娘家兄弟去經營，不僅得到農民之間的好評，自己也樂得過清雅的生活。從阿鶯對丈夫的深情、對子女的慈愛，以及認眞不懈的工作態度，體現了中國傳統婦女忠貞節烈、養兒持家、終始不渝的美德；但這個經營農園看似傳統的農婦，卻又展露出現代女性的雄才與魅力，她喜歡讀外國小說，思想浪漫，個性剛毅果決，充滿自信，而豐富的收入更讓她成爲令人羨慕的都市女性。

從阿節和阿鶯身上，我們看到曾接受書房教育與新式教育的張文環，欲在傳統漢學及現代知識之間尋找平衡點的企圖，如何調和兩者，以利我族文化文明之發展，即他努力思索的方向，故阿節和阿鶯才德兼備的形象，可說是張文環理想的化身。不僅如此，小說還透過阿節辯倒謙及阿鶯輕視青年的情節來隱喻女性／臺灣對男權／殖民者的顛覆；而文中阿鶯的質疑——「金錢是那麼重要嗎？只有錢能使人幸福嗎？」〔註326〕——則曲折地表達出作者對殖民資本主義的批判。另外阿節對生死的一番論調：

〔註326〕同註319，頁154。

人的生命，像是神賜與的一定的火塊一樣的。不管怎麼樣，那個火
塊到了時間就會燃盡。所以人必需有隨時可以死去的心理準備。超
越死等於就是享受快樂的人生，我是這麼想。（中略）以死的覺悟臨
於戰場，可以說，才有積極性的生的生活。〔註327〕

這段看似消極，實則積極的說詞，反映的正是張文環於烽火下從事文學志業
的心聲。誠如張建隆對他的評價：「在這樣文弱的性格中，竟涵養著某種執著
不屈老虎般的骨氣，用以應對殖民統治者，用以自處於公義無法伸張的時代。
他的骨氣，是源自對鄉土的熱愛，對臺灣人尊嚴的堅持。他的文學創作所要
表現的，也在於此。」〔註328〕死有重於泰山，輕於鴻毛，超越死亡，便能無
懼。日據時期，張文環便是以死的覺悟，通過文學創作來維護臺灣人尊嚴，
改善臺灣人處境，提升臺灣人文化，進而達到解殖重塑主體的目的，此隱含
於文句中的言外之意，讓人感受到其傲骨嶙峋、義無反顧的道德勇氣。

（四）結語

〈地方生活〉與〈土地的香味〉兩篇同質之作，皆藉由留日知識分子的
回歸來表現去殖後的主體建構和鄉土認同，並通過思廷、清輝選擇棄商務農，
以及清輝為了拯救貧困的山地農民而撰寫葡萄酒製造、竹紙製造等描述其生
活的敘事性文章，來表達對農民的關懷和對田園生活的憧憬與熱愛。此外，
張文環也在這兩篇小說中，或透過人物問答，或藉由人物形象，傳達他對東、
西文化、傳統與現代的評價及看法。然相較於一九四二年十月發表的〈地方
生活〉，一九四四年七月創作的〈土地的鄉味〉，其歷史性和時代性顯得更加
鮮明。小說敘事時間橫跨中日事變前至大東亞戰爭後，涵蓋了確立日本走向
軍國主義的二二六事件、臺灣宗教改革、臺灣金銀紙廢止、廢止報紙漢文欄、
在大稻埕召開臺灣演劇改革座談會、《臺灣文藝》停刊，只剩《臺灣新文學》
和《媽祖》兩本雜誌、盧溝橋事變、改姓名運動、皇軍攻擊珍珠港等歷史事
件及時代因素，豐富了小說的寫實感和藝術性。

再從小說中與協力國策相關的言論來看——「臺灣是南方的基地。如果
做成功的話，我們就到南方去經營百萬圓的報社。將事業延長到南方，以言
論機構，當開闢大東亞共榮圈的開路先鋒的任務」、「去參加戰爭，我願意，

〔註327〕同註319，頁139～140。
〔註328〕張建隆：〈生息於斯的「滾地郎」——張文環〉，收入張文環著，張恒豪編：《張
　　　　文環集》（臺北：前衛出版社，1991年2月），頁269。

爲了擊退黑船」〔註329〕──可知愈到戰爭末期，官方意識形態對文學的介入愈深，相對的作家自由言說的空間也愈小。張文環一方面要維護臺灣人的價值主體，一方面又得在統治者的脅迫下配合國策，如此兩難的處境，考驗的正是戰時體制下臺灣作家的智慧。以〈土地的香味〉爲例，張文環將帶有戰爭色彩的情節置於文末，然後輕描淡寫，不加鋪陳延伸就斷然結束，便能見其虛應故事的敷衍態度。

十七、〈在雲中〉

　　一九四四年，文藝雜誌在官方的統合下歸於一元，同年六月，臺灣文學奉公會在臺灣總督府情報課的指示下，從會員中選出十三名作家，奉派到各地生產場所，描寫島民勇敢奮鬥的姿態，以鼓舞士氣，增產報國。這次的派遣計畫，幾乎網羅了當時活躍於臺灣文壇的臺、日作家，包含了呂赫若、濱田隼雄、新垣宏一、西川滿、張文環、龍瑛宗、吉村敏、高山凡石（陳火泉）、長崎浩、楊雲萍、楊逵、周金波、河野慶彥等人。他們應要求前往特定地點，在現場停留一週，生活作息與現場作業人員一致，進而將見聞及體驗當作小說素材寫成作品。張文環被分配至太平山，他透過對山裡環境的觀察和與伐木工人的互動，了解他們的生活及感情，〈在雲中〉便是在此基礎上完成的。

（一）寄託於阿秀身上的抵殖意識

　　小說主角阿秀，是一位命運坎坷仍堅強生活的臺灣女性。她本身是公學校畢業，稱得上知識分子，死去的前夫曾在礦場工作，兩人生有一女。然此後阿秀便無法再孕，她懷疑與前夫有關。作者雖未言明箇中緣由，但從阿秀「很明瞭男人的世界」，以及現任在山上工作的丈夫，留戀街上生活，「一旦下山，每個晚上都很晚才回家」，「山下雖有龍宮的繁華，卻也有佯裝成美女的魔女」〔註330〕等情節推測，阿秀的前夫應是嫖妓感染性病傳給她才導致不孕。一九九二年由王童導演的電影《無言的山丘》，以日據時期金瓜石的臺灣礦工爲題材，當中就有生活苦悶、缺少娛樂的礦工，會在下工後或領薪時，到附近私娼寮嫖妓的橋段。爲了斷絕街上對丈夫的不良影響，阿秀便以協助其工作爲由，主動提出搬到山上的構想，也獲得丈夫鄭水來的同意，遂背著三歲女兒，

〔註329〕同註319，頁 135、170。
〔註330〕張文環著，賴淡譯：〈在雲中〉，原載《臺灣文藝》1 卷 5 號，1944 年 11 月，收入陳萬益主編：《張文環全集》，卷 3，頁 177～178。

搭乘索道的客車，登上山頂與丈夫會合。小說焦點，則放在阿秀坐客車時及遷至山上生活後的心理與性格變化。於上山的過程中，阿秀最初對客車掛在兩座山峰之間覺得緊張，有如臨死亡的恐懼。爲了克服顫慄，她湧起正視死亡的心情，並轉移注意力，想像今後生活在雲中，又可到山頂眺望星空而感到安心。阿秀認爲「與在山上工作的丈夫團圓是做爲妻子的本分，不可發出怒言」〔註331〕，故她將此趟旅程當成通往快樂前的考驗來勉勵自己。通過阿秀一路上的心理活動，可看出她是一個以丈夫爲中心的傳統女性，並呈現對山中生活的憧憬和嚮往。值得注意的是此間阿秀性格從軟弱到堅強的變化，張文環藉由她戰勝死亡的恐懼來隱喻其突破自我之後的蛻變，爲她日後的自覺埋下伏筆。

　　來到雲中世界的阿秀，每天生活都洋溢著喜悅，山上無盡的木材資源，讓她滿懷希望，祈禱夫妻倆能在此終老，享受不被世俗侵擾，過著以自己爲本位的生活。但善於交際且性格投機的水來卻使阿秀感到不安和煩惱，她想著丈夫與其做一個像紳士的辦事員，寧可他做一個樵夫。然事與願違，即便阿秀已搬至山上，水來仍偏愛去妻子不在的街上出差而覺得快樂。促使她有所覺悟：

> 既使丈夫不在，既使自己成了炊飯婦，也要把這個女孩子養育成爲有出息的女人。阿秀看見丈夫橫跨坐在木材上面，乘著機動車下山，也不感覺寂寞。〔註332〕

在此，我們看到的是一個從依附男性／父權到自主獨立的偉大母親形象，寄寓作者脫離殖民、回歸主體的民族意識。上山之後，阿秀希望能與丈夫過樸素平淡的生活，按照她的感受，山上的生活很舒適，沒有街上的煩惱，雖然物質條件不及山下，但只要除去奢侈的想法，日常生活並無困難。相反的，繁華的街市則充滿誘惑，令人迷失，扭曲人性，是帶給人們憂慮、不幸的罪惡之地。這種都會、街市、殖民政權／鄉村、山上、臺灣主體二元對立的隱喻手法，係張文環小說常見的抵殖模式。故阿秀渴望遠離街市在雲中生活，其象徵的即是臺灣人欲脫離殖民，安家樂業的共同企盼，自然與迷戀山下的燈紅酒綠，爲當局工作，象徵協力者的水來產生情感衝突。張文環通過阿秀的自覺，不僅刻畫出一位堅忍勇敢、獨立自主的臺灣女性，也藉由她對山下世界的負面評價以及欲斷絕丈夫與街上人事的關聯，從而自給自足快樂過活的想法和作爲，寄託了個人的抵殖立場和現實願望。

〔註331〕同註330，頁175。

〔註332〕同註330，頁182。

（二）對戰爭的揶揄諷刺

這次以描寫第一線產業戰士協力奉公的作家派遣計畫，實有樹立皇民文學表率的示範作用，因此想必內容無可避免的要出現呼應國策、配合時局的相關情節或能鼓舞士氣的激情言論。如水來對阿秀道：「山頂和戰場一樣，咱們是戰士。工人的人數雖然減少了，伐木卻增加產量。」〔註333〕但反過來說，人力不足，卻要增加產量，可以想見工人們需付出更多的時間和勞力，其負擔是更為沉重。再如小說對工人砍伐木材場面的描寫：

> 千年的巨木倒下的姿影是極悲壯的。千年的歲月受盡風雨吹打淋浴，勁忍颱風的侵蝕屹立不動的古木在一瞬間，為了人類或國家而犧牲，那種尊嚴的感受以及神聖的使命感打動人的心。當巨木要倒下的時候，樵夫所喊「左邊倒山」的聲音又像念經一樣，阿秀只聽丈夫所講心中就會湧起合掌的心情。〔註334〕

樵夫念經似的口號和阿秀合掌的動作，彷彿是為「無辜」、「悲壯犧牲」的神木祭弔。在太平山屹立千年不搖的神木，卻被來臺僅止半世紀的殖民者，為了一場不義之戰而剝奪其繼續存活的權利，這樣的下場，著實令人哀痛，從歷史的角度觀之，更是一大諷刺。

再看同在林場工作，但已被選為海軍志願兵，一個月後即將入伍的阿旺與友人的一段對話：

> 明年我已經可能死在太平洋了吧。（中略）「亂講，去打仗不一定會死的。」「不，如無戰死的決心，怎能說是日本兵。」「那我是知道。但是你想怎麼樣的死？」陳先生又問。「戰死啊！」「在船上，怎麼樣戰死？」「船被擊沉，或才在甲板上中敵人槍彈倒下也有。」「這點，中了敵彈那就沒辦法。船被擊中，並不一定會死去。海洋上游泳啊，水兵麼。以游泳打敗對手，然後奪取船隻也是一個方法。」「胡說，不被大魚吃掉才怪？」「開玩笑，水兵的拿手是游泳，跨坐大魚的背上，搔牠發癢。這樣大魚就發笑，然後衝向敵戰艦。」「別嘲弄。大魚會笑嗎？是不是？」〔註335〕

〔註333〕同註330，頁177。
〔註334〕同註330，頁179。
〔註335〕同註330，頁180～181。

張文環在此特別強調阿旺是「被選」的「非志願」身分，又藉由友人的揶揄調侃來嘲弄他言之鑿鑿的英雄主義。戰爭的嚴肅氣氛和阿旺一番鼓舞人心的說詞，瞬間被兩人詼諧戲謔的對答所消解淹沒，成為徒有口號卻無真材實料的「假皇民文學」，張文環對戰爭的態度，可見一斑。

（三）結語

　　應官方要求，這些派遣作家除了需以工場的見聞為素材創作小說外，還得各自擬題，寫下此行的心得感想，匯整之後，統一刊在《臺灣文藝》一卷四號上。張文環寫的是〈增產戰線〉，文中讚揚林場工人全心全力的增產及其奉公滅私的人格，他們的努力讓張文環大受感動。然值得注意的是底下這一段話：

> 我們都很會吃，工作也很會做。樵夫如此告訴我。不過最近米的配給
> 量變少了。所以晚上都只是睡覺而已麼，晚餐就只吃粥忍耐過去。（中
> 略）國民總崛起的時期，自己能夠吃飽，而別人的事都不管，我想這
> 種人是沒有了。如果有的話，那應該說是幫忙敵人的間諜，以外沒有
> 什麼話好說。（中略）那應該對於毫無抱不平，日常要做多一點的工
> 作，在山裡默默勞動的他們，送多一點配給品給他們才好。〔註336〕

字裡行間，張文環對那些日曬雨淋仍辛苦工作的同胞透露出無限的同情和不捨，亦暗諷殖民者「又要馬兒好，又要馬兒不吃草」的尖酸刻薄。故他假「通敵」之說，冀能藉此影響輿論視聽，為遭受壓迫剝削的同胞爭取更好的福利待遇，我想這才是張文環在此文真正關心的主題。

　　臺灣總督府情報課分別於一九四四年十二月和一九四五年一月，將十三位派遣作家的小說編入《決戰臺灣小說集》「乾」、「坤」二卷中。張文環的〈在雲中〉係收錄在「乾卷」，此篇也是他日據時期所創作的最後一篇小說。到了戰爭末期，僅管受制於官方壓力，張文環不得不寫出配合國策的作品，然只要通過對其文學精讀細究，便不難察覺隱藏在文字表面下的弦外之音，這正是他之所以被日人視為「謎」樣作家的原因。

十八、總結：質量俱佳的黃金期

　　張文環於返臺前曾就創作問題拜訪平林彪吾，平林肯定他作品中的故鄉書寫，並給予表現技巧上的建議，這對張文環來說無疑是一大鼓勵和啟發。

〔註336〕張文環著，陳千武譯：〈增產戰線〉，原載《臺灣文藝》1卷4號，1944年8
　　　　月，收入陳萬益主編：《張文環全集》，卷7，頁11～12。

因此，綜觀戰爭期間他所寫下的十七篇小說，如《山茶花》、〈部落的慘劇〉、〈論語與雞〉、〈夜猴子〉、〈閹雞〉、〈地方生活〉、〈土地的香味〉等篇，都能看到作者的故鄉（梅山）經驗，而其他作品也多以山村部落為舞臺，呈現出濃郁的鄉土氣息。至於像〈憂鬱的詩人〉、〈藝妲之家〉、〈頓悟〉、〈迷失的孩子〉，雖以臺灣都會為敘事場景，但依舊是架構在張文環其時主要的生活領域上，充滿厚重的寫實色彩。從他回臺後的創作歷程觀之，以〈兩位新娘〉為界，沉潛年餘，再見之作，便是他首次嘗試的長篇《山茶花》，且以此為肇始，接下來佳作不斷，成績傲人，是他文學人生的巔峰階段。

（一）書寫脈絡

融匯旅日寫作經驗與題材的《山茶花》，在藝術構思上對前期作品多所取鑑，然無論是人物形象或主題思想，皆較鮮明而具體，技巧也更為純熟。《山茶花》於《臺灣新民報》連載的同時，張文環又在《臺灣藝術》發表了〈辣韮罐子〉，作者通過街庄市場所發生的軼聞趣事，描繪了山村人民的質樸與活力，並塑造出阿粉婆這號令人印象深刻的巾幗鬚眉。〈憂鬱的詩人〉則是他揉雜現實素材與自身經歷的小說。〈藝妲之家〉的出現，讓我們看到張文環兼具小說家及社會評論員的雙重身份，常久以來為人詬病的養女風習首次成為小說的主題。該作不僅有明確的時代背景，也描繪了有別於山村風情的都會人文與藝妲文化，從中得見張文環對臺灣女性命運的持續關注和淑世理念的實踐。繼之，〈部落的慘劇〉反映的是臺灣媳婦仔（童養媳）風俗，作者本欲藉萬壽拋棄淑花逃離部落的慘劇探討此一風俗的弊害，但因情節安排不當，以致主題失焦，甚為可惜。

與〈部落的慘劇〉同以一九二〇年代初期的臺灣社會為背景，再現兒時書房經驗的〈論語與雞〉，把斯時島內新舊思想的交替、磨合，及時代遞嬗下臺灣教育的異動，通過無邪的童眼如實紀錄。接著，張文環人道主義精神的代表作〈閹雞〉，揭示了資本主義與殖民現代化影響下的人心異變，是一篇將臺灣命運與女性自覺相互結合，富有批判色彩的社會小說。藉由鄭、林兩家的聯姻和月里的愛情故事，暴露人性的醜惡，並發掘人的價值、人的尊嚴和人的生存意義，進而為不幸的人們指出一條救贖之道，屬張文環的佳作之一。承〈閹雞〉之後的〈地方生活〉，兩篇在情節架構上有雷同之處，作者以故鄉梅山為底蘊，透過小說人物演譯自己返臺之初的心路歷程，隱含有回歸主體之意。其後，〈迷失的孩子〉雖是以描寫家庭生活與日常瑣事為主要內容，但

已然嗅得到日趨強烈的戰爭氣息，代表當局對文學創作的介入愈益加深，因此如何堅守民族立場，避免作品政治化、形式化或淪爲宣傳國策的工具，便是接下來張文環要面對的嚴峻考驗。

爲了取得書寫鄉土的正當性，張文環乃結合社會議題，採多音交響的方式，以媳婦仔風俗爲主題，創作了〈媳婦〉並同時發表評論文〈老娼消滅論〉，藉以反映時事。類似的題材，始於〈部落的慘劇〉，兩者在藝術構思和敘述手法上均極爲相似，但〈媳婦〉顯然在主題呈現及情節架構上更爲突出，修補了前作出現的缺失。不過，接下來張文環連續寫了兩篇符合政令的小說——〈父親的送行〉、〈戰爭〉，寫的均是青年即將參戰，臨行前的家庭場面。〈父親的送行〉通過父子的生離死別控訴了日本帝國發動戰爭的罪惡，並藉由爲「錢」志願從軍的無奈青年，對殖民政府視爲「德政」的志願兵制度進行諷刺與批判。至於從題目就讓人感受到時局氛圍的〈戰爭〉，看似協力之作，然綜觀全文卻嗅不到戰爭的激情，及任何煽動性的宣傳炒作，反而是透過不倫不類的比喻，嘲諷了所謂的「聖戰」。

〈土地的香味〉則是在文藝雜誌統合後，張文環發表於臺灣文學奉公會機關誌《臺灣文藝》上的第一篇小說。該作與〈地方生活〉同樣取材自張文環返臺前後的經歷，從中可看見作者對東京生活的反思，及對臺灣社會的觀察和體悟，是其日據時期文學思想和心路歷程的總結。〈地方生活〉與〈土地的香味〉兩篇同質之作，都以留日知識分子的回歸來表現去殖後的主體建構和鄉土認同，流露出作者對農民的關懷和對田園生活的憧憬與熱愛，亦傳達了作者對東、西文化或傳統與現代的評價及看法。而張文環於日據時期創作的最後一篇小說〈在雲中〉，係在臺灣總督府情報課的指示下完成。他與臺灣文學奉公會其他十二名作家，被分派到第一線生產場所，描寫島民勇敢奮鬥、增產報國的姿態。由於官方的壓力，張文環不得不寫出配合國策的作品，然觀其內容，實寄寓著欲脫離殖民統治的企盼，同時也藉由神木的犧牲和小說人物對戰爭的揶揄，來諷刺日本的不義之戰。

從經由上述張文環於返臺後至光復前的書寫脈絡來看，可知其小說創作，不論空間如何置換，描寫日治下臺灣人生活型態、思想情感、風俗習慣的基調始終不變。基於用文學教育民眾、提升文化、撫慰創傷的強烈使命感，他堅守民族立場，在創作實踐上，運用寫實主義的手法，將個人及人民的集體記憶提煉成藝術，尤其是小說中的民俗書寫，對斯時雷屬風行的皇民化運

動可說是一大反擊。再者，身處戰時體制下，為了不想被冠上「非國民」的罪名，而在情節設計上對時局有所呼應，但寫的卻是似是而非，主題含混的作品，於字裡行間還潛藏著作者反殖民、反同化的國族寓言。誠如野間信幸對他返臺後作品的評論：

> 即使張文環在若干作品中描繪了「皇民化」和戰爭，他卻是一位極力排除這類題材，而苦心積極創造「小人小事」之作品世界的作家。當「御用文學者」的發言愈來愈有力，而愛國作品日漸增加之時，張文環仍專注於描寫生存在臺灣鄉土上的人們，這一點正是他的作品群的一大特色。〔註337〕

做為臺人文學集團的領導者，免不了成為當局動員協力的對象，然舉凡戰爭色彩較濃厚的小說，如〈父親的送行〉、〈戰爭〉，都屬他作品中的極短篇，是無意，亦是無心經營；且戰爭題材也只不過是不成比例的裝飾和點綴而已。張文環關心的焦點，仍是殖民社會底下，為維護尊嚴與生存，努力掙扎，同命運搏鬥的市井小人物，流露出作者悲天憫人的人道主義關懷和根植於臺灣的鄉土意識。

（二）主題思想

若將戰爭期間張文環小說的主題思想作一歸納，其重點大致如下：

首先是對封建陋習及舊有風俗之反省。中日事變爆發後，殖民統治者為了因應情勢，乃進一步強化對思想言論的控制，致使新文學運動中鮮明的民族性和抗爭精神被迫消隱，臺人作家無法再直接、尖銳地去批判、衝撞殖民體制。基於自由表達意志的權利被剝奪，他們轉而描寫民眾生活的各個領域，尤其是具有民族象徵意義的風俗舊慣，遂成為戰爭期小說書寫的重點，藉以確立個人的文化屬性和主體意識，而此一特色在張文環的作品裡格外搶眼。然受到中國五四新文化運動標榜「民主」、「科學」精神的影響，使張文環並不只是純粹地描寫風俗，而是自覺地對傳統封建陋習和不合時宜的民俗活動進行反省，換句話說，在風俗小說底下實隱含著其知識分子的批判性格。

如〈兩位新娘〉，作者便披露傳統婚俗的聘金制度，就像金錢交易般，抹煞了愛情的真諦；並以福伯仔求神問卜卻招來禍端為例，嘲諷迷信之愚昧。再看《山茶花》，小說的舞臺 RK 庄，雖在時代的進程中感染現代文明的氣息，

〔註337〕黃英哲編，涂翠花譯：《臺灣文學研究在日本》（臺北：前衛出版社，1994年12月），頁14。

但紮根於地方的風俗規範和傳統觀念，仍牢固地制約著人民生活的各個層面。其封建道德、俗世觀念和禁忌迷信，不僅扭曲了人性，也剝奪了個體最可貴的自主意識。又如反映臺灣的媳婦仔（童養媳）風俗的〈部落的慘劇〉和〈媳婦〉，突顯的是其制度的兩面性，小說通過萬壽、阿全的逃婚以及淑花、阿蘭被遺棄後的哀愁，說明這種預定下的婚姻，不論是媳婦仔或與其匹配的對象，都是被父母決定命運的受害者，勉強將兩個不相愛又沒意願的人撮合在一起，既違反人性，亦可能造成日後婚姻的悲劇。至於〈閹雞〉，張文環先是通過村人對月里跳車鼓姐前後不一的矛盾態度，諷刺且揭露了傳統道德的利己主義和虛偽面具；同時對不符合人性，違反人情的道德規律（家中有人患病的女性，不被允許濃粧豔抹）進行反思與質疑。另外，張文環也以月里性格的轉變，嚴肅地指出臺灣的陋規劣習。文中我們看到村人的流言蜚語和虛偽無情的道德規律，對阿勇及月里造成莫大的精神壓力，致使他們加速走向滅亡。因此，張文環要那些自私自利又好管閒事的人們，在批評別人之前先檢視自己的言行。筆尖無不流露著對弱勢者的同情，和糾正社會風氣的良心。可見，張文環對傳統文化和習俗舊慣的描寫，除了用做反「同化」及抵抗「皇民化運動」的手段外，在其以之建構臺灣主體的背後，亦蘊含了自我反省及調和革新的文學精神。

　　其次，是暴露醜陋的人性，表達對資本主義的批判，以及對金錢至上論的否定態度。臺灣的現代化與帝國主義的本質息息相關，係建構在殖民者強化統治和便於經濟掠奪的基礎上。而在現代化的過程中，資本主義急遽發展，不僅改變了臺灣人固有的生活方式，也間接影響到其舊有的傳統思想及價值觀念，最明顯的莫過於金錢至上與人心向利。因此張文環於小說中，刻意忽略官方引以為傲的現代化功績，而把焦點放在現代化帶給臺灣人的災難和痛苦上，他感嘆世道淪亡，批判人心不古，描繪現實無情。且特別著墨殖民資本主義造成的人心異化，使人汲汲營營地求財謀利，不擇手段，從而衍生出許多家庭不幸和人倫悲劇。如〈兩位新娘〉，作者藉由一場喜宴，寫出主客各懷鬼胎、吝嗇計較、貪小便宜的心思；同樣地在〈閹雞〉中，通過阿勇婚禮及三桂喪禮場面的對比和村裡紳士對三桂先後不一的態度，以及陳區長晚年淒慘的遭遇，揭示了一個世態炎涼、人情澆薄、勢利現實的資本主義社會。

　　又如〈藝妲之家〉與〈閹雞〉，作者把矛頭指向金錢至上的利己主義，對其大加撻伐。采雲的養母受不了金錢的誘惑，竟算計自己的養女，用她的初

夜換取報酬，過程中，還以自我矇蔽、自我催眠的方式，為自己卑劣的想法合理化，將人性最黑暗、最醜陋的一面表露無遺。至於把女兒婚事當成談判籌碼的清標亦是可憎，為了滿足私慾，他把聯姻的成敗建立在和三桂的交易能否獲益上，阿勇與月里淪為這場買賣下最無辜的犧牲者，說明了父權體制與資本主義互為表裡的惡性本質。不論是三桂不切實際的妄想，抑或清標的齷齪心思與拒絕女兒求援的冷酷無情，皆是源於對金錢崇拜的迷思。藉此，張文環控訴了資本主義對臺灣人造成的負面影響，把人性的貪婪、自私，毫無遮掩地暴露於讀者面前。

　　而在〈夜猴子〉中，作者則記錄了臺灣農村在日本文明及殖民資本主義入侵下的衝擊與改變。殖民地資本主義的發展，造成傳統文化與生產結構的動搖，對既有的小農經濟產生毀滅性的影響，石家的沒落便是一例。且象徵資本主義的商家，唯利是圖，無情地剝削、壓榨弱勢的農民，其蠻橫強取的卑劣手段，與殖民者沒有兩樣。石有諒的敗北，突顯的正是資本主義乃底層民眾陷入生存困境和苦難的根本緣由。其後創作的〈頓悟〉，延續了〈夜猴子〉的批判意識，張文環先藉由為德工作環境的描述，揭露資本主義苛刻勞工的自利本質；再以為德對店主人訓示的質疑以及兩人思想的分歧，否定資本主義功利論，及其衍生的價值觀。

　　身處金錢萬能論的資本主義世界，人的一切行為都被賦予功利化的解釋，且往往為了謀利而不擇手段，虛偽、矯情、爾虞我詐，甚至做出違反人性、枉顧人倫之憾事。故洞察其本質的張文環，遂以小說為媒介，重新詮釋殖民者所謂「現代化」之意義，於文本中另闢空間，如實地反映資本主義造成的人性扭曲及變異。又在〈地方生活〉中，通過王主定和楊思廷兩個竹馬之友的聯姻，描述一段令人稱羨、聞之動容的真摯情誼，意圖發掘人性之良善，藉此對抗、諷刺金錢至上及利己主義之歪風，冀能揚清抑濁，撥亂反正。

　　另外，是張文環在小說呈現的抵殖意識與反戰思想。處於戰時體制的嚴酷現實下，臺人作家不得不藏斂鋒芒，對殖民者強制推行皇民化運動及恣意發動戰爭的不滿，無法直書胸臆，致使他們陷入無能為力的精神苦悶。因此，這時期的臺人作家，若不選擇封筆隱遁，只能藉由隱喻或象徵的手法，曲折地表達反殖意識。而張文環的小說，從一開始就無賴和的辛辣諷刺也沒有楊逵尖銳的一面，他技巧地利用空間相對論，即都會、街市／山村、部落，分隔出外來勢力與原始鄉土的界線，前者是他者國家機器、殖民行政權力之處；

後者則為我族安身立命、繁衍生息之所。接著，他還進一步顛覆且置換殖民者形構的等級差別之意義，即（都會、街市）野蠻虛偽、勢利、負面、使人受創／（山村、部落）友善真誠、樸實、正面、予人安慰，從而建立以山村、部落為主體的國族寓言，這樣的書寫策略，遂成為張文環戰時反帝抵殖的基本模式。如〈夜猴子〉中，我們可發現張文環筆下的街市，是一個象徵資本主義與殖民行政合治的公共空間，它是人民不幸、苦難的根源。要脫離其掌握和壓迫，唯有回歸「山村」。相對於街市予人負面的印象，山村則是斯土斯民安居樂業的理想家園。山裡的竹林資源，讓石有諒一家得以溫飽，對未來燃起幸福的希望。又如〈在雲中〉，阿秀認為山上的生活很舒適，沒有街上的煩惱，雖然物質條件不及山下，但只要除去奢侈的想法，日常生活並無困難。相反的，繁華的街市則為充滿誘惑、令人迷失、扭曲人性，帶給人們憂慮、不幸的罪惡之地。故阿秀渴望遠離街市，在雲中生活，其象徵的是臺灣人欲脫離殖民，安家樂業的共同企盼，寄託了作者的抵殖立場和現實願望。

　　眾所周知，日據時期支配臺灣女性命運的主要是殖民者、資本家和封建父權，它們之間存在著共伴共生、相互依存的關係。因此藉由顛覆封建父權來象徵對殖民者橫暴的抵抗，也是張文環隱書於小說中的思想意識。像是〈辣菲罐子〉，按照漢民族傳統性別分工「男主外，女主內」的社會原則，阿粉婆不僅跨越了女性受限於家庭的活動範圍，也打破了性別藩籬，於男人主導的公共空間／市場占有一席之地，還成為公共空間／市場裡的「優勢」者而存在。其粗暴露骨的言詞，讓那些想占嘴上便宜、開她玩笑的村人以及和她做生意時殺價的山上農夫都啞口無言、招架不住，就連村裡的流氓亦不敢惹她。在阿粉婆的面前，男性頓時成了「弱勢」，是被「貶抑」、「支配」的受害者，這種對父權／殖民體系從屬地位的顛覆，無疑成了受壓迫者救贖和撫慰的精神力量。同樣地，〈在雲中〉通過阿秀由依附男性／父權到自主獨立，反映了個人欲脫離殖民統治，回歸主體的民族意識。

　　在反戰思想方面，張文環主要是以諷喻來表達。如〈頓悟〉裡為德從軍的動機，係身陷事業、愛情困境，為擺脫現實苦惱，以求精神之飛躍，遂報名志願兵。又如〈父親的送行〉，村人們歡送的並非是忠君愛國的真誠志願者，而只是為「錢」找尋出路的無奈青年罷了！〈戰爭〉則以「拔蛀牙就像戰爭」的比喻，解構了「聖戰」的崇高性。且〈頓悟〉中張文環僅在小說結束前用不到一段文字的方式來處理志願兵議題；〈父親的送行〉與〈戰爭〉，乃張文

環最短的兩篇創作，不論是依比例原則評斷或和其他描寫鄉土的作品相較，張文環「敷衍」當局的意圖是很明顯的。〈在雲中〉作者亦藉由樵夫念經似的口號和阿秀像是祭弔的合掌動作，來諷喻殖民者為戰爭之需大量砍伐「神木」的罪過，並刻意強調阿旺是「被選」的「非志願」身分，以此嘲弄日本自利的不義行為，和官方高調宣傳的志願兵熱潮，隱含於字面下的反戰思想，不言可喻。

最後是鄉土認同與主體建構，此乃戰爭期張文環於小說中用以自我表述的重要內容。殖民統治者通過教育體系和政策宣傳，將日本文明／臺灣落後的二元對立論述內化於臺人心中，使被殖民者產生認同混淆以及故鄉喪失的窘境。代表殖民現代性的東京／臺北／都市，遂成為青年脫離階級，轉換身分的嚮往之地。但隨著東京／臺北／都市經驗的受挫或對殖民統治者虛偽本質的自覺，他們成了徬徨失根的一群。張文環的故鄉書寫，正好為其提供了精神出口，透過對鄉土意義的重新詮釋與認同，從而建構起有別於「他者」的「臺灣主體」。如張文環在《山茶花》中，便是通過賢公學校的畢業旅行，解構了殖民者所形構的二元對立框架。原本對賢而言，臺北是個吸引人的魅力城市，但向它朝聖過後，留給賢的只有受辱的經驗和負面的觀感，城、鄉的位階關係與相對意義已然在賢的心理產生某種質變。等級差別的解構，讓賢萌生「安靜村庄」取代「偉大都市」的想法，生長的山村，變成賢依戀、憧憬的地方。而〈地方生活〉與〈土地的香味〉，張文環則藉由留日學子的返臺，來象徵解殖後的主體回歸。特別是澤與村人從隔閡到融合的關係變化，呈現的是一個知識分子拋棄殖民化視角，重新發掘鄉土之美的過程，不僅完成自我價值之回歸，也具有精神救贖之意義。再看王主定和楊思廷對土地價值的肯定，將其視為安身立命之所，以及清輝對土地的熱愛，甘願辭去都市的工作，遠離塵囂，到山上當個快樂的農夫，全心投入其經營的農場，他們都表現出對鄉土的認同和土地的依戀。進言之，他們所追求的是一個沒有資本主義銅臭，不受功利商業氣息侵擾的烏托邦。通過對鄉土共通情感和集體意識的建立，清楚地為城鄉意義做了定位——城市只適合賺錢，山村才是理想的生活天地——作者反殖、去殖，從而建構我族精神主體的文學思想，躍然紙上。

（三）藝術成就

戰爭期張文環的創作仍帶有自然主義的傾向，強調環境對小說人物的牽制和影響，如《山茶花》，作者否定、排除了浪漫的想像，他將小說人物的命

運及性格變化放在特定的環境下展開，人物的一切作爲和意志都無法改變既定的結果。賢與娟雖然不顧世人眼光及家人反對而戀愛，但最後娟仍難逃和錦雲相同的宿命，必須接受父母包辦婚姻的安排，順從或抵抗，結果不變。此外，不論是以山村或都市爲舞臺，張文環的小說總能予人厚重的現實感，原因就在於對環境的刻畫或場景的描寫，他總是不避枝節地如攝影機般眞實而逼眞的呈現其所創造的情境，再讓筆下的人物活動其中，藉以展示環境對人物的影響或制約，以及人物對環境的感受和本能性的反應，這也是受到自然主義文學影響之故。如〈論語與雞〉便以兒童視角作爲敍事觀點，源仔的眼睛像攝影機般將日常生活的所見所聞一一攝入鏡頭，客觀而眞實地呈現了異族統治下臺灣人民的生活實相，張文環企圖藉由源仔的童眼來見證一段現代進程中的臺灣歷史，透過他對成人世界的觀察、對生活現狀的省悟，爲我們揭示了舊有價值和既存體制「改變」的必然結果，有效的強化了小說的時代感和現實性。

再者，就是作品所呈現的自傳色彩。張文環小說舉凡以山村、部落爲敍事場景的，其或隱或顯，或多或少，都夾帶著他負笈東都以前的故鄉記憶，且內容所涉及之人、事，也在一定程度上反映了他成長過程中經歷的生活現實。如被視爲張文環半生的自傳的《山茶花》，即梅仔坑爲舞臺，描繪了昔日故鄉風景及生活記憶；且小說人物也可在現實中找到相互對應的原型。而〈論語與雞〉乃以兒時大坪的書房經驗爲題材；同樣以大坪山區爲場景的〈夜猴子〉，不論是地方人事、產業、歷史變遷、自然生態和民俗舊慣，抑或製作竹紙及筍乾的作業流程，皆有詳實的介紹。又如〈地方生活〉以及〈土地的香味〉，澤與清輝歸鄉前後的心情轉折和表現對現實空虛無力的感傷詠嘆，亦多少反映出張文環當時的心情寫照，是研究其生平可相互參照的資料。

其次，在人物形象上，女性依然是小說中最動人的一群。張文環筆下的臺灣女性，實包含各個年齡和不同類型，但他都能準確地掌握其相應的心理及特性，將人物寫的血肉豐滿、栩栩如生。透過她們的生活、思想、言行、遭遇，反映出日據時期臺灣女性的命運和作者寄寓她們身上的批判意識及文學思想。如精明幹練、能言善道的阿粉婆，直爽乾脆、敢說敢做，不受傳統禮教束縛、世俗道德規範，她獨立自主，是張文環心中理想的女性形象，小說即藉由阿粉婆對男權的顚覆和對禮教的反抗來激勵臺灣女性勇於行動的自覺。而〈閹雞〉中的月里，正是一個從傳統婦德中解放出來的現代女性。在

封建父權及倫理道德的支配、抑制下，月里歷經娘家遺棄、婚家衰落、丈夫癡呆、村人非議，其間她不斷地自我反思與質問，終於克服心理的矛盾和掙扎，挑戰違反人性的道德禁忌，勇於面對自己內心的聲音及慾望，蛻變成一個具有自主意識的女性。作為殖民地的一員，張文環在女性身上看到日治下臺灣人的縮影，即同為被壓迫、被支配的弱勢者。因此，張文環有意識地將封建父權、殖民者、資本主義三重宰制下的女性作為臺灣主體的象徵，刻劃其堅強的韌性和自覺的抗暴精神，從而體現人的生命尊嚴與價值，月里便是這類女性的代表。與月里一樣走出封建陰影、活出自我的，還有〈媳婦〉中的阿蘭。阿全出走後，她不但沒有沉溺於悲傷，反而有更積極的作為。阿蘭開始打扮自己，並與婆婆合力經營雜貨店，不僅獲得眾人肯定，也重拾了自信和尊嚴。雖然阿粉婆、月里、阿蘭年齡有別，處境不同，身分各異，卻都顯露出與現實搏鬥的頑強性格，成為這時期小說動人的女性形象。

另外，不可忽略的還有象徵、隱喻或雙關技巧的運用。對小說篇名的匠心設計，一直都是張文環作品的一大特色，他慣用富有象徵性或寓言性的文字，來反映小說的主題意旨，並傳達個人的文學思想，使他大部分的小說皆能達到「文」、「題」相契的藝術統一。如〈論語與雞〉，「論語」代表部落的書房教育，亦是中國禮數傳統之象徵；而「雞」則代表部落的風俗民情，在小說中則象徵「物質慾望」。這一雅一俗互相衝突、互不協調的結合，構成作者反諷虛偽貪婪的書房老師之喜劇因素，由此引出傳統禮教和封建道德的崩潰，以及舊式知識分子在新時代的墮落，從而揭示一九二〇年代臺灣社會於思想、文化和教育型態上，與時俱進的不爭事實。又如「閹雞」，除了表面可見的實質意義外，做為小說篇名，亦有其字面下的象徵意義。閹雞除了暗示鄭家衰落的必然結局外，也象徵著日治下臺灣男人的處境與女性化的特質。失去支配權的臺灣男性，像是被殖民者閹割的公雞一樣，畏縮、軟弱，成為最失意的一群。這也就是為何張文環筆下的男性，普遍都帶有陰柔性格的原因。

不只篇名如此，情節中亦不乏隱喻、雙關之例。如〈迷失的孩子〉裡，阿誠所見的「顛倒的世界」，同具一語雙關之意，既指因倒頭而造成的視覺結果，又意味著日本殖民下的臺灣社會。臺灣本是我族生息之地，日人卻反客為主，使臺人從主體顛倒為客體；而由日本帝國主義一手發起的大東亞戰爭，卻要無辜的臺人為其衝鋒賣命，上戰場當炮灰，這難道不是一個是非、黑白

顛倒的世界嗎？作者譏諷之心，不言可喻。又如〈父親的送行〉中，作者對送行場面的描寫，刻意提到旗子上有「祝林添財入伍」的大字，張文環以「添財」一語雙關暗喻了其志願的意義。如此隱晦、多義的書寫模式，不單出現在張文環的小說，或可說是戰爭期臺灣文學的共同特色。

　　而對小說人物心理、情緒的高度掌握，亦是張文環的長處。如描繪賢旅行過程中的情緒變化與心理活動；養母算計朵雲的邪惡心思和楊秋成對朵雲情感上的衝突矛盾；清標、三桂兩人爾虞我詐、偽善矯情的謀劃；源仔被父親抽問功課時的緊張，以及因跟著咒誓的人去看斬雞頭而怕父母打罵的焦慮不安；阿秀在索道上面對死亡威脅的顛慄恐懼，上述之例，不論是兒童的天真無邪或大人的貪婪自私，張文環皆能生動、傳神地刻劃出人物在各種情境下心理活動的變化和情緒的起伏，將其毫不掩飾地呈現在讀者面前。

（四）結語

　　歷經日本現代文明及左翼思潮洗禮，使回臺後的張文環站在啟蒙知識分子的高度，在小說中表現出對封建陋習及舊有風俗的反省態度，爭取婚戀自由和個性解放。此外，對被封建父權支配的臺灣女性及受資本家壓迫的弱勢農民，張文環亦懷有人道主義的悲憫同情。故小說在揭示時代遞嬗下，臺灣社會與生活型態變遷的同時，也對國民的利己主義做出批判，間接否定了殖民資本主義的金錢至上論，這與他欲藉寫作提昇臺灣文化的初衷是一致的。而當客觀環境迫使作家不得不協力奉公時，張文環又是如何應對？彭瑞金說：

> 張文環的小說，可以說在寫實主義和文藝派的主張之外另闢蹊徑，
> 具有寫實主義的風貌，卻不具批判性，而接近自然主義的客觀呈現，
> 如果單純的從這些作品去了解張文環，得到的恐怕只是「謎」一樣
> 的困惑，以致於從日本人的觀點，想要找到他作品裡「反日」的蛛
> 絲馬跡，和從臺灣人的觀點，想從中找出「抗日作家」的證據，同
> 樣令人茫然，張文環是謎一樣的作家。〔註338〕

面對統治者的威嚇脅迫，張文環的小說諸如〈頓悟〉、〈父親的送行〉、〈戰爭〉〈土地的香味〉、〈在雲中〉，確實出現與時局或戰爭相關的內容，大多是反映當局鼓吹的志願兵制度，這不禁讓人對其立場產生質疑。然實際上他骨子裡是陽奉陰違的，即便小說涉及戰爭題材，但張文環卻巧妙地將之刻意刪減或避重就輕，甚至是以轉移焦點、含混模糊的方式處理之，並且藉由諷喻或反

〔註338〕彭瑞金：《臺灣文學步道》（高雄：高雄縣立文化中心，1998年7月），頁124。

說來偷渡他潛藏於內的抵殖意識與反戰思想，以致我們在閱讀其作品時，往往最後留下深刻記憶的，只有那充塞在情節間的風俗舊慣描寫和臺灣人民的生活圖景而已。

另一方面，雖然張文環此間創作的小說，不見太多的文學技巧，然誠如陳映真所言：

> 日據時代的先賢作家，在技巧上也許是粗糙的，沒有象徵、比喻、時間倒轉等技巧手法，但它卻讓人覺得親切熟悉、讀來令人震撼，有一股力量深深地攫住了人心，因為它探討的是人的問題，是人的生存和意義的問題。（中略）任何文學作品，只要有深刻的人間性，皆會令人覺得芬芳、偉大、啓發人心。〔註339〕

張文環的小說之所以動人，正在於他對人之生存意義和價值尊嚴的探討。換言之，以臺灣人為中心，反映他們的生活實情，客觀地描寫他們的生存環境，如實地呈現他們的喜怒哀樂，才是張文環寫作的重點。但這並不意味張文環的小說就無任何技巧可言，舉凡對人物的心理刻劃、形象塑造，象徵、雙關、隱喻、諷刺手法的運用，以及具有強烈時代感、社會性的寫實主義風格和帶有個人經驗的自傳色彩，皆從不同層面提升小說整體的藝術效果，尤其是文中散發的民俗風，更是其吸引讀者的魅力所在。

中村哲戰後回憶道：「他（張文環）有如日本的丹羽文雄，是位創作力極強的風俗作家。他從未寫過迎合政治的作品，也沒有濃厚的政治興趣，因此對社會的批判也不甚強烈；但在當時準戰場的臺灣，已經算很了不起了。」又云：「龍瑛宗受日本文學影響較深，張文環則純粹寫臺灣人的體臭。由於他把臺灣人體臭溢於言表，而欠缺內省工夫，所以有人說他的作品不是內在性的；但他以臺灣人的感覺來表現，有了他的作品，臺灣文學才得以成立。」對這段話，譯者張良澤特別加註曰：「若無張氏，其他日文作家再怎麼努力也只是日本文學的一支『外地文學』而已。」中村哲接著說：「日本人所期待的異國情調，在臺灣文學的土壤裡是無法產生的。因此我特別強調張氏的作品是風俗性的，來自臺灣土壤的。評者若忘了當時的政治性作品是完全不可能存在的話，則容易評價錯誤。」〔註340〕中村哲的見解，中肯地詮釋了戰爭期

〔註339〕同註126，頁104～105。

〔註340〕中村哲著，張良澤譯：〈憶臺灣人作家〉，《臺灣文藝》第83期（1983年7月），頁146、148。

張文環的政治立場、小說特色和對臺灣文學的貢獻。其透過故鄉書寫來建構臺灣主體，增強民族特徵和鄉土認同；他求社會進步、文化提升，但卻不想被同化，亦不願成爲有名無實的皇民，因此即便在艱困的環境中，我們仍看到張文環堅持理想，以筆代劍，反抗殖民統治者的不公不義，其批判雖然隱微，卻無損他在臺灣文學史上的地位。

第二節　文學奉公下的異聲

　　日據時期，張文環不僅創作小說，亦發表爲數不少的隨筆、評論，從其寫作年表觀之，除了〈說自己的壞話〉、〈教育和娛樂〉兩篇是寫於旅日期間外，其餘則在返臺後陸續完成。內容包含了個人走上文學之道的自白、對文學的思索或主張；趣味小品、軼聞軼事或民俗雜談；對音樂、戲劇的見解或感想；對社會議題的觀察或評論；還有迎合國策的應制性文章。透過這些隨筆與評論的閱讀，有助於我們對其小說、思想意識、人生經歷之了解，起到相輔相成、佐證補遺之作用，是研究張文環及其文學不可或缺的參照資料，本文的研究方法，即屬於此。鑑於部分隨筆、評論已在前文有所探討或引用，爲了避免重複論述，故本節的重點將放在尚未詳盡的政論上，這也是張文環於戰爭期發表較多、較重要的一類。冀能藉由此一文類的爬梳，釐清張文環當時的思想傾向和協力態度，以解決「皇民作家」或「皇民文學」之質疑。

一、張文環與皇民奉公會

　　一九四一年四月十九日，作爲臺灣總督府行政輔助機關的皇民奉公會成立，目的在於昂揚戰爭意志、實踐決戰生活、強化勤勞態勢與完備民間防衛，由臺灣總督長谷川清兼任總裁，並網羅了各地臺籍士紳、領導階級和知識菁英爲其幹部。然誠如本被臺北州支部長任命爲參與，後因軍部反對而作罷的陳逸松所言：「其中固然也有甘於爲日本驅使效力的，但大部分是出於無奈而勉強接受的。」〔註341〕以曾擔任高雄州支部生活長的楊金虎爲例，他在戰後回憶起當時的心情道：

> 鄙人受命爲本高雄州第二代生活部長，實如晴天霹靂之感，何謂呢？
> 蓋因原來是一個被監視人物，一朝負此重任，豈是自然嗎？況當時
> 到處正在檢舉臺灣冤獄事件，吾輩同志多被扣留於獄中，連吾人出

〔註341〕林忠勝：《陳逸松回憶錄》（臺北：前衛出版社，1994年6月），頁230。

> 診之時，常受日憲隨後臨檢，可謂戰戰兢兢人心不安之秋，雖被不
> 自然之任命，亦不得不唯命是從，引爲光榮。〔註342〕

戰時體制下，當局爲了安撫社會人心以及發揮最大的動員效益，遂採「以臺
治臺」的組織策略；而臺人的有力者，一方面懼於殖民統治者的淫威，一方
面怕被扣上「非國民」的帽子，因此那些在皇民奉公會當任幹部的，多半是
在非自願的情況下，被迫參加。同年六月二十一日，皇民奉公會臺北州支部
成立，張文環列名臺北州支部參與；七月，皇民奉公會中央本部設置「娛樂
委員會」，下設電影、演藝、音樂、其他四個分會，張文環亦爲二十三位委員
之一，使其單純的作家身分蒙上一層協力者陰影。至於他其時的反應，或可
從張鈗漢日後的轉述一探究竟：

> 戰爭末期，文環被要求參加皇民奉公會，他很討厭那個會，但是很
> 無奈，因爲沒有拒絕的可能。他曾告訴我，因爲留日時曾有兩次參
> 與左派運動嫌疑而被拘的記錄，使他內心一直有所畏懼，擔心有什
> 麼後遺症，特別是在戰時下，因此也就更加地不敢推辭。〔註343〕

因爲曾有「不良」記錄，所以心有顧忌，只能聽從安排。這段話透露了張文
環參與皇民奉公會的隱忍和無奈，是解讀其戰時言行不可忽略的論述依據。

　　張文環受聘爲臺北州支部參與，任期約一年左右（1941 年 6 月～1942 年
6 月）。一九四二年七月，皇民奉公會進行第一次改組，將隸屬中央本部事務
局的地方部取消改設文化部，文化部長由生活部長林貞六（林呈祿）轉任，
張文環也在此時從臺北州支部進入文化部，出任文化部委員，任期一年。一
九四三年四月二十九日，在皇民奉公會的指導下，成立了文藝統制機構「臺
灣文學奉公會」，由皇民奉公會事務總長山本眞平擔任會長、文化部長林貞六
擔任理事長，前臺灣文藝家協會會長矢野峰人爲常務理事，而理事則有瀧田
貞治、島田謹二、西川滿、松居桃樓、齋藤勇、山本孕江、張文環、塚越正
光、濱田隼雄等九人。張文環於文學奉公會中，除了具有理事的身分外，亦
是小說及評論隨筆部員。同年五月，「社團法人日本文學報國會臺灣支部」在
總督府情報部及皇民奉公會關係各部的指導與支援下在臺北成立，其宗旨與
本部相同，以宣揚國策、協力戰爭、從事軍事動員爲目標。其支部部長則由

〔註342〕楊金虎：《七十回憶》（臺北：龍文出版社股份有限公司，1990 年 5 月），上
　　　　冊，頁 92。
〔註343〕同註35，頁 15。

「臺灣文學奉公會」常務理事矢野峰人兼任，支部長以上幹部與臺灣文學奉公會完全相同，張文環出任理事，與龍瑛宗（幹事）是僅有的兩名臺籍幹員。

一九四二後半年，由於日本在太平洋的戰事遭到美軍扭轉，臺灣總督府為了因應局勢，對殖民地經濟和人力的動員有逐漸強化的趨勢。一九四三年十二月，皇民奉公會中央本部在「事務簡素化」的目標下，進行中央及地方組織的改制。原事務局轄下的總務、訓練、經濟、生活、宣傳、文化六部，縮編成總務、訓練、國民動員、戰時生活四部；而原婦人、厚生、娛樂三委員會，則於一九四二年底至一九四四年初，陸續整編成宣傳協力、國語、戰時思想文化、戰時厚生四委員會。一九四四年二月二十六日，增設的戰時思想文化委員會公布五十四位委員名單，涵蓋了文學、演劇、音樂、美術、教育、研究等各界人士，張文環、黃得時、楊雲萍、龍瑛宗等四位臺籍作家亦列名其中〔註344〕。

一九四三年底，《臺灣文學》奉命停刊，由臺灣文學奉公會於一九四四年五月發行《臺灣文藝》，張文環為編輯委員中唯一的臺籍人士，也是唯一出自《臺灣文學》陣營者，雜誌的主導權，完全落入日人手中。其後，經張星建、吳天賞奔走，並得林獻堂之賞識，一九四四年七月六日張文環就任皇民奉公會臺中州支部大屯郡支會霧峰分會主事，這期間，他主要負責戰時動員和糧食增產工作。一九四五年六月十七日，已是強弩之末的日本，乃將保甲制度取消，並同時撤廢皇民奉公會，改由六月二十三日成立的「國民義勇戰鬥隊」代之，作為殊死戰的最後掙扎。這也意味著，張文環在皇民奉公會的職務，亦隨其撤廢而終止。

張文環晚年任職日月潭觀光大飯店總經理期間，經常有友人結伴前去探訪，鍾逸人回憶當時聚會所談之話題，不外是彼此的私人生活，還有過去日本作家、思想家之種種，以及日本社會和戰時臺灣社會的問題，惟不曾聽聞張文環提起他參與皇民奉公會的那段往事。另外，鍾逸人還回憶到他在三青團（三民主義青年團）時曾與呂赫若共事三個月，但呂同樣對這方面的事絕口不提。對此，鍾逸人不禁感慨的表示：「事實上，當時在日本統治下，有名望的人幾不可免，林獻堂、林茂生……等很多人都一樣。除非想當烈士，否則誰敢拒絕？同時誰甘願輕易地當烈士呢？所以從這一點來說，張文環、呂

〔註344〕參見柳書琴：《荊棘之道旅日青年的文學活動與文化抗爭——以〈福爾摩沙〉系統作家為中心》（新竹：清華大學中國文學研究所博士論文，2001年），頁302。

赫若確實有身不由己的地方，並非主動自投羅網，甘願自動迎合的。」〔註345〕彭瑞金更直言：「固然作家都有堅持人道精神抵抗不義行為的天職本分，但在戰時體制的嚴密監控下，要臺灣作家奮不顧身對世界性的大戰爭，發揮以卵擊石的壯烈行動，未免太『嚎痟』了吧！」〔註346〕對曾任職皇民奉公會的張文環或曾任臺灣文學奉公會常務理事之職的呂赫若來說，在現實的情勢下，斷無拒絕徵召的可能，只有無奈「屈從」，但即使是「被動」的「協力者」的身分，卻仍舊造成他們民族情感與國族認同上的精神創傷，而這或許就是他們日後選擇噤聲與沉默的原因之一。

二、張文環受殖民當局青睞的原因

在眾多臺人作家中，為何張文環獨受殖民當局青睞，被賦予動員我族同胞的任務呢？依據現有文獻，主要可從下面幾個方向來考察：

第一，鑑於張文環在臺灣文壇的聲名。張文環留學日本期間，就積極參與各種文藝活動，從「臺灣藝術研究會」到「臺灣文藝聯盟東京支部」他都不曾缺席，也編輯過雜誌《福爾摩沙》，同時創作小說，其〈父之顏〉更於一九三五年一月，獲《中央公論》選外佳作，《臺灣文藝》立即在一九三五年二月一日發刊的二卷二號上報導了此事，使這位初試啼聲的新人作家在臺灣文壇備受矚目。一九三八年回臺之後，雖然創作略為停滯，但仍持續從事與文藝相關活動，如翻譯《可愛的仇人》、擔任戰時唯一允許發行的漢文雜誌《風月報》和文編輯並進入臺灣映畫株式會社任文藝部長。值得注意的是他於一九三八年底至一九三九年間，連續在和總督府關係密切、亦是當時臺灣第一大報的《臺灣日日新報》發表了多篇隨筆、雜文，諸如〈大稻埕雜感〉、〈背野羊的女人〉、〈論臺灣的戲劇問題〉、〈基督和閻羅王〉、〈走在街頭巷尾－觀察選舉情景〉。迄一九四〇年，張文環受黃得時之邀，在《臺灣新民報》學藝欄連載長篇小說《山茶花》一百一十回，歷時近四個月，於臺日文學者及讀者間深獲好評，迴響熱烈，無形中擴大了張文環的聲名。不僅如此，同年他還在《臺灣新民報》、《臺灣藝術》、《臺灣日日新報》、《文藝臺灣》等主

〔註345〕參見〈鍾逸人先生訪談錄〉，收入柳書琴：《荊棘之道旅日青年的文學活動與文化抗爭──以〈福爾摩沙〉系統作家為中心・附錄》，頁24。

〔註346〕彭瑞金：〈從小說《奔流》看戰爭時期臺灣作家的邊緣戰鬥〉，收入真理大學臺灣文學系編：《福爾摩沙的心窗──王昶雄文學會議論文集》（臺北：真理大學臺灣文學系，2000年11月4日），頁98。

要刊物上陸續發表〈辣薤罎子〉、〈憂鬱的詩人〉兩篇小說，以及〈獨特的存在—今年也要奮鬥〉、〈論臺灣文學的將來〉、〈我的身影〉、〈懷念平林彪吾〉、〈吾友側影〉、〈檳榔籃〉等評論和隨筆，可謂成果豐碩，也突顯其旺盛的創作力與深耕臺灣文壇的企圖心。除此之外，張文環又於八月及十一月，分別參與「臺灣藝術社」所召開的兩場座談會，談論有關大稻程女服務生、藝妓和臺灣音樂、演劇等相關問題。眾所周知，張文環幽默風趣的說話方式和善於座談的功夫是友人們津津樂道的，這從他與女服務生、藝妓生動有趣的對話即可映證。而若照當時殖民統治者對人民言論嚴密監控的情形推測，官方應有派人前往座談會查探，因此張文環的表現也將如實地被往上呈報。

　　一九四一年三月二十二日，張文環參加了臺灣總督府臨時情報部所舉辦的「謠言防止座談會」，這是目前所見他首次出席官方座談的紀錄。與會的十六人中，臺籍人士佔六名，而張文環則是現場是唯一的作家，亦是文藝界、文化界唯一的代表〔註347〕。如此特別的身分，想必是主辦單位挑選後的精心安排，換句話說，張文環早已被當局鎖定，由此來看三個月後他被列為皇民奉公會臺北州支部參與，也就不那麼意外了。可以說，一九四一年六月臺北州支部成立前，張文環挾帶著歸臺文學者的鋒芒，編輯雜誌、創作小說、發表文章、參與座談，頻繁曝光的結果，除了為他帶來名氣，相對的亦引起官方注意，這般兼具言說及寫作能力的人物，自難逃被動員的命運。

　　第二，張文環與日人文學者及官方媒體關係密切，可能也是他被當局相中，納入動員體系的原因之一。其中扮演重要推手的，應是具有政經背景、又是日人文學集團執牛耳的西川滿。李師進益即言：「張文環的作品受到西川滿的肯定，西川滿與日本當局又有密切的關連，因而，可以推測張文環這位臺灣出身的作家經由西川滿這層關係，可能早為某些官員所熟悉且受情報課矚目。」〔註348〕西川滿一九三四年進入《臺灣日日新報》擔任文藝欄編輯，而張文環回臺之初所寫的隨筆、雜文正是投稿於此，能接連被登出，代表其文筆和內容獲得編輯者的肯定。一九四〇年元月，由西川滿主導的《文藝臺灣》出刊，張文環亦為該雜誌的編輯委員之一，彼此遂有進一步的互動往來。但因編輯理念的分歧，張文環翌年乃脫離《文藝臺灣》另發行《臺灣文學》，即

〔註347〕參見柳書琴：《荊棘之道旅日青年的文學活動與文化抗爭——以〈福爾摩沙〉系統作家為中》，頁 310。
〔註348〕同註 17，頁 241。

便如此，他與西川的關係並未就此斷絕，兩人依然在臺灣文藝家協會共事。對西川來說，張文環是讓他又愛又恨的敵人，愛的是其才華，恨的是不爲己用，各站在民族情感及文學路線的兩端。因此，西川雖無法阻止《臺灣文學》創刊，但仍不放棄拉攏張文環，甚至將其「同化」的念頭，而假借政治力便是他可以運用的操作手段。

再者，據池田敏雄表示，有別於西川滿對《臺灣文學》封殺的態度，《臺灣公論》的編輯小石原勇、《臺灣時報》的編輯植田富士太郎，這兩本當時少數支付稿費的雜誌，對張文環、楊逵、呂赫若等臺籍作家多所袒護，請他們寫採訪報導，同時也提供版面登載其小說，是《臺灣文學》背後的撐腰者。另外，與張文環交往密切，任職於《朝日新聞》臺北支局的藤野雄士，也常赴大稻埕與《臺灣文學》同人接觸，並寫出報導，爲其發聲。〔註349〕而身爲主編和負責人的張文環，無疑是讓他們伸出援手的關鍵腳色。其中，《臺灣時報》乃總督府機關誌，具官方刊物性質，相信這將有助於加深當局對張文環的印象及認識。

第三，張文環日臺通婚的背景及人際關係，也是讓他受到臺灣總督府情報課特別垂青的原因。張文環於留學期間，娶日人定兼波子爲妻，這對一向重視血統的大和民族而言，具有提升其身分地位的作用。盧建榮亦指出：「張文環於殖民時期處境艱難之一，便在日本人看來他是『日本人』，便要他帶頭從事戰時動員的事。」〔註350〕日本治臺之所以有差別待遇，即因「非我族類」；而遲遲不願實施徵兵制的考量，乃是「信任不足」，張文環雖是被殖民者，但日臺通婚的結果，拉近了他與殖民主之間的距離，在當局的眼裡，張文環無疑是一個特殊的存在。雖然現有文獻，並無直接證據證明日臺通婚係張文環被動員的理由，不過它造成的影響應該是有的。此外，依柳書琴的分析，張文環與羅萬俥、林雲龍、林獻堂等臺灣新民報系的人士有深厚的淵源，也與謝火爐等大稻埕地區的實業家、資產家或社會名流有所熟識或交往，而這些殖民地的本土勢力和菁英，都是皇民奉公會亟欲攏絡的對象，因此推測張文環良好的人際網絡，很可能也是讓他受矚目或推薦的原因之一〔註351〕。

〔註349〕參見池田敏雄著，林彩美譯註：〈張文環兄與其週遭諸事〉，頁 13。
〔註350〕盧建榮：〈小村落見證日本殖民臺灣：解析張文環《滾地郎》〉，收入胡建國主編：《20 世紀臺灣歷史與人物——第六屆中華民國史專題論文集》（臺北：國史館，2002 年 12 月），頁 534。
〔註351〕參見柳書琴：《荊棘之道旅日青年的文學活動與文化抗爭——以〈福爾摩沙〉系統作家爲中心》，頁 314～316。

綜而言之，張文環被延攬入會，主要是想利用他文學者的寫作長才，美化殖民主的言行，也希望藉助他在社會的影響力、號召力和善於座談的能力，發揮動員、宣傳之效。而其文藝界的聲名、與日人文學者及官方媒體的密切關係、日臺通婚的背景和良好的人際網絡，都是直接或間接促成他被挑選入會的成因。

三、奉公活動與翼贊言說

張文環的奉公活動與翼贊言論，係依時局發展，配合政策而調整，從鼓吹志願兵制度到激勵增產，無一不是在官方的指導下行事。就張文環入會後所發表的文章和座談會的紀錄分析，其論述重點主要是宣傳志願兵制度、歌頌皇軍盛威，以及進行殖民地的軍事人力動員。一九四一年六月二十日，臺灣總督長谷川清與臺灣軍司令本間雅晴分別發表聲明，宣布一九四二年度起臺灣開始實施「陸軍特別志願兵」制度。翌日，在《朝日新聞》臺灣版上，隨即見到張文環對志願兵制度的發言〈三種喜悅：張文環先生談話〉。顯然志願兵制度宣布實施的當日，他便接受媒體採訪，而二十一日，正好是他供職皇民奉公會臺北州支部的第一天，故其談話別具象徵意義，此乃張文環協力動員、翼贊國策之肇始。報導指出，張文環得知當局決定在臺實施志願兵制度後，難掩激動的表示，「這是真正適合時宜的英名決斷」，「因此能促進本島人精神的迅速昂揚」，使「八紘一宇的大精神在臺灣明顯的具體化了，以致東亞共榮南方圈的確立更一層地鞏固了」〔註352〕。訪談中充滿對此「德政」之感激，和殖民主將其視為施予臺人之「恩惠」遙相呼應，可謂一次「符合官方期待」的發言。同年（一九四一）九月，皇民奉公會中央本部為推行皇民奉公運動，特於《臺灣地方行政》九月號上設置「皇民奉公運動的指導體驗」專欄，張文環以臺北州支部參與的名義發表〈關於皇民奉公運動的指導者〉一文。

一九四一年十一月十三至十六日，張文環在臺灣總督府情報部的策劃下，以唯一的作家身分，隨報導班到宜蘭記錄臺灣軍第三部隊於蘭陽平原進行野外演習與宿營的實況。軍方為此徵求當地住民提供房舍做為軍隊宿營之用，並安排媒體配合，大肆報導，將其渲染成「給本島人莫大的恩惠，是展

〔註352〕陳千武譯：〈三種喜悅：張文環先生談話〉，原載《朝日新聞》臺灣版，1941年6月21日，收入陳萬益主編：《張文環全集》，卷6，頁67。

現內臺融合的一大契機，希望由此引發志願兵從軍熱」〔註353〕。活動結束後，張文環以〈宿營印象記〉為題，分別在《朝日新聞》臺灣版和《臺灣時報》發表心得感想。登載於《臺灣時報》的那篇，文末以「身為男子漢，還是要有一次戰場的經驗」〔註354〕作結，與當局所圖的目的一致，其後類似的言說，遂變成張文環宣傳志願兵制度的固定基調。

一九四二年一月十六日，總督府情報部公告〈陸軍志願者訓練所生徒募集要綱〉〔註355〕，張文環隨之在《臺灣時報》二月號上發表〈一群鴿子〉，此篇或受官方指示而寫下。他開宗明義的說：「生為男人，誰都感覺在踏出社會之前，必要做一次精神的武裝。再向教育方面專心邁進。」繼云：「只依靠習慣或潛在意識，無法引導自己的一生。在此時去當兵，是做一個男生不得不穿越的關卡。我想經由當兵，才能使一個男人在進入社會之前，將理論與實踐一起鍛鍊，加強國家意識，培養出正確觀察社會的眼光。既然生為男人，與其死於神經衰弱或患病死在床上，不如扛著槍去戰場殉職，那是多麼雄壯又有生存的價值啊！」〔註356〕其內容要點乃在肯定志願兵制度帶給臺灣人的正面意義。

同年十一月，張文環、龍瑛宗、西川滿、濱田隼雄四人在臺灣文藝家協會的派遣下，赴日參加三日至十日於東京和大阪召開的第一次大東亞文學者大會。大會當天（三日），張文環即寫下感想文〈知識階級的使命〉，表達對日本精神、日本文化以及日本人生活的推崇，而日本知識階級的負責務實，更讓他深切地感到自我反省和批判的必要〔註357〕。五日下午，張文環在會中發言，認為這次會議能在戰爭中順利舉行，「完全就是皇軍的偉大力量所賜」，因此「我要向皇軍表示感謝之意」〔註358〕。六日，由日本文學報國會

〔註353〕同註314，頁68～69。

〔註354〕張文環著，陳千武譯：〈宿營印象記〉，原載《臺灣時報》，1941年12月號，收入陳萬益主編：《張文環全集》，卷6，頁97。按：陳萬益主編之《張文環全集》，誤將同題的兩篇〈宿營印象記〉內文相互錯置，在此特予說明更正。

〔註355〕參見周婉窈：《海行兮的年代——日本殖民統治末期臺灣史論集》（臺北：允晨文化實業股份有限公司，2003年2月），頁137。

〔註356〕張文環著，陳千武譯：〈一群鴿子〉，原載《臺灣時報》，1942年2月號，收入陳萬益主編：《張文環全集》，卷6，頁102。

〔註357〕張文環著，陳明台譯：〈知識階級的使命〉，原載《興南新聞》，1942年11月3日，收入陳萬益主編：《張文環全集》，卷6，頁126～127。

〔註358〕張文環著，陳千武譯：〈感謝從軍作家〉，原載《文藝臺灣》5卷3號，1942年12月，收入陳萬益主編：《張文環全集》，卷6，頁133。

的人員引導，參觀土浦海軍航空隊，並寫下此行感想，文中張文環以「一騎當千」〔註359〕來形容日本空軍堅強的戰鬥力。當夜，張文環與滿州（古丁）、蒙古（和正華）、華中（丁丁）以及日本方面（林房雄、香山光郎）的代表共六人受邀參與座談，由多賀本社學藝組長主持，以「日本的印象」為題請眾人發言。張文環全場僅提出兩點意見，其一是覺得日本舞蹈比西洋舞蹈有風韻也較細膩；其二是建議東京應保持現狀，不能太過慌張，才不致影響其他地方〔註360〕。八日，張文環與龍瑛宗在日本文學報國會的安排下，於日比谷法曹會館一起主持了「大東亞戰爭和東京臺灣留學生的動向座談會」。龍瑛宗雖為主持人之一，但整場座談會可說是由張文環一人主導，他藉機了解了留學生對臺灣實施志願兵制度的看法，並舉曾拜訪過的志願兵願犧牲性命報效國家為例，欲以此來激勵其投入志願兵行列〔註361〕，關於這個議題，背後可能有官方的授意。二十三日，張文環回到臺灣，應當局的要求寫下與會感言〈從內地回來〉；並自十二月二日起，接連在臺北、高雄、臺南、嘉義、臺中、彰化、新竹等地連續舉行演講會。

　　此外，為配合皇民奉公會推動的「親切運動」，張文環乃分別於一九四二年六月和十一月，發表了兩篇應制文章〈親切運動之必要〉及〈親切和笑臉〉。同年六月，張文環另撰有〈例會的妙味〉，係配合奉公班例會之設立，由《臺灣時報》闢一版面邀稿進行宣傳。

　　一九四三年二月十一日，皇民奉公會頒發第一回臺灣文化賞，獲文學賞的作家作品分別是濱田隼雄的〈南方移民村〉、西川滿的〈赤嵌記〉、張文環的〈夜猴子〉，「恰巧」就是出席大東亞文學者大會的其中三位作家，然不論就所屬的文學集團或民族階級來看，張文環在三人之中無疑是特殊的。這固然是對其文學成就的肯定，但也不可否認有樹立皇民典範，避免重日輕臺，藉以收編人心之政治目的。同年三月一日下午，他以《臺灣文學》編輯身分出席總督府情報課、保安課主辦的「決戰下臺灣的言論方針座談會」，旨在改

〔註359〕張文環著，陳千武譯：〈土浦海軍航空隊〉，原載《文藝臺灣》5 卷 3 號，1942 年 12 月，收入陳萬益主編：《張文環全集》，卷 6，頁 131。

〔註360〕參見陳千武譯：〈對日本的印象座談會〉，原載《朝日新聞》，1942 年 11 月 7、8 日，收入陳萬益主編：《張文環全集》，卷 7，頁 144〜151。

〔註361〕參見陳明台譯：〈大東亞戰爭和東京臺灣留學生的動向座談會〉，原載《臺灣時報》，1942 年 12 月號，收入陳萬益主編：《張文環全集》，卷 7，頁 152〜167。

革報章雜誌內容，提升其思想戰功能，爲決戰態勢的強化做出貢獻，另外也就報紙統合問題進行討論〔註362〕。

一九四二年六月的中途島海戰，日本海軍出動的四艘航空母艦全遭美國太平洋艦隊殲滅，自此接連敗退，加上占領地幅員廣大，爲補充嚴重不足的海軍兵力，對臺灣及朝鮮進行海軍特別志願兵的徵召勢在必行。一九四三年五月十一日，日本內閣決定該年同時在臺灣、朝鮮實施「海軍特別志願兵」制度〔註363〕，臺灣方面隨即於六月十日在臺北海軍武官府召開「海軍特別志願兵制紀念座談會」，張文環以唯一的作家身分參加，他表示陸軍或海軍特別志願兵制度，都爲本島人帶來各種革新的觀念，因此給予正面的評價〔註364〕。七月，《臺灣公論》上，張文環繼以短文〈不沉沒的航空母艦臺灣—論海軍特別志願兵〉對時局做出回應。文中肯定大東亞戰爭乃是趕走英美、解放亞細亞民族的聖戰，並讚揚日本勇士投身敵艦，爲國犧牲的精神，又把臺灣比喻成一艘不沉沒的航空母艦，要臺灣的全島人民遂行守護帝國南方的任務〔註365〕，這樣的宣傳論調，與官方的發言可說如出一轍。此外，同年（一九四三年）五月九日，張文環還以皇民奉公會臺北州支部參與和唯一的小說家身分，出席在臺北鐵道旅館召開的「『臺灣一家』で戰ふ臺灣を語る：始政四十八週年を迎へて 」座談會（臺灣全體迎戰，話說臺灣：迎接治臺四十週年座談會），會議內容則刊於《新建設》（一九四三年）六月號上。

一九四三年九月八日，張文環受皇民奉公會機關誌《新建設》派遣，南下新竹州訪問臺籍陸軍志願兵遺族，寫下〈燃燒的力量—訪問松岡曹長遺族〉。此行，張文環先持宣傳部長大澤貞吉的介紹信和名片拜訪皇民奉公會新竹州支部主事南爲藏，再由他引見新竹州教育課長田中一郎，了解新竹州的青年運動情況，同時參觀了南寮的新竹青年修練所、新竹神社及其境內新建的青年修練所，隨後前往竹南頭份訪問松岡曹長遺族。曹長的父親松岡順四

〔註362〕參見陳千武譯：〈決戰下臺灣的言論方針座談會〉，原載《臺灣時報》，1943年4月號，收入陳萬益主編：《張文環全集》，卷7，頁168～187。

〔註363〕同註355，頁140。

〔註364〕參見陳千武譯：〈海軍特別志願兵制紀念座談會——「海軍」與本島青年的前進〉，原載《臺灣公論》，1943年7月號，收入陳萬益主編：《張文環全集》，卷7，頁190。

〔註365〕參見張文環著，陳千武譯：〈不沉沒的航空母艦臺灣——論海軍特別志願兵〉，原載《臺灣公論》，1943年7月號，收入陳萬益主編：《張文環全集》，卷6，頁157～159。

郎在接受訪談時表示：「死就要選在戰場，像我這樣衰老了什麼也沒有用。不過，無論如何，只想為國家盡一份力量而已。我並不為兒子的事悲傷，反而認為他是幸福的。」張文環亦附和道：「我的想法也跟你一樣，男人的一生，不知道是為什麼，只想為國家獻身做事，才是男人應走的路。能夠如此，臺灣的青年也可以說已經就是完整的日本青年了。」一九四三年九月六日，日本內閣甫通過自一九四五年起在臺實施徵兵制度〔註366〕，依時間點來看，適隔一日，因此張文環對答之言，頗有配合國策進行宣傳之意。訪問結束後，當晚張文環又去參觀新竹市的例會；次日，他先遊覽了新竹理研電化工業株式會社，再拜訪楊梅庄長，聽其說明楊梅庄青年訓練的情形，接著到學校去實地視察，然後北上結束此行〔註367〕。一九四三年底，張文環遵照《臺灣公論》囑託，於該誌「朝鮮特輯號」發表〈寄給朝鮮作家〉。文中對臺灣與朝鮮能在徵兵制度上同一步調，成為優秀的日本軍人感到興奮，認為徵兵制度讓臺灣全島充滿喜悅、光榮與希望，並將之歸諸皇恩無邊，故「死已不值得討論」，當前應「以盡忠報國的心念，努力超越一切」〔註368〕。

　　一九四三年十一月十三日，由「臺灣文學奉公會」主辦的「臺灣決戰文學會議」在臺北市公學堂召開，就「本島文學決戰態勢的確立以及文學人的戰爭協助之理念與實踐的方法」進行討論。張文環與黃得時、呂赫若、郭水潭、吳新榮等《臺灣文學》同人聯袂出席。全臺五十八名與會者中張文環首先發言，講述文學者人格陶冶與直觀能力培養的必要性，並高喊文學人大團結；其第二次發言，係針對西川滿提案統合文藝雜誌，掀起臺日文學者論戰而痛陳己見：「臺灣沒有非皇民文學，假如有任何人寫出非皇民文學，一律槍殺。」看似奉承之言，卻是解決當前危機，使臺人作家免除「非國民」責難的應變。

　　一九四四年一月，張文環在《臺灣藝術》發表短文〈征向戰野〉，依內容判斷，應與臺灣確立學徒動員體制有關。一九四三年十月二日，日本內閣發布對日本國內在學「學生」、「生徒」徵兵的臨時特別令，同年十二月一日即

〔註366〕參見蔡錦堂編著：《戰爭體制下的臺灣》（臺北：日創社文化事業有限公司，2006年10月），頁116。
〔註367〕參見張文環著，陳千武譯：〈燃燒的力量——訪問松岡曹長遺族〉，原載《新建設》，1943年10月號，收入陳萬益主編：《張文環全集》，卷6，頁173～183。
〔註368〕參見張文環著，陳千武譯：〈寄給朝鮮作家〉，原載《臺灣公論》，1943年12月，收入陳萬益主編：《張文環全集》，卷6，頁188～192。

開始實施「學徒出陣（征）」。所謂「學徒」，指的是高等學校、專門學校及大學的學生。因兵員嚴重不足的緣故，日本只好將學校學習的年限縮短，調降徵兵的年齡，原本可以申請緩徵的大學生，甚至年齡更小的專門學校、高等學校的學生都必須接受徵召，以「學徒兵」的身分出征。隨之，臺灣當局亦於一九四三年十月十九日，確立了臺灣的學徒動員體制，除了理工科系大學生得以延遲入營外，包括高等學校、專門學校和大學的學生都必須編入部隊，接受軍事訓練，被迫「投筆從戎」。但臺灣正式實施「學徒出陣」，則是在一九四五年三月以後〔註369〕。張文環遂以此爲背景，描述陳從報紙得知學徒出征的消息後，讓他想到幸福的世界，體悟到「人總是會死一次。要受自私我慾或俗事苛責而患神經衰弱死去，寧可在大義名分之下倒下去！做一個男人死得多麼有價值喲！」又想著「雙親是國家會照顧」，對不能繼續升學也覺得無所謂，掛心的只有奉公而已，於是手握著志願兵的請願書，雀躍地往庄役場的方向走去〔註370〕。由此可見，該篇亦是呼應時局、配合政令之作，通過陳的故事，一方面激勵學生從軍，一方面也刻意強調國家對家屬後續的援護和撫恤，使志願兵無後顧之憂，宣導意味濃厚。

為了呼應全島民眾總蹶起運動，臺灣文學奉公會機關誌《臺灣文藝》特向各地作家邀稿，篩選過後，以「臺灣文學者總蹶起」爲專題，刊於該誌一卷二號，共有二十四位文學者的短文被登出。張文環寫的是〈臨戰決意〉，堪稱是其翼贊國策的經典之作：

> 既生爲男兒，一生一次必然須爲正義而奮戰。何況是爲了國家大義
> 名目的這場戰爭，我相信沒有一個日本國民會甘於安閒度日的。因
> 此，讓臺灣要塞化，面目一新成爲堅固的堡壘，六百六十萬臺灣人
> 都能成爲國之後盾，善盡一個國民之本分，值此多事之秋，實爲吾
> 人無上之光榮，我不禁爲此感到歡欣鼓舞。雖說面臨戰爭感覺歡喜
> 顯得有些滑稽可笑，其實，這正是重大的事情。沒有危機就不是戰
> 爭，而能超越、克服此一危機正是日本精神之所在。要打倒的敵人
> 就在對岸大肆喧囂，我們卻顯得束手無策。唯有敢然趨前迎擊才能
> 分出勝負。

〔註369〕同註366，頁130～132。
〔註370〕參見張文環著，陳千武譯：〈征向戰野〉，原載《臺灣藝術》5卷1號，1944年1月，收入陳萬益主編：《張文環全集》，卷7，頁1。

是時候了！何憂之有乎？臺灣是不沉沒的航空母艦！六百六十萬的

鐵拳正揮舞怒吼著。全島島民正一致奮起，等待決一死戰。〔註371〕

昂揚士氣、宣達奉公滅私的大無畏精神、營造決戰氣氛，本文內容的確滿足了徵文者的要求，又是一篇文學報國的合格之作。

一九四四年六月中起，在臺灣總督府情報課的策劃下，由文學奉公會選出十三名會員作家前往指派地點，體驗第一線勞動者的生活，進而以之為小說素材寫成作品。張文環奉派到宜蘭太平山，訪察山上伐木工人的作業情形，聆聽他們的心聲，並以〈增產戰線〉為題寫下心得感想，與其他派遣作家的報導一同登在《臺灣文藝》一卷四號，另以小說的形式創作了〈在雲中〉發表於《臺灣文藝》一卷五號。此外，任務結束後，情報課隨即在七月十三日召開「從軍作家座談會」，參與座談者，除了十三名派遣作家外，還有文學奉公會常務理事矢野峰人，軍部、總督府情報課、皇民奉公會亦有派人參加。而座談內容，則詳載於七月十五至二十三日的《臺灣新報》上。而張文環的協力方向，也以這次的奉公活動為轉捩點，由鼓吹當兵變成激勵增產，且居住地亦於同年七月底左右從臺北遷至霧峰。

一九四四年七月六日，張文環就任皇民奉公會臺中州支部大屯郡支會霧峰分會主事〔註372〕，協助行政並投入糧食增產事宜，〈年輕的指導者〉便是他對青年幹部在執行公務上的指導和建議〔註373〕。另一方面，為了提高米穀產量確保戰時糧食無虞，臺灣於昭和十九年（一九四四年）度第二期農作起開始實施米穀責任生產報酬制。同年八月十四日，假臺中州教化會館，舉辦了「臺中州農村關係指導者座談會」，就「責任生產制與增產」進行研議。座談會由吳天賞主持，出席者包括皇民奉公會臺中州支部事務局長遠山景一、參事清瀨和夫、臺中州會議員芳澤煉平、霧峰庄長林孝祐、臺中州地主增產協會副委員長、委員、幹事等，張文環則以作家身分受邀參加。會中應主持人之請，張文環陳述協助農民米糧供出的經驗，並強調為了活用部落責任制，要有連帶責任感或團體精神，因為這是推行奉公運動最重要的部份。此外，

〔註371〕張文環著，陳千武譯：〈臨戰決意〉，原載《臺灣文藝》1 卷 2 號，1944 年 6月，收入陳萬益主編：《張文環全集》，卷 7，頁 7。

〔註372〕參見林獻堂著，許雪姬編註：《灌園先生日記》（臺北：中央研究院臺灣史研究所、中央研究院近代史研究所，2008 年 10 月），第 16 冊，頁 230。

〔註373〕參見張文環著，陳明台譯：〈年輕的指導者〉，原載《臺灣新報》，1944 年 7月 29 日，收入陳萬益主編：《張文環全集》，卷 7，頁 8～10。

他也站在農民的立場，希望政府善待之，同時提議地主亦須扮演指導者及協助農民的角色，負責調整勞力和耕作面積〔註374〕。

〈早晨〉是張文環奉公期間所寫的最後一篇文章，內容是他在霧峰從事糧食增產運動的心情告白，勉勵自己做為一個戰士，就該確實完成任務，「縱使被農民打罵」，也要以寬容的心胸，好言笑臉相對。「往前去正是遙遙『奉公路！』我內心燃起必勝的信念，即使腳踏車駛入田間的小路，我的身體也不會搖晃不定了」〔註375〕。

綜合上述，從翼贊國策的表現來說，張文環扮演的協力者角色不可不謂之稱職。舉凡他座談會的發言，或奉命撰寫的隨筆、評論、報導，皆能依照官方推行的政令、指派的題目配合宣傳。歸納起來，其言說重點不外乎是灌輸必勝信念、揭露英美罪行、感謝皇恩浩蕩、肯定大東亞戰爭的意義、昂揚軍民鬥志、表彰勇士義行、盛讚軍事訓練成效、激勵青年從軍，而以「日本精神」連接貫穿，向「奉公滅私」的道路前進。但這樣的論調，無疑與他小說所呈現的反殖意識和反戰思想大相逕庭。是真心或假意？語言文字中是否滲入雜音？底下將就此一問題釐清探明。

四、同中存異的多音交響

張文環在臺灣決戰文學會議中，曾有「寫作非皇民文學，一律槍殺」的發言，而他配合時局國策寫作的文章，的確可歸入皇民文學的範疇。然誠如劉紅林所說：

> 看一篇作品是不是「皇民文學」，也不能光看它寫什麼內容，要透過內容體會作品的思想內涵或曰血脈精神。即使其中有幾句迎合時局的話，也不能以偏概全，因為這幾句話倒真的是為了「活下去」和「當作家」而表面屈從，不代表作品的主導意象。儘管判別有一定的複雜性，但只要細細研讀，並不是無法辦到。〔註376〕

〔註374〕參見陳千武譯：〈責任生產制與增產座談會〉，原載《臺灣時報》，1944 年 9 月號，收入陳萬益主編：《張文環全集》，卷 7，頁 215～229。

〔註375〕參見張文環著，陳明台譯：〈早晨〉，原載《臺灣新報》，1944 年 11 月 8 日，收入陳萬益主編：《張文環全集》，卷 7，頁 13。

〔註376〕劉紅林：〈論「皇民文學」的本質及其表現〉，《世界華文文學論壇》第 49 期（2004 年 12 月），頁 26。

戰爭期間，臺灣人的言論受到嚴格的管制，作家則被要求協力國策，徹底實踐文學奉公。這種情況下，如想繼續發聲或有所作為，就只能仰人鼻息，在殖民者認可的思想範圍內去表現。陳火泉即言：

> 當時當地，在日帝高壓統治下，身處在那種「無地可容人痛苦，有時須忍淚歡呼」的環境下，你既不能面對面地作正面文章，就只好將悲哀與苦澀隱藏於字裡行間。〔註377〕

因此堅持臺灣人立場的張文環，儘管言論呼應了官方的意識型態，但不能排除其「同中存異」的可能，「打著紅旗反紅旗」不正是臺人作家慣用的反殖模式嗎？細察張文環的翼贊言論，可謂千篇一律，了無新意，說穿了就是複製官方公開的談話，將其形諸文字或於座談會上照本宣科、重述要點而已。以大東亞文學者大會為例，龍瑛宗回憶昔日參與的情形道：「大會當天早上，有人告訴我說：『你代表臺灣發言。因此，這裡有原稿。』我已經忘了是誰交給我原稿。我只是像隻鸚鵡般看稿照本宣科。」〔註378〕龍瑛宗如此，可想而知張文環那席感謝從軍作家的話，顯然亦「非出於本心，只是作政治上的發言」〔註379〕。其被動之態，由張鈗漢口中也得到驗證：

> 昭和十七（1942）年底，他奉命參加大東亞文學者大會歸來以後，被指派到全省各地進行大會歸來有感之類的演講，其中在嘉義的那一場，我特別去聽了。我記得他在臺上說了一些日本皇軍一騎擋千，乃不敗神軍，皇國必勝之類的話，當時也必須那麼說。但是下臺後私下的交談中，我知道那時的他仍是希望臺灣脫離日本的。〔註380〕

張文環的口是心非和真實想法，不僅反映出戰時文學和國策發言的複雜性與多義性，也為其奉公下的「異聲」提供了可資憑藉的立論基礎。

首先看到張文環協力軍事動員，宣傳志願兵制度的一系列翼贊文章。文中總不乏臺灣青年應捨己奉公為國家大義而戰這類官方語言，但他激勵方式卻是通過消極的比較來論說——與其「神經衰弱」或「病死在床上」不如當兵。若將之和文中把大東亞戰爭視為驅逐英美、解放亞細亞民族的聖戰所突

〔註377〕陳火泉：〈關於「道」這篇小說〉，《民眾日報》，1979年7月7日。
〔註378〕龍瑛宗著，林至潔譯：〈《文藝臺灣》與《臺灣文藝》〉，原載《臺灣近代史研究》第3期，1981年1月，收入陳萬益主編：《龍瑛宗全集》（臺南：國家臺灣文學館籌備處，2006年11月），第7冊，頁10。
〔註379〕同註378，頁12。
〔註380〕同註35，頁15。

顯的積極意義作一對照，自是充滿矛盾，話裡頗有沒得選擇，情非得已才去當兵的無奈，而這種無奈，係伴隨臺灣人長期被殖民者歧視、差別對待的歷史脈絡而來。張文環在〈一群鴿子〉說：「未成為成熟青年的本島青年的煩惱時間似乎過長了。（中略）志願兵制度實施的文告發表在報紙上的時候，或許本島人青年大家都會覺得終於確立了做為男性應有的面目吧。」〔註381〕於〈不沉沒的航空母艦臺灣─論海軍特別志願兵〉更明白地表示：「自從大東亞戰爭爆發以來，臺灣變得非常明朗了。原因是給與臺灣青年，做為日本人的矜持與方向有了肯定。（中略）陸軍志願兵制度的實施，誰也都感覺到好不容易成為完整的人而高興了。」〔註382〕看似呼應當局將志願兵制度定調為施予臺灣人典恩的發言，背地裡則隱含著對殖民統治者的批判，揭露其不願正視的「內臺差異」事實。

　　雖然日本治臺以來，便高唱「內臺如一」、「一視同人」的口號，但因民族、血統的差異，臺灣人再怎麼努力，還是無法爭取平等，更遑論與之共享榮譽，義務從軍了。陳火泉於代表作〈道〉中即云：「菊是菊。花是櫻。牡丹終究不是花！能大呼天皇陛下萬歲而死的只有皇軍，貢獻一生殉國的只有皇國臣民，我等島人畢竟不是皇民嗎？啊！終究不是人嗎？」〔註383〕進一步說，直至大東亞戰爭由盛轉衰，臺灣人才在為國犧牲的前提下獲得當日本人的機會，在此之前，臺灣人的皇民身分從未被承認，始終只是被殖民的劣等者罷了！戰後周金波在演講會上的一段感言，真切地道出其時臺灣人心中的普遍想法：

> 因為志願兵制度的發表而完全改變。（中略）臺灣人的希望都寄託在志願兵制度中，（中略）因為我們有這樣的想法，認為臺灣之所以被歧視的原因，是因為我們沒有流血的緣故。只要流血的話，說話就能大聲，所以先盡義務，再來提要求。〔註384〕

王昶雄的〈奔流〉裡亦有「我感悟到，要和宏大的大和魂相連繫，非默默地用我們的血潮去描繪不可」〔註385〕的類似描寫。殖民統治者藉由皇民論述，

〔註381〕同註356，頁102～103。

〔註382〕同註365，頁157～158。

〔註383〕陳火泉：〈道〉，《文藝臺灣》6卷3號（1943年7月），頁126。

〔註384〕藤井省三著，張季琳譯：〈關於周金波之死〉，《文藝臺灣》第23期（1997年7月），頁245。

〔註385〕王昶雄著，林鍾隆譯：〈奔流〉，原載《臺灣文學》3卷2號，1943年7月，收入鍾肇政、葉石濤主編：《臺灣文學叢書》（臺北：遠景出版事業公司，1979年7月），第20冊，頁295。

使被殖民者相信志願兵制度是「臺灣人要從次等的被殖民者，成爲能與日本人平等的皇民的一條救濟之路。」〔註386〕故當志願兵制度發布時，臺灣青年莫不歡欣鼓舞，這也就不難解釋爲何會產生「志願兵熱」的原因了。張文環深知時代思潮與青年心態，所以他對國策的翼贊，是站在殖民歷史的脈絡下來發言，透過參與志願兵才能讓臺灣男人從殘缺到完整的官方說詞，諷刺其本質的虛僞和禍心，也有爲先前如同遭受「閹割」的殖民地青年暗鳴不平之意。

那麼，究竟張文環對青年志願的態度爲何？又是怎樣看待當時的從軍熱潮？其在〈一群鴿子〉不經意地透露了眞正的心情。文中提到因青年團長的介紹而認識了幾位志願兵，某位志願兵表現出積極參與戰爭的熱情，張文環見之，有差一點要哭出來的激動，想到他即將出征，心裡也感到疼痛。遂言：

> 然而，不是接到召集令，而是自動要赴戰場的熱情，那種做爲男性的意慾，古式的老人們都很難理解。爲了皇國願意奉獻一身的年輕人的意慾，老人們認爲只要消極性的做個善良的行動就夠了，何必要粗暴地讓一家人總動員陷入離別之情的寂寞中？可是對於要推開芥蒂的青年們，產生了新的時代與新的道德。在這臺灣，孕育五十年代的人的社會，跟孕育二十歲青年的社會，是有霄壤之別。我是生在這兩個時代的中間境界，還算幸福。〔註387〕

張文環慶幸自己生於兩個世代之間，不用爲從軍問題苦惱，揭示了他對政府政策的冷漠。且由於左翼反殖運動的經驗，讓他徹底了解殖民統治者虛僞自利的本質，熟知志願兵制度不過是一條驅使臺灣青年奔向死亡的毀滅性道路，成就的僅僅是日本帝國主義的野心而已。因此看到被皇民魔咒束縛的臺灣青年，天眞地沉溺在蛻變成日本人的幻覺，競相投入志願兵行列，卻又不能公開制止或加以反對，心裡自是「激動疼痛」。所以他故意舉老一輩臺灣人安於現狀、消極處世的態度作對比，明在讚揚新時代青年的勇敢與熱情，暗則藉此表現和國策不同的聲音，並譴責戰爭造成骨肉分離的罪行。

這種以「同一」夾帶「差異」的書寫模式，亦見諸〈宿營印象記〉中。一九四一年底，張文環受官方指示，隨報導班至宜蘭記錄皇軍演習及宿營的情形，該活動是從十一月十四日至十六日，爲期三天，而張文環和報導班相

〔註386〕同註384，頁245。
〔註387〕同註356，頁103～104。

關人員則提早一天出發至宜蘭準備。行程結束之後，張文環於十一月二十六日的《朝日新聞》臺灣版和十二月號的《臺灣時報》發表同題不同文的兩篇〈宿營印象記〉。

登載在《朝日新聞》臺灣版的〈宿營印象記〉〔註388〕，可說是速寫版或精簡版，文末註明十六日夜寫下，內容以當天上午部隊從羅東出發到蘇澳中途的記事為主。開頭描寫是日早上於冬山國民學校有女子青年團的舞蹈表演、國民學校一年級學生的獨唱和國語講習會學生的話劇演出，作為休息十五分鐘的慰勞節目，讓他留下快樂的回憶。接著追述了昨日在羅東演習的情形，對「民眾衷心款待」、「軍民一致合作」、「一絲不亂的連絡」表示感動，「這種氣氛完全就是同為一家的想法而已」。繼之，報導場景再回到冬山國民學校，張文環以小說家敏銳的觀察力記錄了兩件令其印象深刻的事。一是羅東郡守知道連絡兵不能進到休息站，便指派青年隊員帶著橘子和點心追上去送給他，張文環對其細心照料的舉動覺得高興；二是在部隊長的命令下發射三發禮炮，認為有助於「軍事思想的昂揚」。全文筆調輕快、健康明朗，於有限的文字中，完成官方賦予的任務，作出符合當局期待的正面報導。弔詭的是，既對這次活動有了交代，為何張文環還要以相同題目另撰一文呢？筆者認為較合理的解釋是，因該篇對演習第一、第二天的情形只簡略帶過，完整性稍嫌不足，故在活動策劃者總督府情報課的要求下補足缺漏部份，重新發表於官方刊物《臺灣時報》上。由於已有一樣板，想必讓當局對張文環再寫的文章放心不少，這反倒使他有了表述異議、夾帶雜音的空間。事實證明，真是如此。

稍晚發表在《臺灣時報》的〈宿營印象記〉〔註389〕，以時間為序，詳盡地描寫了整個活動過程的見聞及心情感受。他由搭乘前往蘇澳的火車寫起，一上車就「感覺不對」，因為買到必須坐在兩側，與對面乘客面對面的二等廂車票，「事先知道要坐這種車廂的話，自己應該買三等車票才對，一種後悔之念湧上來」，「對自己的疏忽感到非常生氣」。為何張文環會有這麼大的反應？因為如此的座位安排，除了要和對面乘客「互相瞪眼，直到目的地」，還要像

〔註388〕參見張文環著，陳千武譯：〈宿營印象記〉，原載《朝日新聞》臺灣版，1941年11月26日，收入陳萬益主編：《張文環全集》，卷6，頁98～100。底下引文俱出於此。

〔註389〕參見張文環著，陳千武譯：〈宿營印象記〉，原載《臺灣時報》，1941年12月號，收入陳萬益主編：《張文環全集》，卷6，頁80～97。底下引文俱出於此。

螃蟹一樣「從側面被拖著走好多公里」，這會令他頭腦疲勞而「難以忍受」。
但想要坐到三等車廂去，又怕惹來「多賺一點出差費」的爭議，於是只好打
消主意。讓我們好奇的是，張文環對車廂的不適，純屬他個人問題，有必要
開頭就大作文章嗎？恐怕是另有玄機吧！他繼續寫到：

> 這個二等客車，坐的人全都是報導班的關係者，（中略）都想要搶先
> 得到新聞。（中略）坐在對面的那些臉孔，像似肥馬朝氣勃勃的樣子，
> 我卻感到怯懦地縮著頭而坐著。（中略）我雖然接受本誌（《臺灣時
> 報》）的命令而來，但是像自己這樣的瘦馬，果真可以到這種場面來
> 嗎？（中略）外表維持威風的態度，心裡所想的卻是容易講出鄉下
> 人分辯性格的話。

張文環以肥馬／日本人／朝氣勃勃和瘦馬／鄉下人／怯懦畏縮區分了「他者」
與「我族」的界線，前者積極參與，後者消極配合，並以「橫行萬里是螃蟹
先生的把戲，人畢竟模仿不來」暗諷殖民者在臺灣如螃蟹般橫行霸道。互不
相容的情感在同一車廂隔出兩個世界，所謂道不同不相為謀，由此可說明其
氣憤焦躁、不願與對面「肥馬」相視的原因，表現出自絕於殖民者之外的臺
灣人姿態；而對自己能否勝任囑託的質疑，則高明地為接下來可能出軌的言
行先打了一劑預防針。路程上，他先是自顧自地看著梅里美的小說，辯解帶
書「只是想萬一有覺得無聊的時候會需要」。閱讀至某一段落，突然認為看這
種「浪漫」的書籍會對不起士兵，遂把它收起來。繼之，在習慣車廂的空氣
後，他「時而盤腿，時而脫靴」，而當火車駛進隧道，浮現其腦海的是宜蘭民
謠〈丟丟銅仔〉，幻想著：「未曾接觸過的宜蘭人都很爽朗，像那首民謠句調
那樣，快樂的時候會豎起肩膀，高唱那句『火車行到崩孔內』似地」。「在武
丹坑的車站附近，流動著有如東洋畫那樣美麗的溪流」。張文環或讀書、或幻
想、或賞景，彷彿是參加旅遊團一樣悠閒自在，一點也無前往戰地的戒慎恐
懼之情。迨抵達目的地宜蘭，張文環只想「跟著這些人後面」，透露其刻意低
調的心思，也使他在報導班裡「被動」的「配角」身分更形突出。

　　將行李放置旅社後，張文環獨自外出，因被孔廟聳立的屋頂吸引，決定
入內參觀。他察覺到孔廟老舊，「是相當危險的建築物」，但卻有保育院的老
師帶著兒童在走廊上遊戲，並有排有椅子，好像把孔廟當成教室。張文環認
為這種做法很危險，想要提問又覺得不禮貌而作罷！原來孩子們是為國語演
習會在練習。他轉而向其詢問家裡是否也參與宿營活動，此時女老師卻給了

一個令人鼻酸的答案：「這些孩子們的家裡都很窮，所以軍隊不能來住。」報導文中寫進這段私人的參觀行程，似乎有點離題了，顯然張文環是想傳達某些不便明言的訊息。如事前早已了解的，「宿營的家大都是中流以上的家庭」，而貧窮人家則被拒於門外，且他們的小孩連一個安全的練習場地都沒有，不平等的待遇，何嘗不是一種二元對立的等級差別之分，與殖民論述沒有兩樣。另外，演習第一天（十一月十四日）上午，張文環拜訪了兩位昔日的護鄉兵李天賜和李阿根，他們是七十歲上下的老人，有抽鴉片的陋習，身體狀況都不是很好。當張文環問李天賜：「今天阿兵哥要來宜蘭演習，你知道嗎？」他回答：「聽人家講才知道。」又問：「要去看演習嗎？」他回答：「嗯，我要抽鴉片，能夠去就去。」對官方大肆宣傳的地方盛事，李天賜顯得既無興趣也不關心，把抽鴉片看得比觀賞軍演還重要，這無疑是比較負面的報導，但為何張文環還是把它寫入文中？再者，張文環問李阿根當護鄉兵時有什麼高興的事？他回答：「最高興的是在現在三星莊的山裡搭起帳篷露營的事，因為當時只要上山，會遇到山地原住民或土匪等很危險，所以在那個地方住下來，便可滿足一種征服慾。」且表示與日本人待遇相同而覺得得意。

這次官方策劃宿營活動，並派遣報導班隨行記錄的目的，本欲藉此強調軍民一心、展現群眾對國策的支持。那麼，士兵若下榻貧窮家庭，不是更能表現出軍民共體時艱、同甘共苦的感動嗎？捨棄李天賜的訪談內容，不是更能突顯人民參與的熱情嗎？張文環刻意揭示官方企圖掩蓋的另一半真相，利用矛盾顛覆其營造的光榮感與一致性，使他接下來關於「內臺融合」的報導，產生真假難辨的衝突效果。至於李阿根那「滿足一種征服慾」的回答，也成了張文環用來影射日本對臺灣侵略的利器；又其透過當志願兵來提高待遇的心理，不正反映了斯時多數臺灣青年的想法，出發點不是為國而是為己，志願兵制度遂從戰爭大義被解構成各取所需的買賣交易。

本文共分六小節，直至第四小節才開始出現與主題相關的內容。十四日下午，張文環與報導班人員前往指定地點觀看戰鬥演習，之後到宿營家庭拜訪。他描述道：「阿兵哥不愛說話，不知道要怎麼樣表示感謝而很客氣。」暗指雙方或因語言差異以致無法溝通。十五日，寫說「大家都早起拼命地工作」，相較之下張文環自認「感到內疚」，「我跟他們相比，只是站在局外的立場而已」。今天部隊要離開宜蘭市宿營家庭移師羅東，張文環乃趁機向舍主打聽招待士兵的情形：

> 每個家庭都顧慮衛生，還有吃的東西是否符合阿兵哥的口味，住在
> 自己家裡萬一患了感冒或者吃壞了肚子，都是對不起人家的事，也
> 就是舍主們最掛念的事情。

接著他隨即搭火車到羅東，決定住所後馬上就開始宿營家庭的訪問行程。據
其觀察：

> 羅東宛然就是民族的祭典，還有這種劃期性值得紀念的活動，也可以
> 說是祭典吧。為了臺灣一家的開花結實，裝飾其第一頁相稱的日子。
> 有的家庭是連孩子所穿的衣服也細心地考慮了。（中略）小孩到大人
> 都穿著和服，除了用一家團結的喜悅詞句以外找不到可以表現的語句
> 了。（中略）東條呈祥氏的家，說自落成以來沒有這樣清掃得徹底。

以上敘述，一方面藉由披露舍主不為人知的壓力來譏刺官方之擾民；一方面
也通過宿營家庭不同平日的特意作為，詮釋了這場官民合演的歷史大戲。可
以推測，這些負責接待皇軍的臺灣人家庭，事前的準備工作想必是在官方嚴
格的督導下完成，穿和服、清潔環境都是為了「裝飾其第一頁相稱的日子」，
好讓報導班記下這「內臺一家」的具體成果，以作國策宣傳之用。對於一幕
幕殖民政府編導的假象，張文環遂以「值得紀念的活動」來嘲諷它的空前絕
後，且如同「祭典」般只帶給人們短暫的激情，迨活動結束，一切又將恢復
平靜。他不禁有感而發的說：「羅東方面這種祭典不是做了拜拜式的熱鬧就結
束，先前也說過是屬於歷史性的活動，因此吾人必需記憶著這是具有歷史價
值的國民精神發揚紀念的活動。」張文環想要告訴當局的是，「內臺一家」不
是口號，也不是僅做做表面功夫，找些樣板家庭演演戲，像非常態的祭典拜
拜一樣短暫，而是應徹底執行，不分階級地落實到全島人家。故他以其人之
道還治其人之身，要民眾記住這歷史性的一刻，時時提醒日本政府不要忘記
承諾，流露出有別於「感恩」、「感動」等制式言論的真實聲音。

　　由於張文環對自己異於殖民者的臺灣人立場有充分的自覺，遂使在他進
行奉公任務或撰寫翼贊文章時，常無意識地將這份心情表露出來，甚至偏離
主題，利用文學奉公的機會，借力使力，替臺灣文化的發展以及人民的福祉
發聲。如〈從內地回來〉〔註390〕一文，他依然把自己比喻成「鄉下人」，不習

〔註390〕參見張文環著，陳千武譯：〈從內地回來〉，原載《臺灣文學》3卷1號，1943
　　　　年1月，收入陳萬益主編：《張文環全集》，卷6，頁134～137。底下引文俱
　　　　出於此。

慣住在高樓式的飯店，且用大半篇幅描寫他對住宿環境從不安到信賴的心理變化，並把參加大東亞文學者大會定義成一趟「快樂的旅行」，又自暴：「關於大東亞文學者大會的印象記，也被逼寫過幾次，也演講過十幾次，我已經討厭再開口講它哩。」綜觀全文，對開會過程或會議成果幾無著墨，而是把焦點放在：

> 日本要提升地方文化有確切的必要。以往是以東京爲中心，但是這一次大東亞戰事爆發以來，亞細亞的文化中心點是日本，因此，當然以東京爲中心是沒錯啦，但是觀念必須改爲全日本爲中心才行。不僅是集中於東京的指導階級，每一個日本國民都必須是指導階級。

顯然，張文環有意藉大東亞民族共榮、互相提攜的官方論調，將臺灣文化提升至與日本文化對等的地位。有趣的是，他對這次假文學之名，實進行作家動員的政治性會議應頗有微詞，故特於文末語帶揶揄地說：

> 我希望下一次，應該給地方或國外來的代表，跟暢銷作者，或透過書籍相互認識的知己，有接觸聚會的機會，這是很有必要的事。在此盼望這個大會，不是政治或外交的集合，而是形成大東亞的一個大家族會議。

又如臺籍志願兵遺族的訪問記錄〈燃燒的力量〉〔註391〕，仍可看見張文環國策發言以外的異聲。他先是表達新竹州與臺北州相鄰卻少有文化交流的意見，又提出改進臺灣教育的看法：

> 我曾經主張過，臺灣的教育家需要帶有宗教的慈愛，同時行政官需要具有教育家的性格。要打破陋習，必須對自己的政治道德有徹底的信念往前衝，即使那是鋼鐵，也會被打破，這也就是日本精神的嚴肅性吧。

這番主張，實有針對日臺教育不平等，和批判殖民統治者姑息臺灣陋習，不思革新之意。文中他也自嘲對臺北州青年運動的具體內容不熟悉，「只能擔任快樂的聽眾」，顯出一副對皇民奉公會內部活動不感興趣的態度。而且因爲他自認是以輕鬆交遊的心情從事這次派遣任務，所以才會有「只是玩樂，

〔註391〕 參見張文環著，陳千武譯：〈燃燒的力量——訪問松岡曹長遺族〉，原載《新建設》，1943 年 10 月號，收入陳萬益主編：《張文環全集》，卷 6，頁 173～183。底下引文俱出於此。

眞對不起國家啊」的戲語。再如〈寄給朝鮮作家〉〔註392〕一文，亦看得出
他對文化議題的關心遠勝於志願兵制度實施的消息。張文環不僅提到朝鮮和
臺灣在文化上幾無交流的問題，同時指出兩者皆爲日本殖民地，卻有差別待
遇：

> 朝鮮能接受內地吹來的風，也能接受大陸吹來的風。可是，臺灣的
> 風只是海風和新高山的風而已，因此不夠刺激，文化性的交流也少。
> 不過，只因這些並不能構成臺灣文化落後日本文化的理由。我們已
> 經對自己的怠慢有所自覺。
>
> 朝鮮比臺灣早一步施行志願兵制度。我們看了新聞的這些消息，不
> 無感到羞恥。

字裡行間隱約透露其諷刺與不滿的情緒。故他不忘於結尾處大聲疾呼：「互相
鼓勵，步調一致是有必要的，爲了這些文化的交流當然也更有必要。」

　　類似的非官方意識表述模式，在公開的座談會也經常上演。張文環於皇
民奉公會時期參與的座談會，雖不乏有軍部或官方的代表列席，議題也多和
配合時局、協力戰爭有關，不過身爲皇民奉公會的一員，無疑給了他有更多
陳述己見的空間，亦得以對政府政策提出異議。綜觀其座談會的表現，除了
「大東亞戰爭和東京臺灣學生的動向座談會」，由於擔任主持人的緣故，乃
有較多翼贊國策的發言，其餘場次，他往往是最沉默的一個，有迴避表態的
企圖。即使不得不說些歌功頌德的場面話，他亦以極爲簡短，敷衍似地三言
兩語帶過。反過來若關係臺灣人民利害的問題，則見張文環慷慨陳詞，站在
人民的立場向大會建言。如「決戰下臺灣的言論方針座談會」中，他就對總
督府機關誌《臺灣時報》的編輯內容，提出應採納民間意見的改善方針，並
抨擊《臺灣日日新報》的官僚性格說：「完全沒有刊出大眾的呼吸，也沒有
對讀者的啟蒙或指導等，只是官廳說的話或在什麼地方發生火災等事項的報
導而已。應該如何提升臺灣的文化等任務都沒有做好。」〔註393〕再如「海
軍特別志願兵制紀念座談會」裡，他在強調臺灣戰略上的重要性之餘，也不
忘以海軍志願兵制度實施爲契機，爭取在臺灣設置「海軍兵學校或商船學校」

〔註392〕參見張文環著，陳千武譯：〈寄給朝鮮作家〉，原載《臺灣公論》，1943 年 12
　　　　月，收入陳萬益主編：《張文環全集》，卷 6，頁 188～192。底下引文俱出於
　　　　此。

〔註393〕陳千武譯：〈決戰下臺灣的言論方針座談會〉，原載《臺灣時報》，1943 年 4
　　　　月號，收入陳萬益主編：《張文環全集》，卷 7，頁 181。

〔註394〕。又像出席「責任生產制與增產座談會」，張文環被主持人問及如何協助農民供出米糧時，他明確地主張對待農民不可以強制的手段或僅以錢財當作誘餌，而是應曉以大義；因為農民大部分都是單純良善的，所以政府要真心相待，並了解農民心理，故「部落的第一線指導者需要人格者擔任」〔註395〕。不過這種偷渡異聲，不願正面回應的發言策略，也曾尷尬地被識破，那是在「從軍作家座談會」上發生的事。張文環先是說：

> 我看見砍倒樹木時的樣子，深深感覺人類的品味實在低劣。在砍伐五、六百年，乃至千年大樹時，先用鋸子，砍到正中央時，再用斧頭，而喊三聲「往左，倒」讓我產生無限痛惜的心情。近千年的古木在一瞬間被砍倒，那飽經風暴的漫長歷史也在一剎那間被摧毀得無影無蹤。我看到這樣的場面，不禁脫帽對倒下的古樹致上敬意。

繼云：

> 勞動者參與這場戰爭，所以大家都知道非增產不可的道理，也是基於此，大家夜晚只喝稀飯，拼命在工作。住在平地的人們，開口閉口就是食糧不足，缺這缺那，想想住在深山裡的人們，就會覺得他們很可憐。吃也吃不飽，生命無時無刻不是居於危險邊緣在戰鬥著。
>
> 〔註396〕

這場由情報課召開的座談會，目的是要參與派遣任務的作家描述第一線生產地勞工者盡心竭力的奉公之姿，意在藉此激勵士氣，提高產能。但張文環的發言內容，不僅沒有達到宣傳效用，反而有諷刺戰爭、不滿官方作為的情緒流露，所以接續其後發言的長崎浩才會糾正他說：「剛剛，張文環兄的發言極富詩意，索道像被吸入雲中般啦，愛情的苦悶啦，似乎有些超越討論的主題。」在官方舉辦的座談會上，張文環勇於挑戰殖民威權，仗義直言，為底層勞動者抱不平，其對臺灣土地、人民的關懷，一路走來，始終如一，值得敬佩。

〔註394〕 陳千武譯：〈海軍特別志願兵制紀念座談會──「海軍」與本島青年的前進〉，原載《臺灣公論》，1943年7月號，收入陳萬益主編：《張文環全集》，卷7，頁191。

〔註395〕 陳千武譯：〈責任生產制與增產座談會〉，原載《臺灣時報》，1944年9月號，收入陳萬益主編：《張文環全集》，卷7，頁219。

〔註396〕 陳明台譯：〈從軍作家座談會〉，原載《臺灣新報》，1944年7月22日，收入陳萬益主編：《張文環全集》，卷7，頁212～213。

經由上述分析，可知張文環雖因作家名氣而被網羅進皇民奉公會，擔任戰爭動員和協力國策的腳色，但他卻能擅用發言機會，在複製官方話語之外尋找縫隙，爲臺灣人民發聲，亦揭示其被壓抑或掩蓋的另一面生活，拆穿「內臺如一」的假象，也呈現臺灣人民長期被支配、被歧視的事實。這對殖民政府極力鼓吹的志願兵制度，乃施予臺灣青年之「恩惠」，使其成就男人之「價值」的說法，無疑具有解構和顛覆的破壞作用，張文環正是透過這種多音交響的表述模式和言說技巧，維護個人尊嚴，並宣達不被收編的臺灣意識。

五、小結

不論是否出於自願，當時幾乎稍有名氣的臺人作家都成了官方動員協力的對象，縱然是抗議色彩強烈的楊逵或具社會主義傾向的呂赫若也不例外，被迫寫出翼贊文章。龍瑛宗即言：「臺灣的作家們簡直是拍打著臺灣青年的屁股，要他們爲日本侵略的野心而拿起槍桿。」〔註 397〕由此可以想見這些被迫贊同戰爭、宣傳國策的臺人作家，心裡的沉重與無奈。但爲了使臺灣人的聲音不致淹沒於皇民化運動中，他們只能委曲求全，以其智慧巧借各種方式與殖民統治者周旋。最常見者，就是躲在「大東亞共榮圈」的體制下，伺機言動，發出異聲。以楊逵爲例，他在大東亞文學者大會召開之前發表一文，先是肯定會議的意義，繼強調文學工作者的使命和一體同心，接著說：

> 雖然我們現在的理想是以共存共榮爲目標，但是，自古以來，只要是關於政治，任何人都不能忽視支配與被支配這種明顯的事實。就算支配的形態各色各樣，底下流動的本質多半都不是一體同心，也不是共存共榮，這是不容忽視的一點。追求東亞共存共榮的日本，不能是這個樣子，而必須創造出一種新的形態。〔註 398〕

顯然楊逵一方面意在諷刺「大東亞共存共榮」的表裡不一，一方面也希望藉此會議之機，爭取臺日眞正的平等。而受臺灣總督府特別重視的張文環，對這種「同中存異」的表述技巧，就更爲純熟且常見了。

〔註 397〕同註 378，頁 10～11。

〔註 398〕楊逵著，涂翠花譯：〈寫於大東亞文學者會議之際〉，原載《臺灣時報》，1942 年 11 月號，收入彭小妍主編：《楊逵全集》（臺南：國立文化資產保存研究中心籌備處，2001 年 12 月），第 10 卷，頁 53～54。

　　與其他作家相較，張文環不僅在官方的指示下，發表了許多動員的文章，亦配合出席各種響應戰爭的座談會，推行國策，但卻不曾有人斥其爲皇民作家，或阿諛諂媚之徒。原因爲何？友人池田敏雄便道：

　　　戰爭時期的張文環做爲作家，並未特別顯示其反骨精神，但也非御
　　　用作家。從其風貌產生聯想，他被稱爲「臺灣的菊池寬」而受到尊
　　　敬。他那大而化之，厚重的人品，使他在戰爭期間被推崇爲臺灣文
　　　化界的代表性人物，但張氏對自己居於臺灣人的立場，始終未曾妥
　　　協，極其堅持。〔註399〕

又云：

　　　張兄在東京的時代，戰爭的時候，或是戰後，都討厭喊口號、揮旗、
　　　「做小動作」。他一直沒忘記世間變了，被壓在下層，也不忘笑容的
　　　鄉村人。〔註400〕

陳逸松深有同感地表示：「張文環始終沒有放棄自己是臺灣人的立場。」〔註401〕就連總督府情報課機關誌《臺灣時報》的編輯植田富士太郎，對日據時期臺灣新文學下評語時，也肯定張文環、楊逵、呂赫若等人，「在第一線上維護自己的主張和天資，果敢地跟迎合時局戰鬥過」〔註402〕。再說，誠如本文第三章對其性情與教子之道的分析，張文環深受儒家禮教影響，在人格與品德上自持甚嚴，對子女之教育亦然，因此同時代的友人抑或後生晚輩，都對其「民族的良心」深感欽佩；子女也爲其一生憂國憂民的偉大人格覺得驕傲。

　　出生於協力者村庄〔註403〕，他比任何人更懂得借助行政資源及國家權力來建設家園，這是一種逆境中磨練出來的生存智慧，是超越個人榮辱的仁義道德。綜而言之，「把自己比喻成羊，個性柔弱，素不喜與人爭」〔註404〕的張文環，於文學處境最艱困的戰爭期，不但以其流露人道主義關懷、饒富風俗民情色彩、充滿臺灣鄉土氣息的小說創作令人折服，更以其正直剛毅的人格和老虎般的骨氣爲日臺文學者所認同。他用生命努力維繫的價值尊嚴與民族

〔註399〕同註232，頁65。
〔註400〕池田敏雄著，林彩美譯註：〈張文環兄與其週遭諸事〉，頁43。
〔註401〕同註341，頁280。
〔註402〕葉石濤：《臺灣文學入門：臺灣文學五十七問》（高雄：春暉出版社，1977年
　　　　6月），頁213。
〔註403〕參見本文第二章第一節「環境之影響」。
〔註404〕同註232，頁65。

意識，絕非「道地的協力者」或「皇民作家」可相提並論，任其時代更迭，張文環始終與多數勞苦大眾站在一起，共同抵抗不公的時代及不義的統治者，其以「臺灣」為主體的堅定立場，是無庸置疑的。

第七章　結　論

　　本文以「張文環及其日據時期文學研究」為題，意在探明過去張文環容易被人忽略或論述未詳的生平事蹟及文學創作。為了能完整呈現其人生經歷，筆者於第二章將之分成故鄉經驗期、負笈東京期、戰時體制期、浴火重生期四個階段來檢視。

　　一九○九年十月十日，張文環生於嘉義梅山大坪（今太平村），那是一個典型的協力者村庄，他在那裡渡過了童年及青少年歲月，對於家鄉先輩和協力者菁年們是如何在異族統治下，與其和平相處、借力使力想必有所感悟，成為日後與殖民者周旋的實用策略。又在教育方面，張文環雖因交通因素及其他考量，無法像街市的兒童如期上公學校，但他的父親並沒有因此而荒廢小孩的教育，把張文環送進書房，讓他接受漢文教育以啓蒙學智。書房內儒家思想教化的薰陶，對張文環日後的人格養成與言行處事影響甚鉅；而書房外課外通俗小說與民間故事的閱讀，則為他生活的小天地開啓一個異想世界，千姿百態的人物形象，豐富多樣的情節內容，悄悄地在他心裡埋下了一棵文學種子，俟時萌芽。一九二一年，張文環與弟弟一同進到小梅公學校就讀，且為了上學方便，舉家從山區搬到學校所在的街庄來。公學校六年教育對張文環的重要性，在於新知識、新思想、新觀念的啓蒙和國語能力的奠基上，他將帶著學習成果繼續升學之路。

　　一九二六年，張文環自小梅公學校畢業，與其他有志青年一樣，擔負著父母期望和自身前程赴日升學。自一九二七年起，迄一九三八年返臺為止，張文環一共滯京十一年，為期十餘年的黃金歲月，可說是他文學人生中最重要的試煉期。在這個階段裡，張文環完成了中學教育，也如願考上大學，後

因參加日本無產階級文化聯盟所屬的「東京臺灣人文化同好會」而被捕入獄，並從東洋大學輟學。張文環出獄後，與先前文化同好會的成員另起爐灶，於一九三三年三月成立「臺灣藝術研究會」，並擔任其機關雜誌《福爾摩沙》的編輯。《福爾摩沙》發行三期後停刊，而臺灣藝術研究會則在一九三五年與臺灣文藝聯盟合流，成為「臺灣文藝聯盟東京支部」。卸下編務的張文環，仍積極參與文聯東京支部的各項活動，並在此後直至返臺的數年間，勤上圖書館，開始自修之道。一九三六年九月，張文環因與幾位日共黨員有所來往，並曾受日共友人淺野次郎的金錢資助而二次入獄，間接牽累到劉捷，兩人被關了九十九天，至次年春才獲釋放。一九三八年四月，隨著中日戰爭爆發，日本國內亦形險峻，張文環遂帶著他十一載旅日試煉、體悟的成果，偕妻子、堂弟一同乘船返臺，展開他另一段嶄新的文學人生。

張文環回臺的第一份工作就是協助徐坤泉將中文大眾小說《可愛的仇人》翻譯成日文（一九三八年八月，由臺灣大成映畫公司出版）並拍攝成電影。其後，張文環在友人的引介下進入臺灣映畫株式會社任文藝部長，後又兼任會計部長。另一方面，張文環還擔任《風月報》六十九到七十四期的日文版編輯。一九四一年張文環與一些志同道合的臺日文學者脫離了《文藝臺灣》，另行組織「啟文社」，於五月創刊《臺灣文學》。同年六月二十一日，皇民奉公會臺北州支部成立，張文環列名臺北州支部參與，開啟了他文學活動以外的另一條奉公之路。此後，張文環除了主編文學刊物及認真創作外，亦在皇民奉公會的指派下，依時局發展，撰寫配合國策的文章或出席官方主導的相關座談會，鼓吹志願兵制度和激勵增產。

再者，張文環與日籍妻子結婚多年，卻無子嗣，這讓身為長孫、長子的他面臨來自父親施予傳宗接代的壓力，與此同時，張文環認識了其辦公樓下的陳群。陳群為謝火爐所屬企業之職員，工作地點在張文環辦公廳樓下，因共同電話而結識。陳群亦雅好戲劇，一九四三年，因觀看厚生演劇研究會主導之《閹雞》排演而逐漸深交，之後成為他的夫人，為其添下二男三女。戰時體制下，張文環除了主編文學刊物外亦認真寫作，此間創作了許多膾炙人口、深獲好評的小說。一九四二年因臺灣文藝家協會的推薦，赴日參加第一屆「大東亞文學者大會」。一九四三年，小說〈夜猴子〉獲皇民奉公會第一回文化賞的文學賞，肯定了他在創作上的表現。

　　一九四四年，《臺灣文學》停刊後，張文環頓時失業，家庭經濟發生問題，經張星建、吳天賞奔走，並得林獻堂之舉薦，皇民奉公會大屯郡支會長遂任命其為霧峰分會主事。他先行赴任而將家人留在臺北，不久，因戰事日趨熾烈，加上物資缺乏，張文環乃接日籍妻子疏開到霧峰，陳群則攜子與公婆返回故鄉梅山大坪。其後，於一九四五年七月轉任臺中州大屯郡大里庄庄長，八月兼任農會會長。同年八月十五日，日本政府戰敗宣告無條件投降，臺灣終於結束五十餘年被殖民的苦難歲月，張文環就在現職上迎接光復的到來。

　　臺灣光復後原任大里庄庄長的張文環，一九四六年二月在官方派任下，成為大里鄉首任鄉長兼戶籍主任。同年三月二十九日，張文環因為在大里庄長、鄉長任職期間享有聲望，又有楊肇家、林獻堂及羅萬俥等有力人士作為後盾和幫忙，遂當選臺中縣第一屆參議員。然翌年，臺灣發生二二八事件，張文環被迫逃亡，連帶中止了參議員生涯。最後，據說是與張文環感情很好的臺中縣長劉存忠到警備司令部把他的名字劃掉才結束其逃亡生涯；但歷經二二八之劫，讓張文環從此對政治敬而遠之。

　　事件落幕後，張文環歷任代理能高郡署長、臺灣省通志館編纂、臺灣省文獻委員會編纂兼總務組長、臺灣人壽保險公司嘉義分公司經理、臺中建和企業股份有限公司經理、天一染織公司總經理、彰化銀行臺中市北區分行專員、副理、經理和霧峰分行經理。一九六五年羅萬俥去世，張文環被迫從彰化銀行退休，結束九年的銀行生涯。同年二月，在辜濂松的介紹下，任職日月潭觀光大飯店公共關係主任，繼而轉任會計主任。但由於飯店經營者乃外省華僑，員工亦多外省人，因此張文環的臺籍身分受到飯店內部外省人士排擠，遂於一九六八年初離職。其後又分別擔任過榮隆紡織公司總經理、南山保險公司董事會主任秘書等職。一九六八年年底，由於先前張文環勸辜顏碧霞轉投資飯店生意，故中國信託公司承購勵志社股份，買下了日月潭觀光大飯店，辜濂松復聘張文環回鍋任飯店總經理。自此，張文環的工作才穩定下來，亦不用再受遷徙無定之苦，是年他六十歲，就在這個職位上走完了最後十年的人生。此外，於創作上，張文環在二二八事件的衝擊下，文學生命因此中斷了近三十年，直到一九七二年，在友人的鼓勵下他才重拾筆桿，然天不假年，他預計完成的「臺灣人三部曲」只寫了二部便溘然驟逝，留下令人惋惜的遺憾。

本文第三章，論及張文環的文學原鄉、家庭生活與性情交遊。

童年的山村歲月對張文環來說無疑是最值得紀念和咀嚼的回憶。龍瑛宗曾言：「使他人深受感動，不單是靠言語或觀念，而是言語背後的生活之具體性。現實的生活是必要的。」〔註1〕張文環即以童年生活的故鄉爲小說的敘事場景，將兒時見聞、經歷之人、事、物巧置其中，形成篇篇純樸動人，富於鄉土情調，飄散泥土芬芳的藝術作品。且如彭瑞金所言：

> 張文環的小說，有意把梅山山村世界，當作臺灣社會的縮影來看待，
> 在這個淳樸、偏僻而獨立的山村裡，顯現的民情風俗、人情世故，
> 勤苦謀生的景象，平淡生活中偶然激起的漣漪，呈現的是一群眞實
> 生活在大地上的民眾圖像。〔註2〕

透過寫實手法，張文環在小說裡描繪了社會各階層形形色色的人物，有表裡不一的教書先生、愛說閒話的村人、天眞的兒童、堅忍的母親、勢利的商人……他們在山村中維繫著漢民族傳統的生活模式、思想觀念和風俗信仰，呈現出臺灣人民眞實的面貌，也反映了社會底層人物的喜怒哀樂，情節生動細膩，構成一幅趣味盎然的民俗風情畫。另外，張文環也藉由小說，記錄了大坪、梅仔坑及鄰近山村特有的人文景觀、發展沿革、生活習性和風俗民情，這是作家個人及同時代生活於斯的人民共有之記憶，不但爲歷史留下紀錄，亦可作爲後世研究者了解梅山地區發展的參考資料。

而在家庭方面，張文環一生爲了文學理想、家庭生計而忙碌奮鬥，與家人聚少離多，幸而有兩位夫人賢淑持家，夫妻患難同渡，免其後顧之憂。直至一九五七年，受羅萬俥聘任爲彰化銀行臺中市北區分行經理後，工作才趨於穩定，其個人經濟乃稍微改觀；迨一九六八出任日月潭觀光大飯店總經理，張文環總算覓得一處適才適能、安身立命之所。然張文環最爲可佩之處，乃在於不因工作繁忙而忽略了與子女的家庭生活。他對五個子女不僅疼愛有加、關懷倍至，且對其理想人格之培養、爲人處事之教育，更見用心，故在妻兒的心目中，張文環是個事業、家庭兼顧的好父親。

張文環不僅是臺灣文壇一位可敬的作家，同時又是人格主義者。我們從親友的印象，歸結出其性情爲：1. 樂觀豪爽，妙語解頤。2. 膽小懼高，聞酒

〔註1〕龍瑛宗著，林至潔譯：〈文學應有的狀態〉，原載《臺灣婦女界》第10卷第10期，1943年10月，收入陳萬益主編：《龍瑛宗全集》（臺南：國家臺灣文學館籌備處，2006年11月），第5冊，頁131。

〔註2〕彭瑞金：《臺灣文學步道》（高雄：高雄縣立文化中心，1998年7月），頁123。

色變。3. 盡職負責，關愛部屬。4. 重情好客，助人爲善。5. 創作嚴謹，獎掖後進。6. 剛直堅毅，民族氣節。再者，由眾親友的回憶錄或追思文中，可知他與王昶雄、辜顏碧霞、黃得時、翁鬧、吳新榮、李君晰、劉捷、巫永福、蔡瑞洋、林芳年、林龍標、黃鴻藤、林夔龍、陳垂映、陳遜章、陳遜仁、林快青、陳秀喜、王白淵、林獻堂、王井泉、井東襄、池田敏雄、西川滿、王詩琅、張我軍、張雲峰等人都有往來。除此之外，如蘇維熊、曾石火、吳坤煌、中山侑、中村哲、坂口䙾子、陳逸松、工藤好美、呂赫若、楊逵、龍瑛宗、呂泉生、林博秋、陳千武、張良澤……等，與張文環也有相當的情誼，他們相識時間橫跨戰前戰後，相交年紀不分長幼尊卑，職業遍及各個領域，因其人緣好，風評佳，爲人豪爽加上幽默風趣，故交遊廣闊，不勝枚舉。

本文第四章則以張文環的文學活動爲論述重點。

張文環自文化同好會重建之初，即積極參與籌備會活動，他代表學生成員力主穩健的中間路線與林添進等激進派周旋。一九三三年三月二十日，以蘇維熊爲負責人的「臺灣藝術研究會」成立，隨之，張文環又以無比的熱誠投入機關雜誌《福爾摩沙》的創刊。他身爲編輯部部員，不僅要負責稿件來源之無虞，更重要的是對投稿作品的審查，因爲質與量的好壞，都攸關到這本雜誌的成敗和評價，肩上之壓力可謂不輕。且繼先前爲籌募資金並提供同仁一處聚會場所而自掏腰包開設喫茶店後；迨發行雜誌時，又不辭麻煩將其寓所作爲雜誌社址，這除了展現出張文環在組織中的活躍和領導地位之外，也看得出他對此次同好會重建及《福爾摩沙》出刊所抱持的決心與重視態度。

《福爾摩沙》發行三期後，因缺乏財力、人力、稿件遂告停刊，臺灣藝術研究會也與臺灣文藝聯盟合併，成爲臺灣文藝聯盟東京支部。文聯東京支部的成立，使欲振乏力的《福爾摩沙》同仁有了新的活動契機，在張文環、吳坤煌的領導下，將島內與旅京的文學同路者緊密地聯繫起來，同時兩人與支部同仁皆扮演了刺激臺灣文壇的角色，以投稿和舉行座談會的方式支持島內的文藝運動。此外，支部亦藉著地利之便，與中國、朝鮮等地旅京的文藝人士或留學青年以及日本作家進行交流。這不僅有助於提升島內的文藝水準，也暗藏著冀由文藝活動，聯合被壓迫民族和尋求同情臺灣的日人支持，進而達到臺灣解放的企圖。

至於張文環在戰爭期間對臺灣文藝界所做出的兩項貢獻，即創刊《臺灣文學》和成立「厚生演劇研究會」。

一九四一年，張文環與一些志同道合的臺日文學者，因不滿西川滿唯美浪漫的文學路線而脫離了《文藝臺灣》，另行組織「啓文社」，於五月創刊《臺灣文學》。《臺灣文學》以繼承、延續臺灣新文學現實主義精神爲依歸，一九四三年十二月，因納入戰鬥配置下而被當局要求停刊，前後維持了兩年半，總共發行十一期，其中一期被禁。發行的十期裡面，刊載了許多新文學發展以來成熟優秀的作品，在戰時言論高壓、文藝統制與皇民化運動高漲下，該誌代表臺灣人的立場，替苦難的臺灣民眾發聲，不少本土美術、音樂、演劇、民俗界的人士亦予以後援，爲日據時期的臺灣文學留下了豐碩的成果。歸結《臺灣文學》的歷史意義有以下三點：1.維繫臺灣作家的民族情感與立場。2.延續臺灣新文學運動的成果與精神。3.集結內臺作家再現文壇榮景。故日據末期，在張文環的領頭主導下，掀起了戰時臺灣文學的一波高潮。

又張文環留日期間，雖是修業文學，但對歌舞曲藝等通俗藝術也很感興趣。事變後的臺灣演劇在奉行「皇民化」的教條下所產生的變質和變調，不但使戲劇失去了藝術性且顯得枯燥乏味，既脫離現實也扭曲文化，所以身爲大稻埕進步知識分子之一的張文環，理當責無旁貸地肩負起導正臺灣演劇現狀的重擔。遂於一九四三年四月，在眾人有志一同下，成立了日據時期臺灣最後一個重要的新劇團體——「厚生演劇研究會」。而其成立動機，不待言是對當時臺灣演劇協會推行「皇民化劇」的不滿有關。

「厚生演劇研究會」，於九月在臺北永樂座劇場公演，得到民眾熱情迴響，尤其《閹雞》更是叫好又叫座。一九四三年底，美日攻守易勢，戰爭可說是進入最緊要的決戰態勢，臺灣的「新劇」運動亦因而停擺。「厚生演劇研究會」立時雖短，但成績傲人，張文環、王井泉、呂赫若、林博秋、呂泉生等《臺灣文學》的關係者，實功不可沒，他們帶領了厚生演劇研究會的會員們一起寫下了臺灣戲劇史、音樂史上，劃時代輝煌的一頁。

創刊《臺灣文學》和成立「厚生演劇研究會」可以說是張文環返臺後至光復前最大的兩項功績，一份雜誌，一個劇團，代表的是在皇民化運動甚囂塵上的戰爭期，維繫臺灣人本土意識的精神堡壘。張文環無疑是戰爭期臺灣文藝界的重要的舵手，如果沒有他的勇氣與魄力，臺灣文藝能不能在日據末期撥雲見日，再現鋒芒，恐怕仍是個未知數。彭瑞金對張文環在戰爭期的表現便給予了高度的評價：

在所謂「戰爭期」的臺灣新文學作家中，張文環是最有領袖性格、

　　活動力最強、創造力最充沛的作家，除了寫出許多足夠為歷史留下
　　見證的作品之外，從事文學活動，對臺灣新文學運動帶來的深遠影
　　響也是不做第二人想的。〔註3〕

本文第五章探究了張文環走向文學之道的動機，以及他對書寫語言的思索，並逐一析論他旅日期間所創作且現存的七篇小說：〈落蕾〉、〈貞操〉、〈哭泣的女人〉、〈父親的要求〉、〈過重〉、〈部落的元老〉、〈豬的生產〉。

　　幼年就耽於閱讀的張文環至中學時期確立了喜愛文學的性向，所以中學畢業後違背了雙親冀其做大官、當醫師的期望，選擇赴東京就讀東洋大學文科。而身處思想自由、文化多樣、運動迭起的東京，不僅讓他眼界大開，那來自四面八方不同的「雜音」，亦讓他單純的文學心思產生動搖，他的閱讀範圍不再限於文學作品，而是擴及綜合性的雜誌刊物，注意其中涉及故鄉的報導或記事。張文環發現，出自於殖民者之手所寫有關臺灣的記事，違背了他所認知的文學之道，這些記事裡，臺灣人的感情、生活卻被刻意的扭曲，全憑作者主觀意識加以增姿添色，營造出異國文學的浪漫情調，這不禁讓他氣憤難平。職是之故，文學對他而言不再只是興趣，而是抵抗威權的方式和手段，做為與殖民主堅決抗爭的精神而存在。張文環從文學的閱讀者一變成為文學的創作者，擔負起報導臺灣實情的任務，這是他的時代使命，亦是民族自覺後促使他走上未曾夢想又滿佈荊棘的文學之路的契機。

　　而張文環首要面臨的便是如何駕馭日語，準確地表達作品意涵的問題。針對這點，張文環在京期間即開始思索解決之道。張文環認為，不必為了要寫出華麗且具美感的日文而影響到作品內容的表現，更不能模倣內地人的作品，因為創作立場不同，描寫對象各異，故應忠於自我，竭力將所思所想寫出，完整呈現生活內容，以能傳達臺灣人的實情為要。至於技巧方面，則是「把語言消化成為自己的東西」，以符合內容、適應題材、突顯文化特徵的詞彙來書寫，這是「在對語言的感覺能跟內地人有一樣的感受以前」，只能先顧及內容的折衷策略，而這樣的表現方式，自有作者的獨特風格與氣味。

　　戰後，龍瑛宗對張文環的日文能力評價道：

　　　張文環是殖民地時代的作家，他以渾身的心血與日本文搏鬥，而他
　　　的日本文造詣，在臺灣是屬於最高的一位。日據時代以日文創作的

〔註3〕彭瑞金選注：《歷史的倒影——日據時代臺灣新文學作家作品選讀》（高雄：河畔出版社，1982 年 7 月），頁 112～113。

臺灣作家，比諸日人作家並無遜色的，恐怕不出十人吧！現在的年
輕人，大概無法欣賞張文環的日文作品。但是，可以說他的日本文
風格，具有他自己的一套。也可以說獨樹一幟，不容他人模仿。詳
說一點，張文環的日本文帶有臺灣人的風味，連日本人也寫不出來，
確實已經昇華到藝術之境地。〔註4〕

另外，同樣是日籍文學者，但與張文環特別親密的池田敏雄似乎已領略到箇
中妙趣，他獨具慧眼地表示：「張文環兄的日文，有一種獨特的味道。那是徹
底的臺灣人的文體，用那文體描寫臺灣社會，特別對味。」〔註5〕顯然，張文
環並不是沒有能力使用流暢的日文寫出優美的作品，他的日語也是有「相當
的水準」，只因他寫的是深入臺灣文化的東西，描繪的是在地鄉下人的生活，
這種「本土性」非掌握優美、準確的日語就可表達。為達目的，張文環以改
良式的「臺灣日語」進行書寫，使作品如他本人一般，呈現出濃厚的鄉土味，
起到感動人心的力量，這是他苦惱的脫困之術，亦是他遵循的文學正道。

其次，綜觀張文環留日期間所創作而見存的七篇小說，在題材內容及人
物塑造上，皆作了多方面的努力與嘗試，無論是婚戀問題、愛情問題、社會
問題、家庭問題，反映的都是殖民處境下臺灣人民的生活實況。除了〈父之
顏〉和〈父親的要求〉外，其他六篇小說均以山村部落為主要舞臺，這當然
與張文環童年生活有直接的關聯，其後的創作，山村所代表的梅山意象也越
來越清晰。而其文學技巧，則展現在人物的心理刻劃及客觀場面的描寫上，
顯現作者對人、事、物透徹的觀察力，不事誇張，寫來情真景真，讓人如歷
其境，感同身受，這正是張文環小說的魅力所在。另一方面，在小說主題上，
張文環所突顯的均是與人民生活息息相關的現實問題，他關懷女性命運，同
情被強權壓迫的弱勢者，反映殖民地青年的苦惱與焦慮，流露出作者的民族
意識和愛鄉愛民的真摯情感。又對於殖民統治者，張文環並不攖其鋒，而是
藉由小說人物之口或遭遇之難傳達殖民統治下的不幸和哀愁，讓讀者深刻體
會到日本對臺灣所造成的災禍，這種情緒的感染，更能引起讀者的共鳴，與
之同仇敵愾。

〔註4〕龍瑛宗：〈張文環與王白淵〉，原載《臺灣文藝》76 期，1982 年 5 月，收入陳
　　　萬益主編：《龍瑛宗全集》，第 7 冊，頁 22。
〔註5〕池田敏雄著，林彩美譯：〈張文環兄與其週遭諸事〉，《臺灣風物》54 卷 2 期（2004
　　　年 6 月），頁 21。

　　本文第六章所論內容，係一九三八年張文環離京返臺至一九四五年光復之前這段戰爭期內發表的小說，並就張文環參與皇民奉公會的情形作一探究，藉此了解作家此間的書寫脈絡與文學思想，及隱含在作品中的「言外之意」。

　　張文環於戰爭期包含長篇《山茶花》在內共創作了十七篇小說，他以曾經生活過的地域為舞臺，描寫日治下臺灣人的生活型態、思想情感和風俗習慣。因為經歷日本現代文明及左翼思潮洗禮，使回臺後的張文環站在啟蒙知識分子的高度，通過小說表達對封建陋習及舊有風俗的反省態度，並揭示爭取婚戀自由和個性解放的主張。此外，他對被封建父權支配的臺灣女性及受資本家壓迫的弱勢農民，亦懷有人道主義的悲憫同情，故小說在暴露時代遞嬗的同時，也對國民的利己主義做出批判，間接否定了殖民資本主義的金錢至上論。而最引人注目的，莫過於〈頓悟〉、〈父親的送行〉、〈戰爭〉〈土地的香味〉、〈在雲中〉等涉及戰爭題材的小說。身處戰時體制下，為了不想被冠上「非國民」的罪名，而在情節設計上對時局有所呼應，但寫的卻是似是而非，主題含混的作品，並藉由鄉土認同與主體建構的書寫，來展現個人的抵殖意識與反戰思想。另一方面，這時期的小說創作，雖不見太多的文學技巧，但並不意味就無任何長處可言，其作品除了有自然主義的傾向外，舉凡對各式人物的心理刻劃、形象塑造，篇名和情節中之象徵、雙關、隱喻、諷刺手法的運用，以及具有強烈時代感、社會性的寫實主義風格和帶有個人經驗的自傳色彩，皆從不同層面提升小說整體的藝術效果，尤其是文中散發的民俗風，更是其吸引讀者的魅力所在。

　　一九四一年四月十九日，作為臺灣總督府行政輔助機關的皇民奉公會成立，張文環被聘為臺北州支部參與，官方延攬其入會的原因，主要是想利用他文學者的寫作長才，美化殖民主的言行，也希望藉助他在社會的影響力、號召力和善於座談的能力，發揮動員、宣傳之效。而其文藝界的聲名、與日人文學者及官方媒體關係、日臺通婚的背景和良好的人際網絡，都是直接或間接促成他被挑選入會的成因。其間，他不僅在官方的指示下，發表了許多動員的文章，亦配合出席各種響應戰爭的座談會，推行國策。但為了使臺灣人的聲音不致淹沒於皇民化運動中，張文環只能委曲求全，以其智慧巧借各種方式與殖民統治者周旋，伺機而動，發出異聲。經本文分析其奉公言行後，很清楚地說明他始終都努力維繫著自我的價值尊嚴與民族意識，以「臺灣」

為主體的堅定立場不曾動搖過，這是殖民政府無法收編，不可攏絡的，也因此讓他在當時或戰後都不致背上「皇民作家」的罵名，且得到日臺人士的認同與肯定。

　　陳秀喜曾以〈你是滾心漢〉〔註6〕為題，賦詩來追悼張文環：

> 一生處遇兩個時代，
> 你的心刻著，
> 不同的槳划過的傷痕，
> 遊客們稱讚，
> 湖面的漣漪，
> 你竟為划傷痛心。
>
> 時代的怒濤雕塑你，
> 充滿著為善與愛心，
> 正義的血騷動，
> 希求泥土更香，
> 你以摯愛的筆，
> 祈禱萬眾的福，
> 良知的血滔滔，
> 滾著你的心，
> 你是滾心漢，
> 不是滾地郎。

詩之內容，正是張文環的人生寫照。日據時期在異族統治下，張文環與多數作家一樣，遭受精神與心靈的創傷，但始終堅定不移的是隱藏於作品中的民族意識及對同胞流露的人道主義關懷。張恒豪即言：

> 在文化參與上，張文環始終堅持民族立場，是個民族主義者；在文學實踐上，他則是個人道主義者。蓋在作品的表現上，他的人道情懷流露在外，民族意識則隱藏於內，民族和人道之合流是其文學思想的特質。〔註7〕

〔註6〕陳秀喜：〈你是滾心漢：獻給故張文環先生〉，《笠》第84期（1978年4月），頁24。

〔註7〕張恒豪：〈張文環的思想與精神〉，《臺灣文藝》第81期（1983年3月），頁63。

張文環的小說以自己的成長背景爲底蘊，以鄉村庶民生活爲題材，從「爲人生而藝術」的寫作立場出發，審視臺灣傳統陳規和封建陋習對人性的扭曲與壓迫，他反對封建禮教，頌揚婚姻自主、戀愛自主，主張個性解放。這是張文環作爲一個清醒的、具有啓蒙意識和人道主義關懷的殖民地中間世代知識分子，對傳統與現代衝突中我族命運進行的深入思考，在映襯出一段黯淡時代供我們反省的同時，也爲我們如實地展示了一幅幅日治時期臺灣的社會圖景。尤其是在皇民化運動時期，他致力表現臺灣的鄉土人情、描繪我族特有的風俗習慣，龍瑛宗言：

> 依我的看法，描寫臺灣人的風俗文學，到現在爲止超出張文環的作
> 品，似乎還沒有出現過。不過，我所看到的臺灣人作家極爲有限。
> 也許，有爲的作家已經凌駕了張文環作品之上，但是，至少我認爲
> 風俗文學在臺灣，張文環佔最高地位。〔註8〕

這樣的讚譽，絕不能只視爲作家個人的文學風格、特色或成就而已，將之放諸時代背景底下，更隱含著文化抵抗的積極意義，其反同化、反殖民的姿態不言可喻。

　　林克敏嘗云：「沒有感動就不可能創造出文學，所以我們當然要注視和我們日常生活關係最密切，以及會刺激我們的感情的周邊現實。」〔註9〕張文環文學正因來自生活、反映生活的現實性，使它能夠超越事件、故事、地域對文本的限制，實現對某種狀態和流程的展示，喚起曾經在成長歷程中經歷類似體驗之人的共鳴，進而產生更勝語言文字的感染力，這即爲張文環文學動人之處。

　　以文學爲志業，力圖透過文學建設本土文壇、提升島內文化、表現民族情感與人民生活的張文環，於一九七八年二月十二日清晨，因心臟病溘然別世，享年七十歲。卸下苦難十字架的張文環，帶著一身泥土香味走入輪迴，留下的是其文學成就、人格典範、民族氣節與悲天憫人、無私大我的精神。

　　拙論之研究目的，在於對張文環其人、其事、其文學作一深入挖掘和探究。與其他同類之作相較，本文於張文環生平事蹟的建構上，特別將其成長環境、人格特質、家庭生活和交友往來一併納入，盡可能詳加論述。過去對這部份的研究雖有，但大都僅止於概論，著重的還是他小說方面的成就。然

〔註8〕同註4，頁21。
〔註9〕林克敏著，涂翠花譯：〈《臺灣新文學》創刊號讀後感〉，原載《新文學月報》
　　　　1號，1936年2月6日，收入黃英哲主編：《日治時期臺灣文藝評論集・雜誌
　　　　篇》（臺南：國家臺灣文學館籌備處，2006年10月），第1冊，頁389。

筆者認為要完整呈現一個作家的全貌，其生平事蹟和文學創作的研究一樣重要，尤其是張文環喜歡以生活經驗和故鄉人事為素材，更有必要在研究其文學之先對其生平事蹟及成長環境有一徹底的了解。而其人格特質、家庭生活、交友往來的分析，不僅可揭示張文環小說家以外的不同面相，也有助於對其言行、創作的評斷。另外，拙論又注意到以往研究者對張文環相關活動紀年錯誤的問題，此乃引用資料差異所致。因為關於張文環之生平事蹟，研究者大多參考前輩作家或其友人的回憶錄、追悼文，而這些非即時性的文獻，本身便存在著誤記的風險，就連張文環戰後的回憶文〈雜誌《臺灣文學》的誕生〉亦有人名錯置或混同之處，故筆者在標記相關年代時謹慎為之，冀使本文的研究成果能達到釋疑正誤之效。

至於本文對張文環文學的研究，乃以小說為主，旁徵隨筆、評論和其座談言說，作一綜合論述。通過不同文體或媒介表達同一思想理念是張文環文學的一大特色，這跟他兼具雜誌編輯及皇民奉公會會員的雙重身分有關，使他既是小說家又是評論員，所以對於張文環多音交響的文學特色，這不失一個較為周全的研究方法。且本文打破歷來對其小說採主題式的研究模式，而是依發表順序逐一探究，如此將可補足過去研究者集中某特定篇章析論的缺漏，也得以深入地探討張文環每一篇小說的細節，藉此呈現其不同階段的書寫脈絡，並建構出作家個人的文學創作史。

對於未來的研究方向，筆者擬朝下列幾點進行：本文係以張文環日據時期的文學為研究範圍，但除了小說全數討論外，仍有一些民俗隨筆、雜文未及探究，這部份是否有其可觀之處？對作家的創作是否產生影響？再者，戰後張文環除了《爬在地上的人》出版問世外，尚有三篇未刊文稿遺世，其中包括長篇《地平線的燈》、短篇〈日月潭羅曼史〉及〈莊稼漢〉，這些劫後餘生的創作，有何不同於日據時期的風貌？成就如何？在其文學路上有何意義？另外，如〈夜猴子〉、〈閹雞〉、〈地方生活〉（按：張文環修訂後將之易名為〈故鄉在山裡〉）等完成於日據時期的小說，戰後張文環皆重新修訂，情節架構不變，唯部分文字略有更動，其修訂原因為何？與原文差異何在？最後，張文環戰後的人生經歷，亦有尚待補足之處，例如他擔任大里鄉長及臺中縣參議員的工作情形就頗令人好奇？當然一些關於其家庭方面的問題也有待釐清。以上都是值得進一步探求的課題，我希望能以本文為基礎，為張文環及其文學研究做出最大的貢獻。

引用文獻

壹、專書

一、古籍（按四部排列）

1. （魏）何晏注，（宋）邢昺疏：《論語注疏》，臺北：藝文印書館影印清嘉慶二十年重刊宋本，1997 年。

2. （漢）趙岐注，（宋）孫奭疏：《孟子注疏》，臺北：藝文印書館影印清嘉慶二十年重刊宋本，1997 年。

3. （漢）鄭玄注，（唐）孔穎達疏：《禮記注疏》，臺北：藝文印書館影印清嘉慶二十年重刊宋本，1997 年。

4. （明）劉惟謙等撰：《大明律》，上海：上海古籍出版社影印北京圖書館藏明嘉靖范永鑾刻本，1997 年。

5. （清）周鍾瑄主修，陳夢林總纂：《諸羅縣志》，臺北：成文出版社影印清康熙五十六年序刊本，1983 年。

6. （漢）揚雄著，（晉）李軌注：《揚子法言》，臺北：世界書局，1955 年 11 月。

7. （西晉）月氏三藏竺法護譯：《佛說盂蘭盆經》，臺北：大藏經刊行會，1983 年 1 月。

8. （唐）韓愈著，陳霞村、胥巧生解評：《韓愈集》，太原：山西古籍出版社，2005 年 5 月。

9. （宋）蘇洵、蘇軾、蘇轍著，曾棗莊，舒大剛主編：《三蘇全書》北京：語文出版，2001 年 11 月。

二、近代著作（依作者姓氏筆劃為序）

（一）作家作品

1. 王白淵著，陳才崑譯：《王白淵‧荊棘的道路》，彰化：彰化縣立文化中心，1995 年 6 月。

2. 王昶雄：〈奔流〉，《臺灣文學》3 卷 2 號，1943 年 7 月。

3. 王昶雄著，許俊雅主編，《王昶雄全集》，臺北：臺北縣政府文化局，2002年 10 月。

4. 吳新榮著，張良澤編：《吳新榮日記全集》，臺南：國立臺灣文學館，2008年 6 月。

5. 呂赫若著，林至潔譯：《呂赫若小說全集》，臺北：聯合文學出版社，1995年 7 月。

6. 呂若赫著，鍾瑞芳譯：《呂赫若日記》，臺南：國家臺灣文學館，2004 年12 月。

7. 巫永福著，沈萌華主編：《巫永福全集》，臺北：傳神福音文化事業有限公司，1996 年 6 月。

8. 林獻堂著，許雪姬編註：《灌園先生日記》，臺北：中央研究院臺灣史研究所、中央研究院近代史研究所，2008 年 10 月。

9. 徐坤泉著，張文環譯：《可愛的仇人》，臺北：臺灣大成映畫公司，1928年 8 月。

10. 張文環著，張恒豪編：《張文環集》，臺北：前衛出版社，1991 年 2 月。

11. 張文環著，廖清秀譯：《滾地郎》，臺北：鴻儒堂出版社，1991 年 11 月。

12. 張文環著，陳萬益主編：《張文環全集》資料輯，臺中：臺中縣立文化中心，1997 年 4 月～1998 年 4 月。

13. 張文環著，陳萬益主編：《張文環全集》，臺中：臺中縣立文化中心，2002年 3 月。

14. 張我軍著，張光正編：《張我軍全集》，臺北：人間出版社，2002 年 6 月。

15. 張深切著，陳芳明主編：《張深切全集》，臺北：文經出版社，1998 年 1月。

16. 陳火泉：〈道〉，《文藝臺灣》6 卷 3 號，1943 年 7 月。

17. 彭小妍主編：《楊逵全集》，臺南：國立文化資產保存研究中心籌備處，2001 年 12 月。

18. 蔡培火著，張漢裕主編：《蔡培火全集》，臺北：財團法人吳三連臺灣史料基金會，2000 年 12 月。

19. 賴和著，林瑞明編：《賴和全集》，臺北：前衛出版社，2000 年 6 月。

20. 龍瑛宗著，陳萬益主編：《龍瑛宗全集》，臺南：國家臺灣文學館籌備處，2006 年 11 月。

21. 鍾肇政，葉石濤主編：《光復前臺灣文學全集》，臺北：遠景出版事業公司，1997 年 7 月。

（二）專書

1. 丁帆等著：《中國大陸與臺灣鄉土小說比較史論》，南京：南京大學出版社，2001 年 5 月。

2. 王俊昌等著：《寫真懷舊：梅仔坑影像誌》，嘉義：嘉義縣梅山鄉公所，2003 年 9 月。

3. 王新生：《日本簡史》，北京：北京大學出版社，2005 年 11 月。

4. 王詩琅著，張良澤編：《臺灣文學重建的問題》，臺北：海峽學術出版社，2003 年 5 月。

5. 王曉波編著：《臺灣的殖民地傷痕新編》，臺北：海峽學術出版社，2002 年 8 月。

6. 古繼堂主編：《簡明臺灣文學史》，北京：時事出版社，2002 年 6 月。

7. 史明：《臺灣人四百年史》，美國：蓬島文化公司，1980 年 9 月。

8. 白鳥：《臺灣的悲情歲月：日本統治五十年——被遺忘的真實紀錄》，臺南：人光出版社，2002 年 6 月。

9. 伍蠡甫，胡經之主編：《西方文藝理論名著選編》，北京：北京大學出版社，1986 年 6 月。

10. 朱光潛：《悲劇心理學》，合肥：安徽教育出版社，2006 年 8 月。

11. 佐倉孫三：《臺風雜記》，南投：臺灣省文獻委員會，1996 年 9 月。

12. 余英時：《士與中國文化》，上海：上海人民出版社，2003 年 1 月。

13. 吳文星：《日治時期臺灣的社會領導階層》，臺北：五南圖書出版股份有限公司，2008 年 5 月。

14. 吳廷璆主編：《日本史》，天津：南開大學出版社，1994 年 7 月。

15. 吳淑芬、周淇鎮編著：《四季花語》，南投：國立鳳凰谷鳥園，2005 年 12 月。

16. 吳瀛濤：《臺灣民俗》，臺北：進學書局，1969 年 12 月。

17. 宋國誠：《後殖民論述——從法農到薩依德》，臺北：擎松圖書出版有限公司，2003 年 11 月。

18. 巫永福：《我的風霜歲月：巫永福回憶錄》，臺北：望春風文化事業股份有限公司，2003 年 9 月。

19. 李天祿口述，曾郁雯撰錄：《戲夢人生——李天祿回憶錄》，臺北：遠流出版事業股份有限公司，1991 年 9 月。

20. 李汝和主修：《臺灣省通志》，臺北：臺灣省文獻委員會，1971 年 6 月。

21. 李岳勳：《梅山鄉的全貌》，嘉義：行建文化出版，1959 年 10 月。

22. 李喬：《臺灣文學造型》，高雄：派色文化出版社，1992 年 7 月。

23. 李園會：《日據時期臺灣師範教育制度》，臺北：南天書局有限公司，1997年10月。

24. 李筱峰：《快讀台灣史》，台北：玉山社出版事業股份有限公司，2002年11月。

25. 周婉窈：《海行兮的年代—日本殖民統治末期臺灣史論集》，臺北：允晨文化實業股份有限公司，2003年2月。

26. 金元浦主編：《當代文藝心理學》，北京：中國人民大學出版社，2009年7月。

27. 林先德，涂德錡主修：《嘉義縣志稿》，嘉義：嘉義縣文獻委員會編印，1962年6月。

28. 林忠勝：《陳逸松回憶錄》，臺北：前衛出版社，1994年6月。

29. 林明德：《日本史》，臺北：三民書局股份有限公司，1996年4月。

30. 林瑞明：《臺灣文學的本土觀察》，臺北：允晨文化實業股份有限公司，1996年7月。

31. 林衡哲主編：《廿世紀臺灣代表性人物》，臺北：望春風文化出版社，2002年2月。

32. 林繼文：《日本據臺末期（1930～1945）戰爭動員體系之研究》，臺北：稻鄉出版社，1996年3月。

33. 邵建：《知識分子與人文》，臺北：秀威資訊科技股份有限公司，2008年1月。

34. 邱坤良：《舊劇與新劇：日治時期臺灣戲劇之研究（一八九五—一九四五）》，臺北：自立晚報社文化出版部，1994年7月。

35. 施懿琳、鍾美芳、楊翠等著：《臺中縣文學發展史田野調查報告書》，臺中：臺中縣立文化中心，1993年6月。

36. 柯惠珠：《日據初期臺灣地區武裝抗日運動之研究》，高雄：前程出版社，1987年4月。

37. 胡亞敏：《敘事學》，武漢：華中師範大學出版社，2004年12月。

38. 孫芝君：《呂泉生的音樂人生》，臺北：遠流出版事業股份有限公司，2005年10月。

39. 國立編譯館主編：《臺灣小故事101》，臺北：國立編譯館，2008年7月。

40. 張玉能主編：《西方文論》，武漢：華中師範大學出版社，2002年9月。

41. 張良澤編訂：《震瀛追思錄》，1977年3月，家屬自印。

42. 張良澤編：《張文環先生追思錄》，家屬自印，1978年7月。

43. 張京媛主編：《新歷史主義與文學批評》，北京：北京大學出版社，1993年1月。

44. 張炎憲等撰:《臺灣近代名人誌》,臺北:自立晚報,1987 年 1 月。

45. 張春興編著:《張氏心理學辭典》,臺北:臺灣東華書局股份有限公司,2002 年 10 月。

46. 張清池主編:《梅山地名溯源》,嘉義:財團法人梅山文教基金會,1997 年 6 月。

47. 曹天祿:《日本共產黨的「日本式社會主義」理論與實踐》,北京:中國社會科學出版社,2004 年 4 月。

48. 曹永和總纂:《日據前期臺灣北部施政紀實:警治篇政治篇》,臺北:臺北市文獻委員會,1985 年 6 月。

49. 梁明雄:《日據時期臺灣新文學運動研究》,臺北:文史哲出版社,1996 年 2 月。

50. 許佩賢:《殖民地臺灣的近代學校》,臺北:遠流出版事業股份有限公司,2005 年 3 月。

51. 許雪姬編著:《中縣口述歷史》,台中:台中縣立文化中心,1998 年 6 月。

52. 連橫:《臺灣通史》,上海:華東師範大學出版社,2006 年 4 月。

53. 郭弘斌:《偉大的臺灣人:日據時期臺灣史記》,臺北:臺灣文藝復興協會,2005 年 4 月。

54. 郭熙:《中國社會語言學》,江蘇:南京大學出版社,1999 年 3 月。

55. 陳小沖:《日本殖民統治臺灣五十年史》,北京:社會科學文獻出版社,2005 年 9 月。

56. 陳少廷:《臺灣新文學運動簡史》,臺北:聯經出版社,1977 年 5 月。

57. 陳支平主編:《臺灣文獻匯刊》,北京:九州出版社;廈門:廈門大學出版社,2004 年 12 月。

58. 陳炎正主編:《大里市志》,臺中:大里市公所發行,1994 年 3 月。

59. 陳芳明:《殖民地摩登:現代性與臺灣史觀》,臺北:麥田出版社,2004 年 6 月。

60. 陳建忠:《日據時期臺灣作家論:現代性・本性性・殖民性》,臺北:五南圖書出版股份有限公司,2004 年 8 月。

61. 陳映真等著:《曲扭的鏡子—關於臺灣基督教會的若干隨想》,臺北:雅歌出版社,1987 年 7 月。

62. 陳映真等著:《呂赫若作品研究》,臺北:聯合文學出版社有限公司,1997 年 11 月。

63. 陳勤建:《中國民俗學》,上海:華東師範大學出版社,2007 年 8 月。

64. 陳憲年:《創作個性論》,合肥:安徽教育出版社,1997 年 10 月。

65. 彭瑞金選注：《歷史的倒影—日據時代臺灣新文學作家作品選讀》，高雄：河畔出版社，1982 年 7 月。

66. 彭瑞金：《臺灣新文學運動四十年》，高雄：春暉出版社，1997 年 8 月。

67. 彭瑞金：《臺灣文學步道》，高雄：高雄縣立文化中心，1998 年 7 月。

68. 彭瑞金：《歷史迷路文學引渡》，臺北：富春文化，2000 年 10 月。

69. 馮川：《文學與心理學》，成都：四川人民出版社，2003 年 2 月。

70. 馮作民：《臺灣歷史百講》，臺北：青文出版社，1985 年 10 月。

71. 黃玉齋主編：《臺灣年鑑》，臺北：海峽學術出版社，2001 年 3 月。

72. 黃秀政等著：《臺灣史》，臺北：五南圖書出版股份有限公司，2002 年 2 月。

73. 黃英哲編，涂翠花譯：《臺灣文學研究在日本》，臺北：前衛出版社，1994 年 12 月。

74. 黃英哲主編：《日治時期臺灣文藝評論集・雜誌篇》，臺南：國家臺灣文學館籌備處，2006 年 10 月。

75. 黃頌顯：《臺灣與日本關係史新論》，臺北：海峽學術出版社，2003 年 4 月。

76. 黃靜嘉：《春帆樓下晚濤急—日本對臺灣的殖民統治及其影響》，北京：商務印書館，2003 年 10 月。

77. 楊匡漢主編：《中國文化中的臺灣文學》，武漢：長江文藝出版社，2002 年 10 月。

78. 楊佳嫻：《臺灣成長小說選》，臺北：二魚文化事業有限公司，2004 年 11 月。

79. 楊金虎：《七十回憶》，臺北：龍文出版社股份有限公司，1990 年 5 月。

80. 楊肇嘉：《楊肇嘉回憶錄》，臺北：三民書局有限公司，1968 年 12 月。

81. 葉石濤：《臺灣文學入門：臺灣文學五十七問》，高雄：春暉出版社，1977 年 6 月。

82. 葉石濤：《臺灣文學史綱》，高雄：春暉出版社，1987 年 2 月。

83. 葉石濤：《我的先輩作家們》，高雄：派色文化出版社，1996 年 2 月。

84. 葉石濤：《臺灣文學的回顧》，臺北：九歌出版社，2004 年 11 月。

85. 葉渭渠：《日本文學思潮史》，臺北：五南圖書出版股份有限公司，2003 年 3 月。

86. 葉榮鐘：《臺灣人物群像》，臺北：時報文化出版企業有限公司，1995 年 4 月。

87. 葉榮鐘：《日據下臺灣政治社會運動史》，臺中：晨星出版有限公司，2000 年 8 月。

88. 葉龍彥：《日治時期臺灣電影史》，臺北：玉山社，1998 年 9 月。

89. 董芳苑：《臺灣人的神明》，臺北：前衛出版社，2009 年 6 月。

90. 廖炳惠編著：《關鍵詞 200》，臺北：麥田出版社，2003 年 9 月。

91. 臺南州商品陳列館編纂：《臺南州商工名鑑》，1933 年 8 月。

92. 臺灣教育會編：《臺灣教育沿革誌》，臺北：南天書局有限公司，1939 年 12 月。

93. 臺灣銀行經濟研究室編：《臺灣經濟史初集》臺北：臺灣銀行，1954 年 9 月。

94. 趙一凡等主編：《西方文論關鍵詞》，北京：外語教學與研究出版社，2006 年 1 月。

95. 劉捷：《我的懺悔錄》，臺北：九歌出版社，1998 年 10 月。

96. 蔡源煌：《從浪漫主義到後現代主義》，臺北：雅典出版社，1988 年 4 月。

97. 蔡慧玉編著：《走過兩個時代的人──臺籍日本兵》，臺北：中央研究院臺灣史研究所籌備處，1997 年 11 月。

98. 蔡錦堂編著：《戰爭體制下的臺灣》，臺北：日創社文化事業有限公司，2006 年 10 月。

99. 賴子清、賴明初等纂修：《嘉義縣志》，臺北：成文出版社影印《中國方志叢書》民國六十五至七十一年排印本，1983 年。

100. 賴彰能編纂：《嘉義市志》，嘉義：嘉義市政府，2004 年 11 月。

101. 謝里法：《臺灣出土人物誌》，臺北：前衛出版社，1988 年 9 月。

102. 鍾逸人：《辛酸六十年》，臺北：前衛出版社，1993 年 11 月。

103. 鍾肇政：《臺灣文學十講》，臺北：前衛出版社，2000 年 11 月。

104. 藍博洲：《幌馬車之歌》，臺北：時報文化出版企業股份有限公司，2004 年 10 月。

105. 蘇新：《憤怒的臺灣》，臺北：時報文化出版企業有限公司，1993 年 3 月。

（三）翻譯著作（依出版日期為序）

1. 黛安娜‧巴巴利亞（Diane E.Papalia）、莎莉‧歐茨（Sally Wendkos Olds）著，黃慧眞譯：《發展心理學──人類發展》，臺北：桂冠圖書股份有限公司，1984 年 10 月。

2. 詹姆斯‧喬治‧弗雷澤（J‧G‧Frazer）著，徐育新、汪培基，張澤石譯：《金枝：巫術與宗教之研究》，北京：中國民間文藝出版社，1987 年 6 月。

3. 列寧著，中共中央馬克思、恩格斯、列寧、斯大林著作編譯局編譯：《列寧全集》，北京：人民出版社，1988 年 10。

4. 臺灣總督府警務局編，王乃信等譯：《臺灣社會運動史》，臺北：創造出版社，1989 年 6 月。

5. 黃昭堂著，黃英哲譯：《臺灣總督府》，臺北：前衛出版社，1994 年 4 月。

6. 鈴木清一郎著，馮作民譯：《臺灣舊慣習俗信仰》，臺北：眾文圖書股份有限公司，1994 年 5 月。

7. 上野千鶴子著，劉靜貞、洪金珠譯：《父權體制與資本主義—馬克思主義之女性主義》，台北：時報文化出版企業股份有限公司，1997 年 6 月。

8. 列絲麗・坎尼斯・威斯曼（Leslie Kanes Weisman）著，王志弘、張淑玫、魏慶嘉合譯：《設計的歧視：「男造」環境的女性主義批判》，臺北：巨流圖書公司，1997 年 8 月。

9. 艾德華・薩依德（Edward W. Said）著，單德興譯：《知識分子論》，臺北：麥田出版股份有限公司，1997 年 11 月。

10. 艾勒克・博埃默（Elleke Boehmer）著，盛寧譯：《殖民與後殖民文學》，香港：牛津大學出版社，1998 年。

11. 雅克・德希達（Jacques Derrida）著，楊恒達、劉北城等譯：《立場》，臺北：桂冠圖書股份有限公司，1998 年 2 月。

12. 弗里德里希・尼采（Friedrich Nietzsche）著，黃明嘉譯：《快樂的知識》，北京：中央編譯出版社，1999 年 1 月。

13. 派翠西亞・鶴見（E.Patricia Tsurumi）著，林正芳譯：《日治時期臺灣教育史》，宜蘭：財團法人仰山文教基金會，1999 年 6 月。

14. 矢內原忠雄著，周憲文譯：《日本帝國主義下之臺灣》，臺北：海峽學術出版社，1999 年 10 月。

15. 臺灣總督府警務局編，王洛林總監譯：《臺灣抗日運動史》，臺地：海峽學術出版社，2000 年 8 月。

16. 林茂生著，林詠梅譯：《日本統治下臺灣的學校教育——其發展及有關文化之歷史分析與探討》，臺北：新自然主義股份有限公司，2000 年 12 月。

17. 劉易斯・科塞（Lewis Coser）著，郭芳等譯：《理念人：一項社會學的考察》，北京：中央編譯出版社，2001 年 1 月。

18. 米克・巴爾（Mieke Bal）著，譚君強譯：《敘事學：敘事理論導論》，北京：中國社會科學出版社，2003 年 4 月。

19. 井出季和太著，郭輝編譯：《日據下之臺政》，臺北：海峽學術出版社，2003 年 11 月。

20. 尾崎秀樹著，陸平舟、間扶桑子合譯：《舊殖民地文學的研究》，臺北：人間出版社，2004 年 11 月。

21. 卡西勒（Ernst Cassirer）著，甘陽譯：《人論——人類文化哲學導引》，臺北：桂冠圖書股份有限公司，2005 年 5 月。

22. 鶴見俊輔著，邱振瑞譯：《戰爭時期日本精神史》，臺北：行人出版社，2008 年 1 月。

23. 秦寬博著，葉芳如譯：《花的神話》，臺北：可道書房有限公司，2008 年 3 月。

貳、單篇論文（依作者姓氏筆劃為序）

一、期刊論文

1. 中山侑：〈某種抗議〉，《臺灣文學》創刊號，1941 年 5 月。

2. 中村哲著，張良澤譯：〈憶臺灣人作家〉，《臺灣文藝》83 期，1983 年 7 月。

3. 中島利郎著，涂翠花譯：〈「西川滿」備忘錄──西川滿研究之現狀〉，《臺灣文藝》第 138 期，1993 年 8 月。

4. 井東襄：〈悼張文環先生〉，《笠》，1978 年 4 月。

5. 王昶雄：〈吹不散的心頭人影──王井泉快人快事〉，《臺灣文藝》第 9 期第 2 卷，1965 年 10 月。

6. 王詩琅：〈粗線條的人粗線條的作品〉，《臺灣文藝》第 59 期，1978 年 6 月。

7. 《民俗臺灣》編輯部：〈消息〉，《民俗臺灣》1 卷 4 號，1941 年 10 月。

8. 池田敏雄著，林彩美譯註：〈張文環兄與其周遭諸事〉，《臺灣風物》54 卷 2 期，2004 年 6 月。

9. 吳坤煌：〈東京支部例會報告書〉，《臺灣文藝》3 卷 6 號，1936 年 5 月。

10. 吳坤煌：〈懷念文環兄〉，《臺灣文藝》第 81 期，1983 年 3 月。

11. 吳林英良：〈懷念文環兄〉，《夏潮》第 4 卷第 4 期，1978 年 4 月。

12. 吳新榮：〈井泉兄與山水亭〉，《臺灣文藝》第 9 期第 2 卷，1965 年 10 月。

13. 吳濁流：〈回顧日據時代的文學〉，《臺灣文藝》第 49 期，1975 年 10 月。

14. 呂泉生：〈我的音樂回想〉，《臺北文物》第 4 卷第 2 期，1955 年 8 月。

15. 呂泉生：〈王老先生（井泉兄）與我〉，《臺灣文藝》第 9 期第 2 卷，1965 年 10 月。

16. 巫永福：〈呂赫若的點點滴滴〉，《文學臺灣》創刊號，1991 年 12 月。

17. 李君晰：〈文環君的二三事〉，《臺灣文藝》第 59 期，1978 年 6 月。

18. 李志傳：〈談臺灣音樂的發展──樂界五十年的回憶〉，《臺北文獻》第 19、20 期合刊，1971 年 6 月。

19. 李若文：〈日治臺灣的自治行政（1920～1934）──以小梅庄爲例〉，《淡江人文社會學刊》第 13 期，2002 年 12 月。

20. 李進益：〈張文環《山茶花》創作前後的相關問題〉，《通識教育年刊》第 2 期，2004 年 12 月。

21. 沈謙：〈精神的關照・文學的感染——評古蒙仁的報導文學集《黑色的部落》〉，《中國時報》，1978 年 4 月 29～30 日。

22. 周金波演講，邱振瑞譯：〈我走過的道路——文學・戲劇・電影〉，《文學臺灣》第 23 期，1997 年 7 月。

23. 林至潔：〈回憶《閹雞》演出往事〉，《文學臺灣》第 9 期，1944 年 1 月。

24. 林芳年：〈張文環的人間像〉，《夏潮》第 4 卷第 4 期，1978 年 4 月。

25. 林美秀整理：〈臺灣第一才子：呂赫若生平再評價座談會〉，《民眾日報》1990 年 12 月 3 日。

26. 林梵：〈大家的陳姑媽—陳秀喜的人與詩〉，《聯合文學》第 16 卷第 8 期，2000 年 6 月。

27. 林莊生：〈從一張照片說起——談霧峰的前代人物〉，《臺灣文學評論》第 5 卷第 1 期，2005 年 1 月。

28. 林獻堂：〈祝臺灣青年雜誌之發刊〉，《臺灣青年》創刊號，1920 年 7 月。

29. 《風月報》編輯部：〈風月報俱樂部新章程〉，《風月報》第 55 期，1938 年 1 月。

30. 施學習：〈臺灣藝術研究會成立與《福爾摩沙》創刊〉，《臺北文物》第 3 卷第 2 期，1954 年 8 月。

31. 柳書琴：〈前進東京或逆轉歸鄉？論張文環轉向小說《父之顏》及其改作〉，《靜宜人文學報》第 17 期，2000 年 12 月。

32. 柳書琴：〈從部落到都會：進退失據的殖民地青年男女——從《山茶花》論張文環故鄉書寫的脈絡〉，《臺灣文學學報》第 3 期，2002 年 12 月。

33. 孫芝君：〈呂泉生的臺灣民謠採集回顧〉，《樂覽》86 期，2006 年 8 月。

34. 張文薰：〈由「現代」觀想「故鄉」—張文環《山茶花》作爲文本的可能〉，《臺灣文學研究學報》，第 2 期，2006 年 4 月。

35. 張玉園：〈我的國王〉，《笠》第 84 期，1978 年 4 月。

36. 張文環：〈張文環先生書簡〉，《夏潮》第 4 卷第 4 期，1978 年 4 月。

37. 張良澤：〈中村哲先生印象記〉，《臺灣文藝》83 期，1983 年 7 月。

38. 張恆豪：〈張文環的思想與精神〉，《臺灣文藝》第 81 期，1983 年 3 月。

39. 張恆豪：〈決戰下的臺灣文學驍將——張文環〉，《臺北畫刊》第 394 期，2000 年 11 月。

40. 梧葉生（吳坤煌）：〈來る七月來臺する舞姬崔承喜孃を圍み東京支部で歡迎會〉，《臺灣文藝》3 卷 4、5 合併號，1936 年 4 月。

41. 莊紫蓉：〈探索語言的藝術，追求現代精神—陳千武專訪〉，《臺灣文藝》第 179 期，2001 年 12 月。

42. 許雪姬:〈皇民奉公會的研究—以林獻堂的參與爲例〉,《中央研究院近代史研究所集刊》第 31 期,1999 年 6 月。

43. 陳千武:〈張文環與我〉,《笠》第 84 期,1978 年 4 月。

44. 陳火泉:〈關於「道」這篇小說〉,《民眾日報》,1979 年 7 月 7 日。

45. 陳秀喜:〈你是滾心漢:獻給故張文環先生〉,《笠》第 84 期,1978 年 4 月。

46. 陳秀喜:〈悼念張文環先生〉,《笠》第 84 期,1978 年 4 月。

47. 陳芳明:〈三〇年代的文學社團與作家風格〉,《聯合文學》第 16 卷第 4 期,2000 年 2 月。

48. 陳芳明:〈寫實文學與批判精神的抬頭〉,《聯合文學》第 16 卷第 5 期,2000 年 3 月。

49. 陳逸松:〈大稻埕貳拾年小史之一頁——山水亭王井泉半生逸事〉,《臺灣文藝》第 9 期第 2 卷,1965 年 10 月。

50. 陳萬益:〈析論張文環的小說《重荷》〉(下),《中央日報》1996 年 6 月 30。

51. 黃武忠整理:〈美人心事「文人與藝旦」座談會〉,《聯合文學》1 卷 3 期,1985 年 1 月。

52. 黃得時:〈明潭星墜,張文環逝矣〉,《臺灣文藝》第 59 期,1978 年 6 月。

53. 葉石濤:〈悼張文環先生〉,《笠》第 84 期,1978 年 4 月。

54. 葉石濤:〈新文學作家的民族認同和階級意識〉,《文學臺灣》第 13 期,1995 年 1 月。

55. 瘂弦:〈極短篇美學〉,《聯合報·副刊》,1991 年 12 月 2 日。

56. 劉紅林:〈論「皇民文學」的本質及其表現〉,《世界華文文學論壇》第 49 期,2004 年 12 月。

57. 蔣渭水:〈五個年中的我〉,《臺灣民報》第 67 號,1925 年 8 月。

58. 蔡瑞洋:〈念張文環先生〉,《臺灣文藝》第 59 期,1978 年 6 月。

59. 《臺灣日日新報》編輯部:〈厚生演劇盛況〉,《臺灣日日新報》1943 年 9 月 4 日。

60. 《臺灣文藝》編輯部:〈文藝同好者氏名住所一覽〉,《臺灣文藝》創刊號,1934 年 11 月。

61. 盧俊義:〈施乾——臺灣人道主義的先驅〉,《自由時報》,2003 年 11 月 30 日。

62. 賴明弘:〈臺灣文藝聯盟創立的斷片回憶〉,《臺北文物》第 3 卷第 3 期,1954 年 12 月。

63. 藤井省三著,張季琳譯:〈關於周金波之死〉,《文藝臺灣》第 23 期,1997 年 7 月。

64. 龔連法:〈追憶張文環先生〉,《笠》第 84 期,1978 年 4 月。

二、學術會議論文（依作者姓氏筆劃為序）

1. 李若文：〈日治時代、梅山地方之發展與變遷——一個「協力者」鄉庄的形成與認同〉，嘉義：國立中正大學歷史學系暨研究所編《「南臺灣鄉土文化」學術研討會論文集》，2000 年 9 月。

2. 柳書琴：〈變調之旅：張文環等中部青年的帝都經驗與文學〉，臺中：臺中縣立文化中心出版《臺灣文學研討會：臺中縣作家與作品論文集》，2000 年 12 月。

3. 野間信幸：〈論張文環「父親的要求」〉，「賴和及其同時代的作家：日據時期臺灣文學國際學術會議」論文，新竹：清華大學中文系，1994 年 11 月 25～27 日。

4. 陳千武：〈我的文學前輩作家〉，臺南：國家臺灣文學館主辦《張文環及其同時代作家學術研討會論文集》，2003 年 10 月 18～19 日。

5. 彭瑞金：〈從小說《奔流》看戰爭時期臺灣作家的邊緣戰鬥〉，臺北：真理大學臺灣文學系編：《福爾摩沙的心窗—王昶雄文學會議論文集》，2000 年 11 月 4 日。

6. 游勝冠：〈臺灣命運的深情凝視——論張文環的小說及其藝術〉，臺北：淡水工商管理學院等主辦《臺灣文學研討會論文集》，1995 年 11 月 4～5 日。

7. 盧建榮：〈小村落見證日本殖民臺灣：解析張文環《滾地郎》〉，臺北：國史館出版《20 世紀臺灣歷史與人物——第六屆中華民國史專題論文集》，2002 年 12 月。

8. 藍博洲：〈尋找祖國三千里——日據末期臺灣青年學生的抗日之路〉，臺北：海峽學術出版社《臺灣殖民地史學術研討會論文集》，2004 年 2 月。

參、學位論文（依出版日期為序）

1. 柳書琴：《戰爭與文壇——日據末期臺灣的文學活動（1937.7.7～1945.8）》，臺北：臺灣大學歷史學研究所碩士論文，1994 年。

2. 鄭麗玲：《戰時體制下的臺灣社會（1937～1945）——治安、社會教化、軍事動員》，新竹：清華大學歷史研究所碩士論文，1994 年。

3. 柳書琴：《荊棘之道旅日青年的文學活動與文化抗爭——以〈福爾摩沙〉系統作家為中心》，新竹：清華大學中國文學研究所博士論文，2001 年。

4. 石婉舜：《一九四三年臺灣「厚生演劇研究會」研究》，臺北：臺灣大學戲劇學系碩士論文，2002 年。

肆、網路資料

1. 嘉義：阿里山國家風景區管理處，網址：
http://www.ali-nsa.net/chinese/02spot/01spot_view.php?bull_id=104（2010 年 6 月 1 日）

附錄一：呂赫若日記（1942～1944）所載與張文環之互動、交遊及其參與《臺灣文學》之記事摘要[註1]：

日　　期	記載之事
一九四二年一月十六日	文環來信。得知他對後方小說的熱情。歸根究柢，描寫生活，朝著國家政策的方向去闡釋它，乃是我們這些沒有直接參與戰鬥者的文學方向吧。
一九四二年一月二十五日	寫信給王井泉、張文環兩氏談戲劇的事。
一九四二年一月二十六日	將〈財子壽〉原稿寄給張文環。
一九四二年二月三日	張文環、來于有信來。
一九四二年二月八日	文環的信到了。文環說，三四年內不要回臺，好好用功吧。
一九四二年二月十三日	看了《臺灣文學》，內容何其陳腐空洞！必須多用功。將這層意思寫下來寄給張文環。
一九四二年三月三日	張文環將〈同宿記〉原稿退回來。
一九四二年三月十九日	突然想要搬離東京回去故鄉。因為不想在東京把身體弄壞。寫了一封悲壯的信投寄張文環。
一九四二年三月三十日	晚上寄信給岳母、文環、星建。

〔註 1〕參見陳萬益主編，鍾瑞芳譯：《呂赫若日記》（臺南：國家臺灣文學館，2004年 12 月）。

一九四二年四月一日	文環來信鼓勵並慰問病情，感謝他。
一九四二年四月六日	發信給文環、岳母。
一九四二年四月八日	寫信給文環、星建、永福、金照、岳母。
一九四二年四月二十七日	文環來信。晚上寄信給文環兄、星建兄、井泉兄、岳母、叔叔、永南、泉生、清忠等人。
一九四二年五月十日	（呂赫若攜眷抵臺）往臺北，投宿蓬萊旅館。晚上張文環、王井泉、陳夏雨、李石樵等人來訪。一起散步，在王的家裡談到十一點半。
一九四二年五月十一日	起床，去張文環家，談過話後再回旅館。十點退房，到張家去。（下午呂赫若由臺北返家）
一九四二年五月二十七日	文環來信勉勵我。
一九四二年六月三日	（呂赫若送叔叔赴南洋而北上基隆，後因故取消折回）決定睡王井泉家，晚餐被他請，和文環聊天。
一九四二年六月四日	和王（井泉）、張（文環）等人一起到廣播公司拜訪中山（侑）氏。晚上，在王家和中山、張等人鼎談文學，話及戲劇研究所，談個沒完。
一九四二年六月十七日	（送叔叔赴南洋而北上基隆，事後到臺北）訪張文環，一起午餐。下午去山水亭。晚上和黃得時在張文環家見面。
一九四二年六月十八日	和帝大的金關丈夫教授、中村哲教授、中井教授、中山（侑）氏、文環、井泉等一行十二名去看賽龍舟。
一九四二年六月二十日	拜訪張文環。下午與文環、楊佐三郎夫妻等人到三峽訪問畫家李梅樹。回到臺北後和文環去楊佐三郎家休息。
一九四二年六月二十一日	早上和文環一起到三和印刷所拜訪周井田。下午井泉兄帶著我和文環等人去新北投。到沂水園旅館午睡，之後在公園附近散步。晚上訪問文環家時，因對「文藝家協會」改組一事有諸多不滿之處，所以立刻飛書中南部同仁。
一九四二年六月二十二日	去文環家校對吳新榮兄的〈亡妻記〉。中午與文環拜訪廣播電臺，和中山（侑）氏會談。告辭後與文環、井泉、藤野（雄士）等人在公會堂餐廳吃午飯。與文環一同起草給矢野（峰人）博士的信。
一九四二年六月二十三日	上午在文環家校對（《臺灣文學》二卷三號稿件），並寫信封上的地址。下午（在山水亭與友人聚餐），再回文環家繼續工作。
一九四二年六月二十四日	早上（在文環家）寫完（郵寄《臺灣文學》二卷三號）信封的地址。午後和文環上街閒逛。終究可去的地方不多，只覺得越來越無聊，只好再回文環家聊天。

一九四二年六月二十五日	早上去文環家。校對文環寫的小說〈閹雞〉，有九十五張，很費勁，直校到中午。下午我和文環到城內搬遷同仁雜誌的所在（從太平町三之二十八日光堂，搬到宮前町二三七號清水書店）。（晚上與張文環）和蔡（香吟）、鳥居（芳枝）兩位小姐會合，一起在山水亭吃晚餐。外面因防空演習而黑漠漠的，反令文環的妙語增輝。
一九四二年六月二十六日	去文環家，和張健次郎會面。與文環去三和印刷店（送印稿件）。其後在永樂町附近散步到中午。三點在文環家和中山（侑）氏碰面。文環的〈閹雞〉二校。晚上寫了編輯後記之後回井泉家。
一九四二年六月二十七日	去文環家整理稿子。提出出版延期的申請。感覺很忙碌。校對文環的作品到中午。文環因感冒發燒，躺在床上呻吟。（下午呂赫若由臺北返家）
一九四二年七月五日	去豐原，在寶煙兄家寫信給張文環、王井泉。
一九四二年七月八日	上臺北。到文環家，送他西瓜為禮。晚上與文環、夏雨在山水亭用餐。
一九四二年七月十日	和王井泉、文環到謝火爐家。
一九四二年七月十一日	早上帶文環去宮前町的楊氏工作坊聽蔡（香吟）小姐的聲樂練習。之後三人連袂訪黃得時家。下午吳天賞帶小孩三人來臺北。一整下午在文環家閒談，蔡（香吟）小姐也在內。
一九四二年七月十二日	早上去文環家。下午和文環去新北投，投宿蓬萊閣別館。兩人午睡。晚上談過天後，文環坐九點的車回臺北。剩自己一人。
一九四二年七月十三日	晚上與王（井泉）、張（文環）、中山（侑）等人去新莊街，看「演劇挺身隊」的戲劇排練，指導其造型。
一九四二年七月十四日	去文環家，與澀谷精一見面。晚上在山水亭和張（文環）、蔡（香吟）、鳥居（芳枝）、中山（侑）、張星建、楊千鶴、楊逵、王（井泉）等人聚餐。舉行《臺灣文學》評論會。會後在陳逸松家三樓請蔡（香吟）小姐獨唱，大家都聽得陶醉了。
一九四二年七月十五日	在「明治製菓」舉辦「臺灣文藝家協會」大會。散會後與中山侑、文環散步到中山家。
一九四二年七月十六日	早上在文環家和吳新榮會談。午飯在陳逸松家吃。來會者數名。下午去草山的白雲莊住一晚。一夥是：王井泉、張文環、吳新榮、中山侑、藤野雄士、陳逸松、陳紹馨、陳夏雨、楊逵、楊佐三郎等人。
一九四二年七月十七日	下午打電話約出蔡（香吟）小姐，在文環家商量開茶會的事，最後決定延期。
一九四二年七月二十八日	晚上和小巫（巫永福）兩人上街散步。到中央書局。商談要做《臺灣文學》的合評。

一九四二年八月二日	《臺灣文學》合評會開會。下午一點起在大地茶房。出席者張星建、田中保男、巫永福、楊逵、陳遜章等人，以座談方式合評第四期及第五期。自己負責記錄。
一九四二年八月三日	將（《臺灣文學》）「文藝合評」的原稿寫好，寄去「興南新聞社」。
一九四二年八月二十二日	（王井泉南下臺中）去臺中中央旅館找王井泉，談《臺灣文學》的加強。
一九四二年八月二十五日	（下午上臺北）去文環家。
一九四二年八月二十六日	去文環家時，碰見憲兵上田氏，和他聊天。晚上「明光新劇團」的幹部和文環拜託我有關劇本委託、導演等事情。被請去藝旦間。
一九四二年八月二十八日	上午去文環家。下午因想睡覺而回王家睡了一會兒之後又被文環叫出來，和楊佐三郎、周氏訪李超然家。
一九四二年八月二十九日	早上去文環家，但他在床上睡懶覺，所以辭出。下午和王（井泉）、文環一起去廣播電臺，請名和氏彈鋼琴。
一九四二年八月三十日	早晨井泉來訪，兩人一起去文環家。（隨後呂赫若返鄉）
一九四二年八月三十一日	寄信給文環、蔡（香吟）小姐。
一九四二年九月七日	老王（王井泉）來信，要我立刻寫四十張《臺灣文學》的稿子。雖感為難，但努力也是一種學習。
一九四二年九月十日	下午北上。去山水亭。在王井泉從演奏會回來之前和文環、楊佐三郎等人談天。晚上和井泉等人商量《臺灣文學》的事。
一九四二年九月十二日	早上去文環家玩。下午和蔡香吟小姐散步，去城內，之後一起去文環家。建議開設聲樂研究所。
一九四二年九月十四日	和張文環結伴去「臺灣演劇協會」，將劇本《結婚圖》交給竹內主事。
一九四二年九月十五日	早上到文環家去時臺中的張星建上臺北來了。下午和王（井泉）、張（文環）到咖啡店「孔雀」去看女服務生的表演練習。下午四點起出席在「明治製菓」三樓召開的「文藝家協會月會」。
一九四二年九月十八日	下午去文環家。接著回來午睡到三點。趕去「天馬茶房」等候中山（侑）、文環、楊佐（三郎）等人以及劇團的人，但沒來。
一九四二年九月十九日	下午在文環家和王仁德閒聊。三點和大家一起去天母溫泉。為出席《臺灣文學》新贊助人副島清港（張清港）的邀宴也。

一九四二年九月 二十日	短篇小說〈風水〉脫稿，稿子投給《臺灣文學》。到文環家一看，吳天賞到臺北來了。（呂赫若下午返鄉）
一九四二年十月 十日	下午上臺北。和張文環、楊佐三郎碰頭，散步。晚餐在楊佐三郎家被請。
一九四二年十月 十一日	（手上長出腫瘡）貼了文環給的膏藥。邀文環想去拜訪「興南新聞社」，終沒去成而只是閒聊天。
一九四二年十月 十二日	早上去張文環家，碰到「明光劇團」團主，一同去「演劇協會」。下午和張氏去「興南新聞社」，想找林雲龍，但不在。（張星建來臺北）晚上在文環家談天。「神風劇團」團主也來這裡，邀大家去他家，一行數人被他請吃飯。
一九四二年十月 十三日	下午和黃得時、王仁德、張文環等人去臺大醫院探望《臺灣時報》編輯人植田氏的病情。接著去錦町探望中山（侑）氏的登革熱病。晚上在文環家閒聊。
一九四二年十月 二十日	上臺北。到文環家看時，正在為去東京而忙亂。因為他要以臺灣代表身份出席大東亞為學者大會。
一九四二年十月 二十一日	早上去文環家看時，吳天賞已來了。晚上和張文環等人去陳逸松家閒談。替文環餞別，祝他旅途平安。
一九四二年十一 月二十八日	去文環家閒聊。晚上在王井泉家開《臺灣文學》編輯會議。與會者：王井泉、張冬芳、張文環、名和榮一、黃得時、王仁德諸氏。
一九四二年十二 月二日	到張文環家閒談。
一九四二年十二 月三日	去「天馬茶房」，拿《臺灣文學》的油畫去文環家，選了三幅帶回來。
一九四二年十二 月八日	下午去臺中。張文環恰巧也在由嘉義返回臺北途中到臺中來。一起去吳天賞家久坐談天。晚上回臺北，張文環也同車。
一九四二年十二 月十一日	晚上在王井泉的家招待中村哲教授夫婦，是《臺灣文學》主辦的新婚祝賀。
一九四二年十二 月十三日	看《臺灣文學》的投稿稿件。
一九四二年十二 月十八日	訪文環，他從文藝（臺灣文藝家協會）演講回來。下午再次在文環家商量（《臺灣文學》）編輯事宜。
一九四二年十二 月十九日	早上寫《臺灣文學》投稿作品的短評。下午在山水亭由文藝同好迎接從南方回國途中順道來臺的石坂洋次郎、上田廣（從軍作家），開文藝座談會。結束後由《臺灣文學》作東和兩氏去「艾爾特爾」重開宴會。（該晚）和文環談論《臺灣文學》的將來。
一九四二年十二 月二十一日	去文環家，商量《臺灣文學》的事。

一九四二年十二月二十二日	在文環家閒待著。
一九四二年十二月二十三日	去文環家,之後和王仁德漫步城內。
一九四二年十二月二十四日	在文環家閒談。
一九四二年十二月二十八日	與張(文環)、王仁(德)等人漫步市內。
一九四二年十二月二十九日	下午去文環家就與《文藝臺灣》之間的問題交換意見。之後在王井泉的家開《臺灣文學》同仁編輯會議,老王請客,談關於明年度的發展。
一九四三年一月六日	去張文環家,同他喝酒、談文學。
一九四三年一月九日	因為在「日劇」擔任舞蹈指導和配樂的渡邊武雄回來了,所以約文環、名和、呂泉(生)、蔡女士等人出來和渡邊氏聚餐。之後和王仁德在文環家聊天。
一九四三年一月十二日	去文環家,兩人一起去山水亭。之後和文環他們一起去大世界館看法國電影《罪與罰》。晚間在文環家和廣播電臺的夥伴們討論《臺灣文學》的事到深夜。
一九四三年一月十四日	上午去文環家,王仁德也在座,一起談得很起勁。文環請吃中飯。下午去山水亭,加上王井泉,四人進城閒逛了一下午。
一九四三年一月十五日	去文環家閒蕩。
一九四三年一月十六日	下午去臺北,校訂《臺灣文學》。
一九四三年一月十七日	和文環、仁德他們去桃園觀看「雙葉會」的戲劇。和導演林博秋、《阿里山》原著者簡國賢見了面。其後松居桃樓也來了,一同吃晚飯。
一九四三年一月十八日	忙著校訂《臺灣文學》(三卷一號,一月三十一日發行)。午飯文環請。
一九四三年一月十九日	下午五點在王家開送別中山(侑)氏的同仁編輯會議,拍紀念照。七點在山水亭開中山(侑)氏餞別會,由《臺灣文學》主辦。
一九四三年一月二十日	今天起到「臺灣興行統制會社」就職,負責新劇業務。下班去文環家,王仁德也在。去山水亭,請王井泉、張文環做我的擔保人。
一九四三年一月二十一日	晚上在山水亭和王井泉、陳逸松、文環、仁德、呂泉生等人給老王請吃尾牙。

| 一九四三年一月
二十二日	下班後去文環家，在那裡和大家一起吃晚飯。
一九四三年一月
二十四日	王井泉、張文環、王仁德來，邀我和張多芳一起去新北投的沂水園，
悠哉悠哉了一個下午。
一九四三年一月
二十七日	下班後和張多芳去大稻埕，拜訪文環家，他不在家而在山水亭。（隨
即去山水亭）在山水亭聊天。
一九四三年一月
二十九日	下班後去山水亭，和林博秋、陳春德、鄭安、張文環、王仁德等人
商討「《臺灣文學》三週年紀念晚會」事宜。這將是一個音樂與演
講的晚會。王井泉請客。之後去文環家。 |
| 一九四三年一月
三十日 | 下班後去山水亭時碰到《臺灣時報》的植田氏、文環，一起作陪。 |
| 一九四三年一月
三十一日 | 去文環家。今天的文環似乎落寞。一起去散步、去喝茶。 |
| 一九四三年二月
三日 | 下班後和多芳去文環家，被請吃年糕。 |
| 一九四三年二月
四日 | 下班後去山水亭，和文環等人給老王請客。其後張星建來，一起聊
了一會兒。 |
| 一九四三年二月
九日 | 去文環家。聽說去南部旅行的他和井泉兄坐今天的快車回臺北。 |
| 一九四三年二月
十日 | 到山水亭時，吳天賞已在那裡。和文環、仁德、井泉兄等人在山水
亭坐談到深夜。 |
| 一九四三年二月
十一日 | 中午去山水亭與名和氏、王氏等商討《臺灣文學》事宜。 |
| 一九四三年二月
十二日 | 晚上和文環、仁德一同到三和印刷所聊天。 |
| 一九四三年二月
十三日 | （前晚夜宿王仁德家）隔日去文環家洗臉。 |
| 一九四三年二月
十九日 | 下班後去張文環家，和他討論《臺灣文學》的事。維護《臺灣文學》
者是張氏和我。 |
| 一九四三年二月
二十一日 | 中午去大稻埕找文環。陳夏雨的父親來了，所以在山水亭一起被老
王請。晚上和文環、仁德、泉生等人散步。 |
| 一九四三年二月
二十三日 | 和文環碰面，聽說帝大的工藤好美教授說我的作品在意識形態方面
薄弱。 |
| 一九四三年二月
二十四日 | 中午去山水亭開《臺灣文學》的編輯會議。（下班回家後）一直不
停地寫要給《臺灣文學》的稿子〈合家平安〉。 |
| 一九四三年二月
二十六日 | 和多芳步行去大稻埕拜訪文環家。 |

一九四三年二月二十七日	戶川貞雄、丹羽文雄、庄司總一等人為了文藝演講而從內地來到此地了，所以一起和《臺灣文學》同仁談天（呂、張應皆有參與）。
一九四三年二月二十八日	張文環、吳天賞來訪。一起去北投沂水園找王井泉，在那裡吃午飯、午睡。
一九四三年三月四日	和陳逸松、吳天賞、仁德、文環、蕭再興、井泉等人在井泉他家吃日式火鍋，閒談將《臺灣文學》改為有限公司的事。
一九四三年三月九日	（呂三月七日載：去大稻埕，文環去南部，不在。）去文環家一看，他已從南部回來了，星建也在一起。（晚上呂獨自參加「臺灣文藝家協會」臨時大會，中途退席）去文環家，和星建談天。
一九四三年三月十一日	早上去山水亭，井泉和我商量將《臺灣文學》改組為公司的事。下班後和多芳去文環家。
一九四三年三月十二日	中午去文環家，他聽了〈多瑙河的漣漪〉，受到感動而變得好笑。下班後去文環家借《中央公論》。
一九四三年三月十五日	下班後和池田敏雄碰頭，一起去文環家。吳天賞已經來了，閒談，楊逵也在座。張多芳也來了。
一九四三年三月十六日	去王井泉家，出席《臺灣文學》同仁辦的，戶川貞雄、丹羽文雄、庄司總一等人的歡迎談話會。其後和超然、文環等去散步。
一九四三年三月十七日	早上去文環家。
一九四三年三月十八日	去文環家聊天。
一九四三年三月二十日	去山水亭。林博秋、臺中的莊世英來。一同吃過午飯後去文環家，被介紹認識從上海回來的郭雨新。其後為了歡迎他，和世英、文環、天賞等人去藝旦房，接著去「富士」酒館。
一九四三年三月二十一日	去山水亭和王井泉天南地北的聊，談聯合公司的事、《臺灣文學》的事。
一九四三年三月二十三日	和彰化的蘇新在井泉家與井泉、文環、仁德等人一起協議《臺灣文學》改為有限公司的事宜。
一九四三年三月二十九日	午餐和吳天賞等人一起在文環家吃。
一九四三年三月三十日	帶王松機去大稻埕，在張文環家中和「士林演劇挺身隊」的人談戲劇。
一九四三年四月二日	因林博秋來，連同多芳一起去山水亭吃晚飯。之後去文環家談得很起勁。
一九四三年四月三日	讓孩子們在文環家玩。

一九四三年四月四日	大家（呂、林博秋、須賀醫師）一同去文環家聊天。
一九四三年四月七日	下午張文環來訪，所以一起去喝茶。稍晚在文環家和井泉兄等人閒談戲劇。
一九四三年四月九日	王仁德來訪，一起去「明治製菓」喝茶，互相談論《臺灣文學》。下班後去大稻埕文環家。
一九四三年四月十二日	終於開始校正《臺灣文學》夏季號了。下午出席在陳逸松家舉行的「柳宗悅談臺灣文化」的會。與會者：金關博士、陳逢源、吳天賞、張文環、呂靈石。
一九四三年四月十四日	今晚張多芳要宴請大家。與會者有：陳逸松、黃啓瑞、李超然、張文環、蕭再興、呂泉生等人。
一九四三年四月十五日	蕭再興在王井泉家設宴。來集者有昨天的成員（陳逸松、黃啓瑞、李超然、張文環、蕭再興、呂泉生）再加上仁德、天賞、林博秋、遜章。
一九四三年四月十六日	下午巫永福來電話說到臺北來了，立刻趨訪文環家，他已在那裡了。遜章、星建兄也在，在那裡談天。我四點回公司，寫《臺灣文學》的〈編輯後記〉，下班後送交印刷廠。
一九四三年四月十七日	（前晚張星建、陳遜章在呂家醉酒嘔吐。呂到山水亭後）文環、天賞大肆責難攻擊喝飲酒。發生大爭論。
一九四三年四月十九日	到王仁德家和他下象棋。稍後加上文環、超然夫婦、蕭（再興）夫婦（在王仁德家）一起吃湯圓。
一九四三年四月二十一日	拎兩瓶「白鹿」酒去文環家送他。
一九四三年四月二十七日	在文環家碰到《朝日新聞》的泉義夫氏。
一九四三年五月一日	下班後去文環家，談論《臺灣文學》大受歡迎之事，一起吃晚飯。
一九四三年五月六日	張文環到公司來找我，邀我說一起去大學訪問工藤（好美）教授。
一九四三年五月八日	下班後去文環家。加上吳天賞一起喝了「白雪」之後，被請吃晚飯。好舒服。《臺灣文學》非堅固團結不行。
一九四三年五月十日	去文環家，送他蜆貝。他從今天起去南部旅行。
一九四三年五月十二日	和王井泉聊《臺灣文學》的戲劇的整體一般。
一九四三年五月十八日	今早回來臺北的文環就打了電話來，對昨天文化欄的報導大發雷霆（《興南新聞》學藝版，葉石濤言本島人作家無皇民意識，舉張和呂為例立說）。他關懷同志之情了不起。下班後和李超然一起去大稻埕，在文環家談論黃得時的表裡不一。

一九四三年五月十九日	早上靜不下心而去文環家。下午在文環家與李石樵、陳澄波碰面聊天。下班後，和李（石樵）、陳（澄波）、加上吳（天賞）氏，在文環家一道吃飯、喝「金雞」酒。就《興南新聞》文化欄的問題談個沒完沒了。
一九四三年五月二十一日	去井泉家時，碰到李石樵，一起去文環家（聊天）。
一九四三年五月二十二日	順路找文環。
一九四三年五月二十七日	午休時去文環家。
一九四三年五月二十八日	下班後去大稻埕。和文環去喝茶。晚上加上吳天賞給文環請。三人盡情交談。思索藝術的苦惱。
一九四三年五月二十九日	和陳逸松、張文環等人去太平町的唱片行四處尋覓購買採茶歌、子弟歌曲的唱片。
一九四三年六月二日	和文環、李石樵、蕭再興等人去訪問陳逸松。晚餐在文環家吃，和林金樹、李石樵、周井田一起喝我帶的「月桂冠」。都是藝術同好，很愉快。
一九四三年六月四日	拿糯米和蜆貝去文環家送他。和李石樵一道去李超然家，有小型音樂會，文環、辜振甫、偉甫兄弟、泉生來參加。
一九四三年六月五日	去文環家跟他講這件事（呂被批評對工作認識不足而想辭職），他勸我要忍耐。
一九四三年六月八日	去文環家談天，說是小說終於就快要不能寫了。
一九四三年六月十三日	去文環家，討論昨晚開的會（「評論隨筆部」的第一次會議）。
一九四三年六月二十日	王昶雄的結婚喜宴。和文環、逸松、逢源老師、得時等人去參加。
一九四三年六月二十四日	早上繞去文環家。晚上在蓬萊町的井泉自宅，由《臺灣文學》的同人們辦臼井要、藤野雄士的出征餞行會。
一九四三年六月二十七日	張文環來了，一起去辜振甫家，「厚生演劇研究會」的會員們在那裡做《閹雞》的總排練。
一九四三年六月三十日	去大木書店時，聽說文環來遊樂園了，於是去那裡找他聊天。兩人一道去外雙溪找楊雲萍，和他大談文學研究。
一九四三年七月二日	去文環家和紺谷氏碰面，龍瑛宗也來。
一九四三年七月三日	晚上（《臺灣文學》）同仁們在山水亭圍著紺谷氏吃晚餐。結束後和文環、龍瑛宗三人去古亭町拜訪工藤好美。

一九四三年七月五日	和李超然，加上多芳，三人去大稻埕，順便去文環家磨磨蹭蹭之後回家。
一九四三年七月六日	去陳逸松家，王井泉在，王仁德稍後也來。商討《臺灣文學》明年以後的方針及清水書局出版事業的事，是因文環的散漫所造成的。
一九四三年七月七日	去文環家，他不在。在雨中等候巴士的時候，看到文環的身影，所以再度前往，談關於《臺灣文學》的印刷事宜。
一九四三年七月八日	去大稻埕文環家，順便去印刷所。
一九四三年七月九日	去文環家，校正《臺灣文學》（三卷三號，七月三十一日發行）的校樣，碰到李石樵。爲排版的事和文環意見衝突。
一九四三年七月十三日	去大稻埕文環家，就《臺灣文學》的將來交換意見。他總歸不是長於事務的人，眞傷腦筋。王仁德也散漫。不過《臺灣文學》應當能充分地維持下去。看不慣大家胡來的態度。
一九四三年七月十四日	呂和王仁德、張多芳互相談論（《臺灣文學》）出版的事。《臺灣文學》視經營狀況如何應該也會轉虧爲盈。
一九四三年七月十五日	去文環家，因他的文學停滯了，所以勸他爲了打破那種狀態回鄉下去。他悄然無語。雖是好男兒，性格上卻……。晚上趕（《臺灣文學》稿件）校正工作。
一九四三年七月十六日	晚間設計《臺灣文學》秋季號的目次。
一九四三年七月十七日	爲了《臺灣文學》的印刷而去印刷店，是目次部份。這期的目次是我設計的。晚上在黃得時家有評論隨筆部的會議，和文環冒雨出席。出席者有工藤好美、鹽見薰，另外還有杜博士的千金、龍（瑛宗）氏。
一九四三年七月十九日	《臺灣文學》的明年度會是個暗礁。希望文環也能務實一些。也考慮過自己出面來做做看，可是看了團體的結合後就沒那股勁了。
一九四三年七月二十日	去山水亭一看，王昶雄來了。晚餐給王井泉請。來會者：陳逸松、文環、石樵、天賞等人。之後一起散步淡水河畔，去逸松家聊天。
一九四三年七月二十六日	下午去文環家，聽他講昨天的文學報國會理事會的情形。請我當代表參加「大東亞文學者大會」。可是，東京那地方我實在不想去。
一九四三年八月六日	下班後去大稻埕（張家），文環也實在令人傷腦筋，已成僵局了嗎？
一九四三年八月十三日	《臺灣文學》同仁集體去楊佐三郎家吃酒席。
一九四三年八月二十五日	在清水書店開（《臺灣文學》）編輯會議。

一九四三年十二月十三日	今天《臺灣文學》被有關當局命令停刊，感慨萬分。趕緊著手編輯終刊號。我也被交代要寫作品。
一九四三年十二月十六日	短篇小說〈玉蘭花〉脫稿。立刻趕去三和印刷所，要登在《臺灣文學》終刊號。傍晚印出稿樣，晚間校正。
一九四四年一月一日	去清水書店和王仁德、張多芳、王昶雄等去陳逸松家；張文環、楊佐三郎、李超然也來此會合，黃啓瑞也來。大喝美酒。之後一行去李超然家，大喝特喝，駱水源也來參加。七點去文環家。

附錄二：張良澤教授訪談錄

時間：2010 年 7 月 7 日
地點：臺南麻豆眞理大學臺灣文學資料館
採訪：陳英仕

　　張文環回臺後加入電影公司，在那認識他第二個夫人陳群女士，他妻子是日本人，沒生小孩，陳群長得很漂亮，身材也很好。日本妻子認爲自己無法生育，而臺灣家庭在傳統上無後不行，所以沒有反對張文環再娶陳群。陳群爲他生了二子三女，我去他家時二女兒正在讀大學，長得很漂亮，跟她媽媽很像。張文環全家都住在一起，小孩是由日籍太太帶大，所以小孩都叫她媽媽，外人看不出來小孩不是她生的，因爲看起來小孩反倒跟她比較親近。他這個日本太太完全臺灣化，穿著和一般臺灣婦女一樣，臺灣話說得很好，平常多是講臺語，生活習慣、一舉一動完全臺灣化，看不出來是日本人。張文環對這個日本太太教育很成功，純粹的臺灣化，他從日本帶她到臺灣就開始要她講臺灣話。在日本時代，娶日本人的家庭都想辦法要日本化，成爲國語家庭，張文環剛好相反，他倒過來把日本太太臺灣化。我一開始還不知道她是日本人，因爲去她家時大家都說臺灣話，所以我第一次去張文環家把陳群跟她搞錯，誤以爲比較漂亮、年輕的陳群是日本太太，以爲張文環先娶臺灣的，然後看到這個日本的比較漂亮才再娶。還有那些孩子一直跟日本太太說話，所以我一直以爲那些孩子是她親生的，後來才知道相反了。我去他家時，張孝宗已經大學畢業，照顧小孩到大學畢業，我一點都感覺不出來小孩不是她親生的，反而這些小孩跟陳群有點距離，所以我才會誤會。陳群打扮

比較時髦，比較會說話又比較年輕，應酬比較多，而大老婆則都在家帶孩子，就像家庭主婦。張文環看起來黑黑的，矮矮胖胖，是第一醜男，人家都說他像殺豬的，沒想到他那麼有才華，跟呂赫若完全是對比，呂赫若人稱臺灣第一才子，那個氣質就像音樂家、藝術家，兩人外型完全不同，但卻是最好的朋友。

　　這個日籍妻子會嫁給張文環是欣賞他的才華，日本社會對作家、畫家、藝術家都很尊敬，所以她即便知道嫁給張文環生活一定很苦，她還是嫁了。張文環留學東京時曾在神田開了一家咖啡廳，目的是給「臺灣藝術研究會」的同仁有個地方聚會，張文環把這間咖啡廳交給日籍妻子經營，用賺來的錢維持《福爾摩沙》。當時參加臺灣藝術研究會的都是留學生，沒什麼錢，巫永福比較有錢，有拿錢出來資助。《福爾摩沙》共發行三期，水準很高，最後因缺乏經費而停刊。所以張文環的日本太太從那時就接觸這些臺灣留學生，融入臺灣人的圈子，也認同臺灣藝術。張文環任職日月潭飯店時，臺南醫生蔡瑞洋跟我至少一個月去日月潭找張文環一次，他要去度假沒伴所以都約我一起去。每次去都會找張文環聊天，他說到自己有兩個妻子的事都不會覺得不好意思，反而很自豪，他說一個家庭兩個女人，大老婆帶二老婆的小孩，還帶的很好，整個家庭很和平，他很驕傲很得意。蔡醫師有時會故意挖苦他，他會反問說：「你們有辦法像我這樣娶兩個太太，二人還相處這麼好，大老婆還把二老婆的孩子帶到這麼大嗎？」

　　戰後，張文環生活比較辛苦，一開始是當大里鄉鄉長，那時國民政府來臺要求各庄提供規定的糧食，那時農民生活不好，拿不出米來，張文環出面替這些農民反抗，他二二八被迫逃亡可能與此也有關係。後來臺灣省通志館成立，國民黨為了攏絡日本時代的文人，就把他們網羅進去，張文環在那待過一陣子，是林獻堂把他拉進去的，像王詩琅也在裡面。他任職文獻會期間發表過幾篇關於經濟議題的文章，可能是上級交代寫的。當時張文環的生活很辛苦，可能要到任職日月潭飯店總經理時生活才比較好，也才有時間寫作《滾地郎》。他計畫要寫三部曲，但絕不用中文寫作。他在文獻會工作時寫字也是用日文，然後由別人翻譯，他拒絕學習中文，我跟他聊天時不曾聽過他說一句國語。他中文書寫能力沒問題，只是國語表達能力不好，所以寫漢文沒問題，日本時代公學校就有教漢文，只是用日語發音。他們是用日文文法去理解漢文，所以張文環寫漢文時也是先用日文思考，再把它翻譯成中文寫

出來，明治維新以後的日本文人都可以寫作漢詩文。張文環寫白話文可能比較不通暢，反而寫古文比較容易。張文環計畫的三部曲第一部是《滾地郎》，我的印象第二部是《地平線的燈火》，但沒有完成，只有初稿。

他停筆三十年主要的原因是二二八事件的影響，他很怨恨國民黨，如果有國民政府的官員到日月潭飯店他一定想辦法避開，叫副總或公關去招待，他很討厭那些人。二二八時朋友犧牲讓他很傷心，所以他決心北京話一句都不講，中國報紙也絕對不看，之前他在議會發言也都用臺語。他的辦公室在地下室，很低調，不想露面。他寫《滾地郎》和《地平線的燈火》也是默默的寫，不讓人知道。有次我去日月潭找他，《滾地郎》剛好從日本的出版社寄到，他正在拆裝，我有幫他照一張相，《滾地郎》是一九七五年出版的。而「地平線的燈火」這個題目張文環在日本時代就已經想好了，在戰爭期間就開始構思內容，最初他本來只是想寫臺灣人出征或是臺灣人出征死去的事，也就是要寫臺灣人的命運。我記得他說原本的計畫沒這麼大，那時構想的是短篇，他的短篇都很長，是戰後國民黨來了讓他體驗感觸很多，經過二二八事件才把它擴大成三部曲。他跟我說過三部曲的總名就是要用「地平線的燈火」，然後再分第一部、第二部、第三部。地平線那遙遠的燈火象徵的是臺灣人的命運，他凝視著臺灣人命運的燈火一閃一閃著，那是要寫臺灣人當日本兵出征的故事。

在日本時代他跟呂赫若最好，兩人理念相同，和林博秋是拍電影的夥伴關係，和王昶雄、王井泉、吳新榮等都是好朋友，都有來往。呂赫若那時在臺北，張文環也在臺北，呂赫若在張文環發行的《臺灣文學》發表很多作品，吳新榮在臺南，久久才到臺北一趟，交往大概是用通信的方式。二二八事件後，張文環很長一段時間跟外界、文壇斷絕聯絡，那時風聲鶴唳，加上白色恐怖，大家都會怕，所以和朋友無法聚會，就連通信都不敢。即使到了五〇年代，張文環和那些日本時代的朋友還是幾乎沒有往來，大家只顧生活。日本友人方面，他跟坂口䙽子很要好，理念最相同，都具人道主義。中村哲跟張文環也不錯，不過中村哲是讀憲法的，所以兩人在文學上也無法聊很多，跟池田敏雄也不錯，張文環去日本時都會找他們。

戰後，張文環即使在很多公司當經理或總經理但薪水也不高，像在彰化銀行當經理，銀行是國家的，公務員的薪水很低，而且他以前都只是寫作，沒有實務經驗，之所以會被聘請當經理或總經理，是基於友情的關係，大家

想照顧他，都是掛名而已，他有工作國民黨就會比較安心，不會找他麻煩。做生意張文環是外行，但像辜顏碧霞也特別幫他。當時必須在公司有職位才能出國，他主要都是去日本，那時出國很麻煩。

在民族認同上，張文環強調自己是臺灣人，跟日本人有競爭的意識，不想輸給日本人，就是同爲一個日本國的國民，我這個臺灣人不想輸你日本人。他不否認是日本國民，也不否認日本帝國這個國家，但只要違反人道、人性的行爲，他就反對到底。遙遠的祖國在日本時代對張文環而言沒什麼特別的期待，只知道祖先是從那裡來，沒想到遙遠的祖國能打敗日本光復臺灣，所以光復時他很高興，不過等國民政府眞的來臺，一切就破滅了。光復之前，現實是日本帝國統治，從小讀日本書，是日本的國民，所以沒有去否定它。但出社會才知道一樣都是日本國民，不過臺灣人是二等國民，而日本人是一等國民，自然就產生一種對立，想跟他們拼，不想輸。他常提到日本時代在永樂座演出《閹雞》的往事，一邊是日本人演皇民劇，另一邊演《閹雞》，那一邊都沒人看，這一邊觀眾爆滿，他覺得贏日本人很有面子。他跟西川滿也是種競爭關係，像《臺灣文學》裡也有日本人，《文藝臺灣》也有臺灣人，張文環覺得西川滿高高在上，自視甚高，讓他很不服，所以創刊《臺灣文學》，陳逸松、王井泉都出錢資助。當時張文環對電影事業很有興趣，想要進口影片賺錢維持雜誌，也想在臺灣拍片，對電影很熱情，可惜在這方面沒什麼成就。

張文環的日文造詣很高，與龍瑛宗、呂赫若比較，我認爲張文環在臺人作家裡的日文是一級的，而他寫日文有時故意會加入臺灣話，所以有些人覺得他的日文不純，但這是他要在日文裡表現臺灣味的緣故，所以這種日文表現方式是要再高一級。像龍瑛宗的日文很純，而張文環就故意用臺灣話的方式表現，懂日文的人一看就知道這是更高層次的。他的日文融入很多臺灣俗語，比如「鴨子聽雷」日本人就不了解，覺得很奇怪，沒下雨怎麼突然寫說一隻鴨子在聽雷，這是因爲對臺灣不了解，張文環就是故意要這樣表現。他直接把臺灣俗語翻譯成日文，而龍瑛宗則是把臺灣俗語換作日文同樣的俗語，所以龍瑛宗的日文很順，很合日本人的口味。因此研究張文環我覺得最困難的就是他的日文，如果要了解張文環的文學一定要讀原文，但能眞正了解他原文的我看臺灣沒幾個。

我研究張文環最大的障礙就是日文，他的小說翻譯成中文那個味道就不一樣，這實在很困難，讀他的原文慢慢體會，可以發現他的描寫相當細膩，

但翻譯成中文就很無聊，跟情節、主題也沒關係，覺得結構很鬆散，不過原文卻可清楚呈現脈絡。他對小說人物的動作描寫非常細膩，影像好像都浮現出來，常用好幾行文字描寫一個動作，這翻譯成中文就容易讓人覺得無聊，怎麼會一個動作講一堆，大家想看的是情節到底怎麼發展，所以會覺得枯燥。由於受到自然主義的影響，張文環認為每個枝節都很重要，所以有人會說他的小說主題不明顯就是因為這樣，跟川端康成的日文味道很像，故事翻成中文，情節其實湊起來就只有一點點而已，但卻把它描寫的很細膩。

　　張文環對文學很講究藝術性，他所謂的藝術性不是以故事情節取勝，或是有什麼強烈的主題，他的小說主題很淡，比較沒有主題。例如描寫一個從山上背柴下山賣的女孩，其他作家著重的可能是描寫她背柴的辛苦或關心這些柴能賣多少錢，但張文環是把重點放在她背柴姿態的描寫，透過描寫她身體的扭曲來傳達她很辛苦。跟張文環聊天時就可以發現他對事物觀察的能力，他說留學日本時，因檢舉共產黨事件連同他在內一些臺灣學生被逮捕入獄，一起被關在獄中的還有朝鮮人，他們關在臺灣人對面的牢房。他詳細的把臺灣人被日本警察鞭打的情形描述給我聽，輪到朝鮮人時，他說看到一個日本警察叫一個朝鮮人趴在桌子，把他的褲子脫掉，然後拿著皮鞭，皮鞭末梢還綁鐵線抽打他。張文環邊講邊笑，他形容日本警察鞭子抽下去，那個朝鮮人的屁股肉就彈一下、震一下，日本警察並叫他的女兒站在對面看，女兒一直哭喊父親。張文環看了很不忍，他說：「如果可以的話，我恨不得代替他被打。」張文環說這件事時你不覺得那個朝鮮人被打的有多痛，但他說到這個小女孩在哭，如果寫成小說的話，他不會寫這個警察很殘忍或怎樣，他會用一個小女孩在旁邊哭，讓你感同身受，這是他天才的地方，我們無法學習。

　　張文環的小說之所以在日本時代被批評主題模糊、結構鬆散、人物形象不鮮明，是因為那時很流行寫實主義，很講究主題啦，很鮮明的意象啦，但張文環是反對這個的，所以他故意把這些都打破。他的手法很像川端康成，沒人說川端康成是寫實主義，但他的描寫都很寫實，所以寫實主義跟描寫的很真實是不是同樣的意思？我看不是。應該說他們是自然主義，自然主義也很真實，就好像工筆畫，一個房間裡有書架，書架有幾個格子都描寫出來，你說這是寫實主義嗎？它很真實，可是不應該叫寫實主義，所以你說張文環是什麼主義，他就是很細膩地刻畫每一個動作、每一個細節。川端康成也是一樣，你說他的文學有什麼主題，這很難講，講不出來，川端的《古都》、《伊

豆的舞孃》有什麼故事都說不出來。〈伊豆的舞孃〉就是一個大學生書不讀，背著行李去追歌劇團追到伊豆去而已，但他就寫得很細膩，所以你說有什麼主題也說不出來，說什麼情節故事也說不出來，就是很單純，不過藝術性卻很夠，張文環同樣如此。像是張文環的〈藝旦之家〉，情節開頭寫男主角住旅社然後隔天去找那個藝旦，但光是對他住旅社的就描寫了一大推，把男主角的心理活動寫得很細膩，所以要評論張文環的小說，要看你從什麼角度。我們一向都喜歡用主題鮮明與否來決定作品的好壞，像是看一張圖就認為作者要表現什麼？畫裡的這個老人就要用什麼很明顯的形象來解釋，但它就是這樣。

　　所以我最初讀張文環的作品，其實很難進入他的狀況，讀得很累，我是先去日本留學回來才開始讀他的作品，那時候的我日文程度就只有留學生的程度而已，看他的日文小說就覺得很辛苦，有些都看不懂，有段時間我就讀不下去了。本來我有個計畫是要翻譯張文環的作品，不會的再去問他，結果我覺得別人的作品翻譯起來很容易，那時我在編吳新榮、吳濁流、楊逵的作品，這些人的作品都很好翻，因為主題都很明顯，他們的描寫筆法也都很簡潔、都很好，所以楊逵的作品我可以邊讀邊翻，吳濁流、吳新榮的也一樣。翻到龍瑛宗的就感覺比較複雜了，但我還是可以翻，不過要先打草稿，像〈植有木瓜樹的小鎮〉，我花了一個月翻譯完成，改了再改，改了再改。接著就是赫若，他的作品我也可以翻，跟龍瑛宗的差不多。最後就想翻張文環，但翻不下，所以他的作品我沒有一篇完成的，我都是翻一段、翻一段，沒有全部翻完的，因為有的可以理解，有的卻讀不懂，讀不懂我就查字典，覺得很吃力，所以就中斷了。中斷以後我就去日本，在日本一住就是二十多年，這時日語就比較常用，跟我以前在成大教書相比，日語能力好很多。我在成大教書時不過才去日本留學四年而已，而再去日本時我在日本教書二十五年，經過二十五年我再看張文環的作品，覺得他寫的真好，但現在要我翻譯還是覺得很困難，陳萬益就曾問我要不要翻。翻譯要翻的正確不容易，像葉石濤、鍾肇政都翻過〈奔流〉，不過我發現還是有翻錯的地方，所以自己又再翻譯一次然後發表，但張文環的作品我到現在都不敢翻，因為我覺得自己功力不夠。你把現在張文環作品的中文翻譯拿去對照原文，會有很多令人感到疑問的地方，所以我認為最難讀的是張文環的作品。

　　張文環的口才很好，如果高興時，話會講不停，但平常他如果不想講話，你問他好幾句他只隨便回答你一句。他講話時都會帶表情、帶動作，聽他講

話會讓人覺得這個人很有才華。但他在皇民奉公會時期的事，包括日本時代發生的事，都不太願意講。張文環講到興奮的時候都會站起來，如果他坐下就是不講話了，他站著講時周圍的人也跟著站著聽，而他會一直講不停，好像是講給自己聽一樣，每次一講就講很久，且會一直走來走去走來走去，說那時怎樣怎樣。啊！很可惜，那時沒錄音機也沒錄音帶，但如果要錄，他可能又講不出來，所以雖然我有帶相機，不過幫他照的相也不多，因為很怕打斷他說話。另一個他很得意的就是在日月潭大飯店前面建一尊孫悟空，那是他的傑作，張文環覺得孫悟空能七十二變，讓他從中領悟到一套哲學。

現在臺灣研究張文環文學的人很多，跟日本的研究者相比，他們語言上有先天的優勢，這是我們比較吃虧的地方，所以應該朝張文環生平事蹟、家庭背景去努力，看能不能從他家屬那或其故鄉梅山挖掘新的線索。我相信即使張文環全集出版了，但一定有遺漏、錯誤的地方，年表也是，這都必須加以補充、訂正，讓它更完整。

附錄三：張孝宗先生訪談錄[註1]

時間：2010 年 7 月 18 日
地點：臺中縣潭子鄉住家
採訪：陳英仕

　　我祖先是從福建南靖那邊來的。我在神岡國中教書二十六年半，民國八十九年二月一日退休，至今十年半。我是民國九十三年從臺中正氣街搬到這裡，到九月二十八號就滿六年。因為正氣街的房子原本是我父親彰化銀行的宿舍，後來銀行要收回，所以我們就搬到這邊。我母親（陳群）今年九十歲了。父親光復後曾當過大里鄉長、臺中縣參議員和埔里庄長。我有一個弟弟三個妹妹，我弟弟在大陸做生意，里美當過鋼琴社老師、幸元當過幼稚園老師，兩人住在臺中；玉園住臺北，她從海洋大學退休，我們子女對父親都很肯定。

　　一九四四年我剛出生沒多久就跟我媽媽、阿公從臺北疏開至梅山太平躲空襲，那時我父親人在霧峰，我聽長輩說，戰爭沒東西吃，而我很好命，因為我是長孫，我阿公都會到溪裡抓蝦，我都吃蝦。我父親對故鄉的感情有一種矛盾的情結，你們看過他的小說就知道，他小說都以故鄉為背景，他很愛臺灣，很愛故鄉，但那矛盾情結就是我祖父那輩算是地主，父親從日本回來後，他堂兄弟那輩有爭產的情形，我父親對此很厭煩，他不喜歡和人爭，他不重視物質，比較重視感情，所以講到這個他就很生氣說：「我的份全給你們。」他們聽到就不敢再說話了，因為我父親的輩分最大嘛！所以他對故鄉既愛，

[註 1] 張孝宗先生為張文環之長子。

又有感覺遺憾的地方，有這種情結。因為我不住在故鄉，到我這一代就出來了，所以我對故鄉有尋根的感情，但聽我父親講故鄉的情形，我又有一種很微妙的情感在裡面。我有一次回去故鄉，父親知道後很生氣，我也覺得很難過。父親很相信民俗，他說故鄉有一粒大石頭，小孩都會在那邊玩，後來蓋房子那粒石頭被搬去當建材，他說之後故鄉就衰落了。

　　我沒住過故鄉，有住過嘉義，是我國小二年級時，大約民國三十九年、四十年。我國小讀過五間學校，我最清楚的是國小一年級讀臺北西門町附近的福興國小，讀了一學期，第二學期轉到中山國小，我一年級就讀兩間學校；二年級搬到嘉義，先讀大同國小，六年級搬家又轉到林森國小，後來那改成嘉義師專。我們本來是住在嘉義火車站旁的中山路，我父親那時任職中山路上的臺灣人壽，爸爸、媽媽、妹妹就住在臺灣人壽的宿舍，而我和阿公住在「二通」，離他們住的地方不遠。後來會讀林森國小就是因為搬到中興街城隍廟那，再走過去就是嘉義醫院後門。到了六年級下學期，才讀一個月而已，就搬到臺中中山公園附近，讀太平國小，我是太平國小畢業的。我高一，大概民國四十九年左右搬到正氣街，算一算在正氣街住了四十五年，所以父親曾講過，如果一個地方很好，它也可以是故鄉，換句話說，你住在故鄉，大家都對你不好，那在情感上感覺也不好。所以父親告訴我，也可以把臺中當作故鄉，因為我們住在臺中最久，十三歲住到六十七歲，超過半世紀，所以像臺中縣文化中心編張文環全集，就把他歸入中部作家。

　　有一點我對父親很感激，因為從嘉義搬到臺中，六年級下學期只剩三個月，那個時代臺中有八校聯考，八個學校一起辦的假聯考，考完名次排出來，大概就知道你初中會考到哪間學校。那時我來臺中就感到有城鄉差距，課程進度與嘉義不同，臺中學校已經在複習了，嘉義那邊卻還沒教完，但沒辦法，我就跟著考假聯考。考完父親問老師大概我會上哪間學校，老師回答一間都沒有，那時父親很著急，拜託老師看晚上是不是能讓我到他家去加強比較弱的科目，比如數學，就這樣我在老師家讀了三個月。三個月後參加正式考試前又一次八校聯考，結果老師估計我差不多可以考上市一中，真的很準，我後來就讀市一中。父親那時雖然沒說什麼，但我覺得他還是有那種傳統的士大夫觀念，他希望子女讀好的學校，他自己讀書，也希望我書讀的好，所以一開始我考上市一中，他不會覺得怎樣，因為從嘉義上來有這樣的成績也不容易，但他朋友的兒子很多都是臺中一中，所以在他心裡還是有點遺憾。

我們會搬到臺中是因爲林癸龍開了一家公司，請我父親去幫忙，之後父親換過很多工作。一九五七年在玉峰影業公司，張美瑤的第一支片就是我父親的作品〈藝旦之家〉改編的《嘆煙花》。他五十五歲在彰化銀行退休，然後到日月潭飯店，日月潭飯店他曾短暫離職又進去。

我父親的作品都是用日文寫的，後來國民黨來臺他也不喜歡去奉承，他能寫中文，林獻堂過世時，他就用中文寫了一篇追思文，我看過蠻通順的，因此中文他也能寫。父親很喜歡讀書，也要求我要讀書，有望子成龍的心情。他會走文學這條路，我覺得是他天生對文字的敏銳性很好，所以寫中文也沒問題。

我跟他一起住過兩年，民國六十年到六十二年，他在日月潭飯店，我在日月潭國中教書，住在飯店地下室的員工宿舍，那是我一生裡面連續跟他接觸最久的時間。我在那住兩年，兩年後調回來神岡。家人久久去看父親一次，大部分是父親回臺中，大約一個月回來一次，住一晚就回去，這樣來回奔波也是很累。他最初是當飯店的會計主任，辦公室在地下室，而當總經理後辦公室在飯店二樓，他那間總經理辦公室是臥房兼客廳。辦公桌上放一尊金色觀音，他會採花園的玉蘭花去供佛。我下課回去會和他在前庭散步、聊天。他每天清晨三、四點就起床，我就看到他在那裡寫《滾地郎》，寫一寫就到文武廟拜拜，每天都去，但應該沒有在那擔任職務，拜完回來後會幫我泡一杯牛奶讓我吃早餐。他那時六十幾歲，但我感覺他的身體狀況就同年齡的人來講不是很好，主要是他這一輩子太過勞碌奔波，爲的是這個家。臺灣光復時他曾很高興地跟我說：「還我河山。」當時日本人要回去了，臺中中山路一家鐘錶行的老闆說要把店送給他，我父親說：「都還我河山了，我哪在乎這些。」他不曾想過私人問題，所以說真的，他爲這個家真的很辛苦，就算最基本的食衣住行對他而言都是擔子。不過二二八事件讓他對國民黨很感冒，那時有一間房子是在臺中來來飯店轉角那，也被軍隊霸占。他曾對我說：「如果爲國家民族，我們父子倆一起犧牲也甘願。」他曾說過這種豪語，但事實卻不是這樣，國民黨的作爲實在讓他很痛心。

他的臺灣意識很強，他在日本時代雖然曾被抓去關，但他並不會去責怪日本人，因爲民族立場不同，日方只是依法行事。關於我父親在東洋大學是否有畢業的問題，他不曾跟我們講過，以做子女的想法來推測，也許這是他的痛。他十九歲到日本留學，我日本媽媽張芙美曾說父親失學後都在圖書館讀書，所以他沒畢業是沒錯。他也曾在日本大學旁聽藝術理論之類的課程。

　　我知道父親做人很慷慨，比如他身上有五百塊，這五百塊是要用來買米的，但朋友有困難，他就把這五百塊先給朋友，他不會去想到家裡。老實說我們家經濟一直不是很好，正氣街的房子很舊的，但就是滿足點不要太高。還有，我父親對善惡的感覺比較強烈。他有一篇作品〈辣韮罐〉，柏楊的夫人張香華曾打電話問我關於裡面人物的問題，她問我說：「你媽媽是不是比較強勢？」我說：「不是，我媽媽是很傳統的女性。」其實我父親對女性是站在同情弱者的高度，站在一定的距離去欣賞女性，他會幫弱勢的女性出一口氣。所以有時看電視，如果看到女孩子打壞人，他就覺得很爽，就是那種心情，因此小說中女強男弱的人物形象就是站在這個立場去描寫的。我父親外型看起來很剛強，但心地很軟，很有同情心，所以對弱勢的女性很同情，如果能幫她們伸張正義，他就很愉快。我兩個媽媽都很傳統，並非像小說裡的女性那麼強勢。我父親是大男人主義，而我日本媽媽是很傳統的，她的生命是以丈夫為重心。

　　我父親雖然擔任過經理、總經理等職務，但對家裡的經濟並無太大幫助，我講個例子：他曾當過南山人壽的主任秘書，那時的總經理是他一個很要好的朋友林快青，林快青看我們家經濟不是很好，他還跟我父親講說：「如果你要回家需要買一些東西，可以報帳，我再斟酌。」但我父親婉拒了，他就是這種個性。再說他初進日月潭飯店時，是當會計主任，因內部人事問題，我父親遭到部分人士排擠，那時飯店經營虧了很多錢。後來飯店改組，被中信辜家買下，聘我父親當總經理，本來要給他兩份薪水，一份是中國信託，一份是日月潭飯店，那時家裡人口多開銷大，但他還是拒絕了，他寧願過得辛苦點。另外他當日月潭飯店總經理後爭取飯店擴建，你也知道蓋房子一定有回扣，連鄉下都謠傳我父親賺了兩百萬，事實上一分錢也沒有，收回扣這種事我父親無法認同，做不來，他寧可生活苦一點，不過飯店卻是在我父親的手裡轉虧為盈的。

　　我感覺家中經濟在嘉義比在臺中好，可能因為那時年紀小，不需要用什麼錢。林獻堂在通志館當主委時把我父親叫進去，那陣子住在臺北漢口街，當時我國小一年級，家裡環境不好，空間很小。之後來到嘉義，臺灣人壽宿舍是日式房屋，可能我們還是小孩子所以東西比較少，住起來感覺很清幽，覺得比較寬敞。而搬到臺中公園那間房子，感覺很窄，很閉塞，在那邊住了三年多，然後搬到正氣街彰銀宿舍。正氣街的房子雖然比較寬闊，但非常破

舊，老鼠、蟑螂一大推。後來彰銀要把房子收回去，我們就再搬到現在這裏。來臺中時全家都住一起，包括阿公、阿媽。阿公在民國四十七年我讀初一的寒假過世，阿媽是民國五十六年過世的，我們從嘉義到臺中都住在一起。阿公、阿媽生病，醫藥費用也是一大壓力，那時我還有印象阿公生病沒錢去住院，是請醫生來家裡看病的。

父親平常沒太多娛樂，他對平劇是有些興趣，也喜歡看電影，主要是他沒什麼時間娛樂。他在日月潭飯店期間，因為當總經理，隨時都有事情要處理，只有吃過晚飯後在前庭走走散步而已。他對信仰很虔誠，比如埔里有個牛眠山，那裡有間帝爺廟，他早上三點就起床，請一臺計程車，包車前往搶頭香，拜完再返回日月潭。他沒有特定的信仰或皈依什麼教，就是有宗教情懷。記得小時候住在嘉義，那時父親在臺灣人壽上班，公司禮拜天都會去郊遊，父親會帶我和公司的員工去半天巖走走，小孩都比較貪玩，所以我都很盼望。父親也會利用假日帶我們去嘉義公園，所以嘉義公園也是我很懷念的地方，公面裡有一個尿尿小童，我印象很深刻。父親在家裡的時間比較少，他是很重視家庭的人，但現實生活就是這樣，他有自己的理想，這也是很無奈。

父親過世後我整理他的書，有中文、有俄文、也有法文，可能他曾短暫學習過俄文法文。他比較喜歡的中文作家是魯迅，我曾經聽媽媽講爸爸很喜歡魯迅的小說〈故鄉〉，喜歡到將它照抄一遍，也喜歡三國演義、水滸傳，可能跟我阿公喜歡講三國故事有關。其他像《包法利夫人》、《黛絲姑娘》，還有巴金、托爾斯泰的作品他也喜歡。我知道他很喜歡鄉下人那種男女之間單純情感的感覺。

父親生病後就搬到玫瑰新村弟弟那住，因為正氣街附近都是工廠比較吵，正氣街這邊的房子留我們一些孩子和日本媽媽看守，他是在弟弟那過世的，從發現心肌梗塞到過世，前後約一個月而已。我跟日本媽媽的感情不亞於親生的，你想她一個女人漂洋過海，然後照顧不是親生的孩子，視如己出，那真的是不容易，所以她八十九年過世時我真的很難過，那種悲傷一直到現在夜深人靜想起來心情還是很鬱悶。日本媽媽的臺語說的很好。一些比較俚俗的臺語她也能講，平常跟父親溝通是日、臺語並用。父親給家人的感覺比較嚴肅，跟朋友在一起就比較幽默。聽以前住在正氣街跟我們家是世交的一個鄰居說，每次去酒家，那些小姐都喜歡坐他旁邊，因為父親會講笑話，而且小費給的比較多，比較海派。

在交友方面，跟父親感情比較好的都是一些早期的朋友，像是曾火石，他會八國語言，讀書又很認真，朋友要找他時敲門還得做暗號，父親很欽佩他讀書的精神，沒日沒夜的讀書，但不贊同他天天吃罐頭的作法，最後把身體搞壞，三十八歲就死了。呂赫若跟我父親是「麻吉」的。林快青跟父親也不錯，我父親失業落魄時，林快青來我家邀他當主任秘書，這如果不是很要好的朋友恐怕做不到。而父親到陳查某的「榮隆紡織公司」當總經理則是林椅楠介紹的，他在那待不久，因為我父親脾氣很硬，他對員工很照顧，去拜拜時都很虔誠的幫員工祈福，當資方和勞方利益衝突時，他是站在勞方這邊。聽父親說他要離職時，那些員工每個都哭得傷心。吳天賞、吳新榮、江燦琳、林龍標和他也是好友，反倒是早期交的朋友跟父親比較好。那時江燦琳住臺中，我們住嘉義，父親會到臺中找他，等搬到臺中後，他常來我家找父親聊天，父親過世時就是由他當司儀。晚年跟臺南醫師蔡瑞洋交情不錯，兩人講話很投機，所以蔡醫師常去日月潭找我父親聊天。至於比我父親年紀大的友人像是羅萬俥，以前彰化銀行的董事長，他也是看我父親沒工作，你也知道在銀行要升到經理需好幾年，他找我父親進彰銀後第一年讓他當專員，第二年升副理，第三年升經理，只是做沒幾年父親就退休了。父親曾說羅萬俥很賞識他，因為覺得他對國際情勢的分析很有見解，也非常正確，所以看他受挫時就拉他一把，中國人壽也是羅萬俥聘他進去的。父親還說林獻堂也很賞識他，在霧峰那段時間，他們早上常一起散步，所以林獻堂過世時，父親幫他寫了一篇追思文。

針對父親在皇民奉公會的言行，依我對父親個性的了解，他不戀棧利益、不戀棧權位，因此他不可能自願去宣傳戰爭。父親戰後會走上政治，是想為人民發聲，尤其是光復的喜悅，讓他想為國家民族做一點事，也可能和林獻堂的鼓勵有關，因為他很尊敬林獻堂，加上正好有那個機緣，所以走向政治路。但我覺得他太過感性，對政治生態不了解，不適合政治。

至於他戰後停筆三十年的原因，我想第一是為生活奔波，沒時間寫作；第二是二二八事件的影響，讓他不再用中文寫作，久而生疏，就算可以用中文寫作他也不寫了。二二八時他躲了十幾處，歷劫歸來後父親覺得友情很可貴，因為他的朋友都冒著生命危險掩護他。他躲在山區喬裝賣布的商人，後來被發現，但沒被抓到，那都是朋友的幫忙。父親當日月潭飯店總經理時，因業務需要須到日本和美國訪問，那時就有警備總部人員來調查問話，擔心我父親到日本或美國跟臺獨的人接觸，最後只能去日本，美國就不讓他去了。那一次去日本也順道拜訪西川滿等老朋友，這讓他回來時很高興。

附錄四：張文環生平暨寫作年表（1909～1978）

按：本表參考張良澤編：〈張文環先生略譜（未定稿）〉，收入《張文環先生追思錄》（家屬自印，1978 年 7 月）、張恆豪整理：〈張文環生平寫作年表〉，收入《張文環集》（臺北：前衛出版社，1991 年 2 月）、柳書琴編：〈張文環生平寫作年表（一九○九～七八）〉，收入《張文環全集》（臺中：臺中縣立文化中心，2002 年 3 月）卷 8。

西曆	年齡	生平事蹟	著作	備　註
1909	1	農曆 8 月 28 日（新曆 10 月 10 日）生於嘉義梅山大坪地主家庭，是長子也是長孫。祖籍福建南靖，父張察、經營竹紙業、母張沈罐（又一名文瑞）小其兩歲。		・10.25 總督府公布地方官制，改原來之 21 廳為 12 廳（臺北、宜蘭、桃園、新竹、臺中、南投、嘉義、臺南、阿猴、臺東、花蓮港、澎湖），撤銷 9 廳。 ・10.30 新高製糖股份公司創立（1935 年合併於大日本製糖）。 ・11.30 總督府公布廢止陰曆。

西元	年齡	大事記	備註
1910	2	・大林糖廠設立，當時名稱為新高製糖株式會社嘉義工廠，並於 1913 年 12 月設立會社所屬之大埔林線（大林糖廠小梅至梅山，今已廢止），再以輕便軌道延伸至梅仔坑街市，其功用除了載甘蔗與糖外，還會順便經營一般客運與貨運。 ・8.20 公布韓國國號改稱朝鮮，置朝鮮總督府。 ・8.22 日本合併韓國。	
1911	3	・2.8 阿里山鐵路通車。 ・3.28 梁啓超來臺。 ・8.25 龍瑛宗（本名劉榮宗）出生。	
1912	4	・7.30 明治天皇崩。	
1913	5		
1914	6	・7.28 第一次世界大戰爆發。 ・8.25 呂赫若（本名呂石堆）出生。	
1915	7	7.6～8.2 發生西來庵事件（又稱噍吧哖事件或余清芳事件，是自一八九五年「臺灣民主國」領導臺民抗日以來最慘烈的一役，從此以後，臺灣不再有大規模的武裝抗日行動，改以政治、文化、文學運動方式，繼續抗日。	
1916	8		
1917	9	俄國「十月革命」成功。	梅山遲至 1907 年才設立「梅仔坑公學校」，張文環在〈荊棘之道繼續者〉云：「我出生的故鄉是山裡的部落，不像都市的孩

「子，能有玩具或能看戲。所以只能用在書房學習的漢文，看歌仔簿或吟千家詩，慰藉自己的無聊。因此九歲的時候就知道了山伯英台的苦戀故事。」也提到：「我因因爲出生在深山的部落，所以過了十歲才進小學就讀。這以前，我都在自己出生的故鄉大坪的書塾讀四書。」

年	序	生平	臺灣與世界大事
1918	10	9月，張文環隨父親搬至龍眼村。	·1.8 美國總統威爾遜發表14點和平宣言，激發世界各殖民地的民族自決。 ·夏，東京臺灣留學生成立「啓發會」。 ·王俊昌等著，嘉義縣梅山鄉公所出版的《寫真懷舊：梅仔坑影像誌》載：「大正七年(1918)九月張文環隨父親搬至龍眼村，大正九年(1920)七月之後又搬至梅山街面。」
1919	11		·1.4 公布〈臺灣教育令〉 ·3月，列寧在莫斯科建立「共產國際」。 ·5.4 中國發生五四運動。 ·東京臺灣留學生成立「啓發會」
1920	12	7月，又搬至梅山街面，父親並在當時小梅小賣市場內賣豬肉爲業。	·1.11 東京臺灣留學生聯合成立「新民會」，推林獻堂爲會長。 ·7.16《臺灣青年》在東京創刊，爲臺灣新文學運動之濫觴。
1921	13	張文環與弟第一同進到小梅公學校就讀。	·1920年，總督府將臺灣行政區全部重新劃分，改「梅仔坑」爲「小梅庄」，因此1907

西元	歲	張文環生平	時代背景
			年設立的梅仔坑公學校亦於1921年更名為小梅公學校（今梅山國民小學），但村人仍習以舊名稱之。 ‧10.17「臺灣文化協會」在臺北市大稻埕靜修女子學校成立。 ‧陳群出生臺北。
1922	14	‧據同校的堂弟張銃漢表示，張文環從一年級到六年級都是級長，成績很優秀，老師們都非常喜歡他。張文環在〈小學的回憶一慶貝義務教育的實施〉的回憶也提到自己從一年級到六年級畢業為止，都拿第一名。	‧2.6修正後的新〈臺灣教育令〉公布。 ‧10.17政治結社「新臺灣聯盟」成立，是為臺灣政治結社之嚆矢。
1923	15		‧1.1《臺灣》第4年第1號上登載黃呈聰的〈論普及白話文的新使命〉和黃朝琴的〈漢文改革論〉，二論文開臺灣白話文運動之先河。 ‧4月受總督府推薦，王白淵赴東京美術學校升學。
1924	16		
1925	17		
1926	18	自小梅公學校畢業。	
1927	19	透過捐客的介紹，與胞弟一同負笈日本，前往本州南端的岡山，就讀五年制的岡山第一中學（今縣立岡山朝日高等學校）。張文環因跳級的緣故，所以五年制的中學只讀了四年就畢業了。	1.3文化協會臨時總會上，左右兩派互相傾軋，以連溫卿為首的左派青年掌握了主導權，文化協會正式分裂。
1928	20		3月，日本無產階級藝術聯盟和前衛藝術家同盟合併成立「全日本無產者藝術聯盟」（簡稱「納

年份	編號	生平	相關大事
			「普」，出版機關刊物《戰旗》；同年 12 月，納普進行內部改組，並更名為「全日本無產者藝術團體協議會」。
1929	21		3 月，吳坤煌到東京留學。
1930	22		8 月，林纘堂、楊肇嘉組建臺灣地方自治聯盟。
1931	23	・北上東京，進入東洋大學學部。初到東京的張文環，在中野區西武鐵路路沿線的沼袋附近寄宿，其宿舍所在地應該是位於現在的中野區新井五丁目三十二番地或是三十三番地附近。大學期間，張文環非常用功，常在圖書館苦讀，也到日本大學旁聽菊池寬教授的藝術理論方面的課程。並於此年與房東女兒定兼秋子（張芙美）結婚。 ・左翼作家平林彪吾於 1930 年 10 月，從東京品川區的五反田移居到中野區的上落合，兩人因地緣之便在 1931 年到 1932 年年初之間認識，並經由平林的介紹，認識其他在京的左翼青年和作家，互相交流，這對張文環日後的文學思想及志趣，都有著舉足輕重的影響。	・堂弟張銳漢表示，除了東洋大學以外，張文環好像也曾在立教大學讀了一陣子，但詳細情形不清楚。 ・9.18 中國發生「滿州事變」，日本在軍部專橫主導下，開始走向侵略中國及向外擴張的法西斯主義道路。
1932	24	・初春，張文環遷居到臨近東京帝大的本鄉西片町的本鄉竹町寓所，亦即定兼秋子的娘家，地點位於現在的本鄉 2 丁目 12 番地 13 號。亦在此時，吳坤煌造訪張文環本鄉寓所，兩人一見如故，並經其介紹認識	・1 月，在林兌的指導下，在京的左翼學生組成日本赤色救援會東京地方委員會城西地區，高圓寺第十五班。班員有張麗旭、廖清纏、李氏芬、呂江漢、葉秋木、徐新綠、葉德馨等人，多爲早先成立的社會問題研究會之成

員。其後，班員們藉憂鬱紀念會、音樂會等名義，聚集於寄宿處，籌募救援仍繫獄中的同志所需之資金及物品，並鼓動誘新人加入，共同研究共產主義。

・《特高月報》載：林兌及吳坤煌從去年（1931）10月左右起，加盟反宗教鬥爭同盟、赤旗讀者班等團體。本年（1932）7月左右，與日本共產黨資金局聯絡，吸收臺灣留學生中比較富裕者各為《赤旗》讀者，為資金之籌措奔走。

莊光榮、張水蒼、蘇維熊、曾石火、李梅樹、陳植棋、陳炳煌、李石樵兄等同住在本鄉一丁目園內留學生。

・2月，在岩手縣女子師範學校擔任教諭的王白淵提案成立「臺灣普羅列塔利亞文化聯盟」。同年3月，王白淵由仙臺赴東京會晤林兌討論其構想得的可能，在雙方共識下，決定暫時先由「克普」指導，結成如準備會一類的組織。

・3.25 王白淵會同林兌、吳坤煌、葉秋木、張麗旭等人在杉並區高圓寺召開組織準備會，以「克普」所屬「文化同好會」的形式成立，並就部門、機關雜誌和組織方針提出具體方案。依照左翼團體分班組織原則，張文環參為東洋大學班員負責人，這也成為他參與左翼文化運動後首見於官方文獻的記錄。

・5月中旬，考上明治大學文藝科而前來東京就讀的巫永福，因得知同為文學同好的東洋大學文科生張文環亦宿於本鄉，遂慕名前去拜訪。

・7.31，王白淵與吳坤煌、林兌、張文環等會面，商議發行《通訊》、策劃宣傳活動以爭取同志及募集出刊機關雜誌所需資金等事宜。

・8.13 由吳坤煌擔任《通訊》創刊號發行兼書人，印成70份，分發給內地和臺灣體

的同志，以及在京的臺灣留學生。

・9.1「東京臺灣人文化同好會」成員葉秋木和林兌參加當場反帝示威遊行，前者當場被捕，後者亦遭檢舉。經憲兵審問結果，始發現文化同好會的存在，王白淵、林兌、吳坤煌、張文環、張麗旭等關係人隨之被搜查、拘捕。林兌因於假釋期間問犯案，處罰較重，被關年餘；張文環、吳坤煌則入獄29日左右；王白淵亦遭拘禁21日。「東京臺灣人文化同好會」被迫解散。

・11.13 林添進、柯賢湖、吳坤煌、張文環等人，在神田區神保町中華第一樓召開「文化同好會」第一次重建籌備會。會中意見分歧，張文環及吳坤煌主張應以合法的組織形態為宜。15日，吳鴻秋、張文環、吳坤煌等人，在巫永福本鄉區西片町的宿舍召開第二次籌備會，決定暫探張文環的穩健提議。25日，第三次籌備會也是在巫永福住處舉行。經協議保留「臺灣藝術研究會」名稱，至於組織方面，則仿同好會形式，張文環、黃波堂負責演劇。27日，王白淵來到東京，研究會成員在淀橋區相木町黃宗葵經營的賓館，為他舉行慰問會。席間張文環報告文化同好會重建情況，林添進指責他接受楊肇嘉資金的捐助、對林兌

| 1933 | 25 | 行動有所誤解，在中華第一樓的首次籌備會費過多金錢，以及求迅速招募會員，竟用收瞞的手段。王白淵在分析主客觀情勢後，力主暫措維持張文環等穩健派提案。為了籌措運動資金及覓得一處集會場地，張文環決定以家鄉寄予的三百圓，在神田區表猿樂町開設喫茶店，並交由妻子經營。

• 3.20 以蘇維熊爲負責人的「臺灣藝術研究會」正式成立，同時發表撤文一篇，係由蘇維熊擬稿，再經張文環、吳坤煌、巫永福等人會同修訂而成。
• 5.10 臺灣藝術研究會主要成員假張文環經營的喫茶店，就機關雜誌《福爾摩沙》之發行選舉編輯部員，選出蘇永福爲編輯部部長、張文環爲編輯部助理；庶務部部會計則由施學習、吳坤煌當選。
• 7.15 《福爾摩沙》創刊號發行，社址設於張文環本鄉寓所。《福爾摩沙》共發行三期，第二期把編輯工作由張文環負責。
• 認識赴日學速記的劉捷。劉捷表示張文環較學後因喜歡法國作家巴爾扎克、左拉、雨果、莫泊桑等，爲此他曾入一家「雅典法語學校」學習過法文。 | 7.15 〈洛蕾〉，《福爾摩沙》創刊號。
12.30 〈貞操〉，《福爾摩沙》第 2 號。
12.30 〈編輯後記〉，《福爾摩沙》第 2 號。 |
| 1934 | 26 | • 卸下編務的張文環，仍積極參與文聯東…… | 6.15 〈編輯後記〉，《福爾摩沙》第 2 號。
• 5.6 臺灣文藝聯盟在臺中成立。 |

年	年齡	生平事蹟	文學作品	備註
		的數年間，勤上圖書館，開始自修之道。他博覽群書，透過日文研究世界文學，努力寫作，並廣結同好、互相交流切磋，以圖創作上的精進。 ・冬，遊歷上海，訪問友人。		滯留期間約莫半年左右，其聯絡地址設於張文環本鄉住所。 ・11.5 臺灣文藝聯盟機關雜誌《臺灣文藝》創刊。
1935	27	・1月，〈父之顏〉入選《中央公論》小說徵文第四名。 ・2.5 臺灣藝術研究會首次以「文聯東京支部」的名義，假東京新宿咖啡館召開第一回茶話會，由吳坤煌主持。出席者有張文環、吳坤煌、吳天賞、翁鬧、陳傳纘、賴明弘、楊杏庭、賴貴富、顏水龍、雷石榆等人。 ・9月，張銑漢到東京插班讀大成中學，與堂兄張文環夫婦同住3年。	3.5〈說自己的壞話〉，《臺灣文藝》2卷3號。 5.5〈道歉〉，《臺灣文藝》2卷5號。 5.5〈哭泣的女人〉，《臺灣文藝》2卷5號。 5月，〈臺灣文壇之創作問題〉，《雜文》第1期（「左聯」東京分盟刊物）。 9.24〈父親的要求〉，《臺灣文藝》2卷10號。 12.28〈過重〉，《臺灣新文學》創刊號。	・1月，《中央公論》50卷1號刊出〈父之顏〉，但原稿未登，如今已佚。 ・4月，「臺灣文藝聯盟東京支部第一次茶會」會議紀錄，《臺灣文藝》2卷4號。
1936	28	・2.23 文聯東京支部在東京早稻田大學前的中國菜館東瀛閣，為崔承喜女士舉辦的歡迎晚宴。會中張文環等支部成員與崔承喜就朝鮮舞蹈與西洋舞蹈等問題多所討論，互動熱絡。 ・3.15 文聯東京支部假明致館經營的牡丹亭再開例會，此次會議的主要是針對文聯事件表達立場。1935年11月楊逵遂脫離文聯對文	4.1〈明信片〉，《臺灣新文學》1卷3號。 4.20〈部落的元老〉，《臺灣文藝》3卷4、5號合刊。 5.29〈被強制的題目〉，《臺灣文藝》3卷6號。	・8.28《臺灣文藝》發行完第3卷7、8合併號後停刊。 ・8.28「臺灣文學目前的諸問題——文聯東京支部座談會」會議紀錄，《臺灣文藝》第3卷7、8合併號。

西元	年齡	大事記	作品	相關史事
		部擁護和支持總會的立場，並就支部今後之發展進行討論，計有郭明崑、郭明昆、吳坤煌、張文環、鄭永言等五人參加。 ・6.7「臺灣文藝聯盟東京支部」的同人於新宿召開「臺灣文學目前的諸問題──文聯東京支部座談會」歡迎張星健來京。出席者有莊天祿、賴貴富、田島讓、張星建、劉捷、曾石火、翁鬧、溫兆滿、吳天賞……等人，會中張文環結識甫從法國留學歸來的顏水龍。會後留下吳天賞、陳遜仁、翁鬧、張文環與陳垂映數人。張文環與翁鬧鬥酒，結果張文環酩酊大醉，由陳垂映與陳遜仁扶持兩邊送他回本鄉住所。 ・9月，張文環因與幾位日共黨員有所來往，並曾受日本人友淺野次郎的金錢資助而二次入獄，間接牽累到劉捷，兩人被關了99天。		
1937	29	春，張文環、劉捷獲得釋放。	3.6〈豬的生產〉，《臺灣新文學》2卷3號。 11.30〈教育和娛樂〉（上），《臺灣日日新報》。 12.4〈教育和娛樂〉（下），《臺灣日日新報》。	・1月，修改「公學校規則」，將初等教育教授科目中的「漢文科」廢除，禁止公學校教授漢文。 ・4.1 臺灣總督府規定所有學校、機關都不准使用漢文，同時各報章雜誌的漢文欄也一併廢除。 ・7.7 盧溝橋事變爆發，日本帝國主義發動全面

| 1938 | 30 | ・4 月，張文環偕同日籍妻子與堂弟張敬漢一起搭船回臺。張文環從日本抵達臺北的第一天寄宿於劉捷家中，過一陣子才把妻子回梅山。在故鄉僅停留三日，把妻子安頓好之後便隻身到臺北謀職，借住於王井泉開設的山水亭餐廳三樓，亦曾與劉捷同住一段時間，並經由他認識蓬萊閣的老闆陳水田、《風月報》編輯簡荷生、小說《可愛的仇人》作者徐坤泉等人。二個月後，再返鄉接妻北上。

・經由「蓬萊閣」老闆陳水田的介紹，租下其對面藝妲房二樓居住。

・張文環回臺後的第一份工作是協助徐坤泉將中文大眾小說《可愛的仇人》翻譯成日文（1938 年 8 月，由臺灣大成映畫公司出版）並拍攝成電影，然後來電影未拍。

・8 月 1 日到 10 月 17 日間，擔任《風月報》69 到 74 期的日文版編輯。

・進入臺灣映畫株式會社任文藝部長，後又兼任會計部長，總經理為徐坤泉，該公司董事長是謝火爐。認識了其辦公樓下的陳群。陳群為謝火爐企業所屬公司之職員，工作地點在張文環辦公廳樓下，因共同電話而結識。

・張文環返臺後仍持續以日文寫作，並常至陽明山上陳逸松的別墅白雲莊寫稿。 | 6.15《可愛的仇人》譯者的話〉，《風月報》第 66 期。

8.1〈文章與生活〉，《風月報》第 69 期。

8.1 日文譯作《可愛的仇人》由臺灣大成映畫公司出版。

8.15《風月報》和文編輯（後記）《風月報》第 70 期。

9.15〈先覺者的悲哀〉，《風月報》第 72 期。

9.15《風月報》和文編輯（後記）《風月報》第 72 期。

10.1〈兩位新娘〉，《風月報》第 74 期。

10.15〈給和文讀者〉，《風月報》第 74 期。

12.25〈大稻埕雜感〉（上），《臺灣日新報》。

12.26〈大稻埕雜感〉（中），《臺灣日新報》。 | 4.1 日本內閣公布了〈國家總動員法〉，並於 5 月開始實施。 |

| 1939 | 31 | 吳新榮日記記載：
・8.25 昨夜、郭水潭君來訪，轉述他去參加全島產業組合大會消息，且於出席大會而順便去探訪張文環等人。

・秋，開始構思《山茶花》。
・張文環在 1939 年底至 1940 年初左右，曾向富名腰尚武和龍瑛宗提出發行雜誌的計劃，可惜終究未能實現。 | 12.27〈大稻埕雜感〉（下），《臺灣日日新報》。

4.1〈背野羊的女人〉，《臺灣日日新報》。
7.29〈論臺灣的戲劇問題〉（上），《臺灣日日新報》。
8.1〈論臺灣的戲劇問題〉（下），《臺灣日日新報》。
11.15〈基督與閻羅王〉，《臺灣日日新報》。
11.16〈基督與閻羅王〉（中），《臺灣日日新報》。
11.19〈基督與閻羅王〉（下），《臺灣日日新報》。
12.5〈走在街頭巷尾一觀祭選舉情景〉，《臺灣日日新報》。 | ・5.19 日，小林躋造總督在赴東京途中會揭櫫治臺三大政策：皇民化、工業化、南進基地化。
・9 月，西川滿和北原政吉、中山侑等日人作家成立「臺灣詩人協會」，臺人作家方面則有黃得時、楊雲萍、龍瑛宗三人參與其中，並於同年 12 月發行機關誌《華麗島》（出版一期則停刊）。
・12.4 以西川滿與黃得時為籌備委員，改組「臺灣詩人協會」為「臺灣文藝家協會」，會員共有臺、日作家六十二人。 |
| 1940 | 32 | 8 月，受邀參加由《臺灣藝術》主辦的「大稻埕女服務生、藝妓座談會」討論。
11 月，受邀參加《臺灣藝術》主辦的「關於臺灣的音樂與演劇問題座談會」討論。 | 1.1〈獨特的存在——今年也要奮鬥〉，《臺灣新民報》。
1.23～5.14《山茶花》，《臺灣新民報》，共連載 110 回。 | ・1.1「臺灣文藝家協會」成立，並發行機關雜誌《文藝臺灣》。
・2.11 改姓名運動正式推行。
・7 月，「臺灣文藝家協會」進行內部改組。
・8.15「大稻埕女服務生、藝妓座談會」會議紀錄，《臺灣藝術》1 卷 6 號。 |

年	年齡	生平	著作	大事記
			3.4〈論臺灣文學的將末〉，《臺灣藝術》創刊號。 4.1〈辣韮罐子〉，《臺灣藝術》第2號。 4.1〈我的身影〉，《臺灣藝術》第2號。 4.13〈懷念平林彪吾〉，《臺灣日日新報》。 5.1〈憂鬱的詩人〉，《臺灣》1卷3號。 7.9〈吾友〉側影〉，《臺灣藝術》第5號。 12.10〈檳榔籃〉，《臺灣》1卷6號。	・10.12 日本大政翼贊會成立。 ・11.13「關於臺灣的音樂與演劇問題座談會」會議紀錄，《臺灣藝術》1卷8號。
1941	33	・年初，張文環受「臺灣藝術社」之委託，創辦純文藝不定期刊物《綠色地帶》，未發刊即備受期待。 ・3.22 張文環參加臺灣總督府臨時情報部所舉辦的「謠言防止座談會」。 ・5月，張文環及黃得時等臺人作家和中山侑等有人道主義傾向、同情臺人作家的日人作家，基於真相同理念的日人作家，脫離了《文藝臺灣》，另立門戶組成「啟文社」，創刊日文雜誌《臺灣文學》，連絡處設在山水亭——太平町三丁目159號，以2樓作為編輯部，經銷則交由蔣渭川的「日光堂」負責。	1.1〈從事文學的心理準備〉，《臺灣新民報》。 5.20〈酒是雅氣？還是邪氣〉，《文藝臺灣》2卷2號。 5.27〈藝妲之家〉，《臺灣文學》創刊號。 5.27〈編輯後記〉，《臺灣文學》創刊號。 6.9〈本島人的衣著〉，《週刊朝日》39卷26號。 6.15〈臺灣的食衣住——桃色內衣〉，《週刊朝日》39卷27號。	・2月，《臺灣新民報》改名為《興南新聞》。 ・2.11 新的「臺灣文藝家協會」在官方積極介入主導下宣告誕生，取代了原有的舊協會。 ・4.1 將臺灣人兒童就讀的「公學校」與日本人兒童就讀的「小學校」一起改稱為「國民學校」。 ・4.19 皇民奉公會成立。 ・5.15「謠言防止座談會」會議紀錄，《臺灣總督府臨時情報部》《部報》。 ・12.8 日本偷襲美國夏威夷海軍基地，開啟了太平洋戰爭。

- 5.27《臺灣文學》創刊號發行。
- 6.21 皇民奉公會臺北州支部成立、張文環列名臺北州支部參與。
- 龔連法前往臺北市太平町張文環的住處拜訪。
- 7月，皇民奉公會中央本部設置「娛樂委員會」，張文環為二十三位委員之一。
- 8.6 張文環與黃得時、中山侑、名和榮一、稻田尹、謝火爐聯合王井泉、楊佐三郎、郭秋生、林清月、龜山炎亭、柏野正次郎、柳川一和、紺合淑藻郎等人成立了「臺灣鄉土演劇研究會」。
- 8.30、9.6《臺灣文學》分別臺北市山水亭和臺中市新高會館舉辦文藝座談會。
- 9.7 張文環偕同「啓文社」同人陳逸松、黃得時、王井泉、巫永福等一行五人，走訪臺南北門郡鹽分地帶的文友，眾人於佳里吳新榮的琅琅山房齊聚一堂，把酒論文學。
- 11.13～16 張文環任臺灣總督府情報部的策劃下，以唯一的作家身分，隨報導班到宜蘭記錄臺灣軍第三部隊於蘭陽平原進行野外演習與宿營的實況。

吳新榮日記記載：
- 3.23 由臺灣藝術社出面邀請張文環先生籌備出版不定期刊《綠地帶》的純文藝雜誌、喈氏再三來信邀稿。

6.21〈三種喜悅：張文環先生談話〉、《朝日新聞》臺灣版。

8月，〈臺灣文學的自我批判〉、《新文化》8月號。

8月，〈部落的慘劇〉、《臺灣時報》8月號。

9.1〈論話與雞〉、《臺灣文學》1卷2號。

9.1〈關於皇民奉公運動的指導者〉、《臺灣地方行政》9月號。

9.20〈媽祖娘娘的親事〉、《民俗臺灣》1卷3號。

10.8〈文化會館〉、《朝日新聞》臺灣版。

10.15〈在田地裡〉、《臺灣》2卷9號。

11.1〈明信片問答〉、《臺灣時報》11月號。

11.26〈宿營印象記〉、《朝日新聞》臺灣版。

12.1〈宿營印象記〉、《臺灣時報》12月號。

西元	年齡			
		・5.27 今天，由啓文社寄贈《臺灣文學》創刊號。這是繼承了臺灣固有的文學遺產，可說是由張文環爲主幹的刊物。 ・8.15（藤野雄士）認爲張文環氏的健康文學，必能得到將來臺灣的指導地位。 ・8.28 臺灣文學運動終於以張文環爲中心，走上正軌。 ・9.7 下午三點五十分，果然陳逸松、張文環、黃得時、王井泉、巫永福三氏（南下佳里拜訪吳新榮）。除了陳、王兩位之外，都是初次見面，卻有如百年知己。（中略）張文環君不愧爲是臺灣文壇之權威，精神上的高超智慧，使人敬仰。 ・9.8 張文環一行先到北門南鯤鯓廟參拜，之後承信用組合長黃田洋三氏之好意，請大伙吃午餐。再回佳里，之後出發到臺南。 ・9.11 昨日收到巫永福君的謝函，今日也收到張文環君、王井泉君寄來的謝函。 ・7月，因皇民奉公會改組之故，張文環轉任隸屬中央本部事務局之文化部，出任文化部委員。 ・10.22 出發前往東京。 ・10月底，與西川滿、濱田隼雄、龍瑛宗在東京出席「臺灣代表作家文藝座談會」。	・2.1〈夜猴子〉，《臺灣文學》2卷1號。 ・2.1〈小老爺〉，《臺灣文學》2卷1號。 ・2.1〈編輯後記〉，《臺灣文學》2卷1號。	・1月，「臺灣演劇協會」在「皇民奉公會」指導下正式成立。 ・2月，實施陸軍特別志願兵制度。 ・5.26「日本文學報國會」在情報局第五部第三課的指導下成立。 ・6月，「日本文學報國會」特派作家久米正雄、
1942	34			

- 菊池寬、中野實、吉川英治、火野葦平等人來臺，巡迴島內主要都市舉行「戰時文藝演講會」。
- 7月，「臺灣文藝家協會」再次進行改組。
- 11.1「臺灣代表作家文藝座談會」會議紀錄，《臺灣藝術》3卷1號。
- 11.7～8「對日本的印象座談會」會議紀錄，《朝日新聞》。
- 12月，「大東亞戰爭和東京臺灣留學生的動向座談會」會議紀錄，《臺灣時報》12月號。

- 11.3～10 第一回「大東亞文學者大會」於東京和大阪召開，張文環、濱田隼雄、西川滿、龍瑛宗四人在「臺灣文藝家協會」的派遣下前去參加。
- 11.6 張文環與滿州（古丁）、蒙古（和正華）、華中（丁丁）以及日本方面（林房雄、香山光郎）的代表共六人受邀參加由多賀本社文藝組長主持的「對日本的印象座談會」。
- 11.8 張文環與龍瑛宗在日本文學報國會的安排下，於日比谷法曹會館一起主持了「大東亞戰爭和東京臺灣留學生的動向座談會」。
- 12.14 張文環到臺南參加「大東亞文藝演講會」。

吳新榮日記記載：
- 1.13 到臺北去，一方面想見見杜聰明博士、金關博士、張文環，並順聽張文環此後有關《臺灣文學》的一些計劃。
- 1.15（吳新榮到臺北參加臺灣奉公團成立大會）之後去拜訪張文環，他剛好在校對《臺灣文學》第三號。（中略）之後和陳紹馨、王井泉、張文環三者到公會堂吃午飯。（中略）令晚往王井泉宅為找開了一個歡迎會。（中略）主人王井泉以外，楊佐三郎、黃得時、張文環等人都到了。宴

- 2.7〈一群鴿子〉，《臺灣時報》2月號。
- 2.9〈關於臺灣話〉，《興南新聞》。
- 3.30〈頹廢〉，《臺灣文學》2卷2號。
- 3.30〈編輯後記〉，《臺灣文學》2卷2號。
- 6月，〈親切運動之必要〉，《臺灣公論》6月號。
- 6.5〈無藥可救的人們〉，《民俗臺灣》2卷6號。
- 6.5〈風水學〉，《民俗臺灣》2卷6號。
- 6.10〈例會的妙味〉，《臺灣時報》6月號。
- 7.11〈閹雞〉，《臺灣文學》2卷3號。
- 8月，〈關於女性的問題〉，《臺灣公論》8月號。
- 9.1〈名士感談集〉（中文），《南方》160期。
- 9月，〈小巷〉，《臺灣公論》9月號。
- 10.19〈關於臺灣文學獎〉，《臺灣文學》2卷4號。

10.19〈地方生活〉，《臺灣文學》2卷4號。

10.19〈編輯後記〉，《臺灣文學》2卷4號。

11.3〈知識階級的使命〉，《興南新聞》。

11月，〈親切和笑臉〉，《臺灣公論》11月號。

12.25〈土浦海軍航空隊〉，《文藝臺灣》5卷3號。

12.25〈感謝從軍作家〉，《文藝臺灣》5卷3號。

・2.13 今天收到張文環寄來十冊的《臺灣文學》春季特輯號。

・2.18 張文環來信說，想將「莘車鼓」拍成影片，以記錄臺灣文化，要我支援。

・5.16 要到中北部做一趟旅行，到時候想見面的人有張文環等。

・5.20（龍瑛宗）說來他屬於西川滿的一派，和我支持的張文環互為勁敵的敵的存在。他既然來住在里，仍然是我敬愛的一位文人。

・7.11 今天收到張文環寄來《臺灣文學》。

・7.15 參加「臺灣文藝家協會」的總會，在會中見到矢野峰人（會長）、陳逢源（隨筆部理事）、張文環（小說部監事）等人。

・7.16 今朝起床後，和楊逵一起去拜訪連溫卿，他不在，就到黃朝生的家吃早餐後去找張文環。

・7.18 今晨早早起，告別了宗原兄，來到大平町張文環家整理行李，坐九點半快車和呂赫若一起南下。

・11.26 今天張文環來信告知，他參加文學者大會後，已歸臺了。

・12.11 十三日將在臺南舉行出席大東亞文學者會議的臺灣代表的演講會，由國分直一接受擔任發起人，蘇新甚為熱心，要我務必為他引見張文環。

年代	歲	大事記	作品	備註
1943	35	・1月，擔任《文藝臺灣》小說懸文評審。 ・1.17 由簡國賢編劇、林博秋導演的《阿里山》在臺北進行第四回公演，張文環、呂赫若皆為座上賓，他們在演出前先行拜盼導演及編劇，這是林博秋與張文環第一次聚首。 ・2.11 張文環的小說〈夜猴子〉獲皇民奉公會第一回文化賞的文學獎。其後透過林龍標的介紹的評審委員之一的工藤好美相見。 ・3.1 張文環以《臺灣文學》編輯身分出席總督府情報課、保安課主辦的「決戰下臺灣的言論方針座談會」。 ・3.4 呂赫若、陳逸松、吳天賞、王仁德、張文環、蕭再興等人聚集在王井泉家，商談將《臺灣文學》改為有限會社的事。 ・12.14 在臺南市公會堂舉行的大東亞文藝演講會因空襲警報而中止。移到四春園開座談會。座談會像是一場文學推銷會，中途把張文環叫出來，和住在一黨到天樂莊本房，接受黃平堅的招待。其中張文環提到他參加大東亞文藝大會的情形。 ・12.16 前日（13日）在臺南見過張文環時，他提到《臺灣文學》的經濟基礎已穩定了，將強化同人制，在佳里地方的人選由我負責。	1.31 〈從內地回來〉。《臺灣文學》3卷1號。 1.31 〈臺灣民謠─關於呂泉生的電集〉。《臺灣文學》3卷1號。 1.31 〈編輯後記〉。《臺灣文學》3卷1號。 2.1 〈訴選小說〉。《文藝臺灣》5卷4號。 4.4 〈小學的回憶─慶賀義務教育的實施〉。《興南新聞》。 4.5 〈角是狗的〉。《民俗臺灣》3卷4號。 4.28 〈羅漢堂雜記〉。《臺灣文學》3卷2號。	《臺灣文學》3卷2號（1943年4月發行）編輯後記有「張文環氏近日道統社上梓短篇集『爬不上地上的人』，請期待」的預告，然後來卻不見這本短篇集出版。 2月，受臺灣總督府之邀請，「日本文學報國會」由事業部長戶川貞雄偕同會員丹羽文雄、庄司總一等人來臺，於臺灣各地進行文藝報國的宣傳演講。 3月，呂泉生結合五十餘名音樂愛好者組成「厚生音樂會」。 4月，「決戰下臺灣的言論方針座談會」紀錄。《臺灣時報》4月號。 4.30 《興南新聞》成立演劇挺身隊「藝能文化研究會」。 6月，「臺灣全體迎戰，話說臺灣：迎接治臺四十週年座談會」會議紀錄。《新建設》6月號。

・3.6 李君晰、張文環、巫永福、蘇新、蕭來福等同訪佳里，目的利用討論油肥工廠的利用和《臺灣文學》的營業改革。

・3.7 張文環一行參觀完工廠之後，李君晰認為養兔事業大有可為，將回去作成具體草案。

・4.2 臺南、彰化、臺中、臺北各地同志達成協議，決定改組《臺灣文學》為有限會社。

・4.20 張文環等《臺灣文學》同人與平日素有往來的新莊、士林、桃園的演劇挺身隊員在王井泉家開「厚生演劇研究會」的創立委員會，並由呂赫若擬定章程草案，29日正式於山水亭舉行成立典禮。「厚生」第一回研究發表會由王井泉代表向當局提出申請，決定9月2日為「試演會」，正式公演則訂在9月3日至6日連續四天，每晚7點半（按：9月5日除了夜場之外，在下午兩點還有一場）於「永樂座」開演。

・陳群水維好戲劇，因觀看厚生演劇研究會主導之〈閹雞〉排演和張文環逐漸深交，兩人遂於此年結婚，為其添下二男三女。

・4.29 臺灣文藝家協會解散，臺灣文學奉公會在皇民奉公會中央本部下設立，張文環除擔任理事會外，並參加小說部員，似平也是評論隨筆部員。

・5.1 《臺灣文學雜感》，《臺灣公論》5月號。

・7.1 〈不沉沒的航空母艦臺灣——論海軍特別志願兵〉，《臺灣公論》7月號。

・7.5 〈繪畫通訊〉多賀谷伊德氏的突飛猛進〉，《興南新聞》。

・7.30 〈迷失的孩子〉，《臺灣文學》3卷3號。

・8.16 〈荊棘之道繼續者〉，《興南新聞》。

・9.13 〈從編輯者的立場看文學員的基礎工作〉，《興南新聞》。

・9.15 〈我的文學心思〉，《臺灣文學》9月號。

・10月，〈燃燒的力量一訪問松岡曹長遺族〉，《新建設》10月號。

・11.1 〈老娼消滅論〉，《民俗臺灣》3卷11號。

・11.17 〈媳婦〉，《臺灣文學》第一輯，大木書房出版。

・6.12 臺灣文學奉公會召開評論隨筆部第一次會議。

・7月，「海軍特別志願兵制紀念座談會」會議紀錄，《臺灣公論》7月號。

・7月，實施海軍特別志願兵制度。

・10.19 催立臺灣志願兵徒勞動員體制。

・12月，《臺灣文學》奉命停刊。

・5月，「社團法人日本文學報國會臺灣支部」成立，張文環擔任理事。 ・5.9 張文環還以皇民奉公會臺北州支部參與和唯一的小說家身分，出席在臺北鐵道旅館召開的「『臺灣一家』で戰ふ臺灣を語る：始政四十八週年を迎へて」座談會。 ・6.10 張文環以唯一的作家身分參加在臺北海軍武官府召開「海軍特別志願兵制紀念座談會」。 ・9.8 張文環受皇民奉公會機關誌《新建設》派遣，南下新竹州訪問臺籍陸軍志願兵遺族。 ・11.13 第一屆「臺灣文學決戰會議」，由臺灣文學奉公會主辦、總督府情報課、皇民奉公會中央本部、日本文學報國會等單位協辦，於上午十時，在臺北市公會堂召開，共有張文環等58位文學者參加。 吳新榮日記日記載： ・1.21 今天，張文環來信，提到這期春季號，說我的詩，說：「好悲哀的詩，令人不忍卒讀。」 ・3.3 李君嘯將於六日從彰化到住里來，目的是研究油肥工場的利用問題，以及對《臺灣文學》的經營建議等。我立刻寫信到臺北給張文環，希望他能來一趟。	12月，〈寄給朝鮮作家〉，《臺灣公論》12月號。 12.2 《父親的送行》，《興南新聞》。 12.25 〈臺灣戲劇記錄之一〉，《臺灣文學》4卷1號。

· 3.6 李君晰一行來訪，起床後接待他們，同行而來的有臺北的張文環，臺中的巫永福、蘇新、蕭來福等。

· 3.7 李君晰和張文環此次來訪的目的是，油肥工場的營業改革，李君晰會再度北上商討；有關後者，有關前者，今天到現場參觀。早上看過現場之後，李君強調養兔事業大有可為，將回去作成具體草案來。

· 4.2 《臺灣文學》在佳里里會談的結果和臺北、臺中、彰化各地的同志討論的結果，總括的意見是組織成有限會社，張文環為設立委員、理事。

· 4.8 昨日、張文環來信催稿。

· 4.10 收到張文環來信，關心我的續弦問題。張文環竟然對此問題，那麼認真地替我設想，心中欣喜。

· 5.21 昨日將〈井蛙藝言〉一文投給《興南新聞》，其中評論了立石鐵臣、楊雲萍、張文環等人的作品。

· 5.23 到臺中參加巫永福結婚禮，待悉王井泉、張文環兩位在中央旅社，就去見他們。

· 8.4 今天正好陳逸松、張文環、呂赫若三位都回鄉去，沒見到面。

年代	年齡	生平紀事	文學作品	相關文獻
		・11.11 今晨到達臺北，王仁德帶我們到張文環的新宅去，才知道清水書店已改為公司組織，經營《臺灣文學》。 ・11.12 與張文環、張星建一起吃午餐，之後步行到圓山，赴「臺灣文學決戰會議」第一天日程。 ・11.13「臺灣文學決戰會議」正式開會，西川一派提出陰謀主使的文藝雜誌合併案，引起議場一片嘩然。張文環、黃得時、楊逵等人努力發言。會後在蓬萊閣開懇親會。懇親會後，《臺灣文學》同人齊聚張文環家討論今日會議的成果和此後雜誌的方針。 ・12.4 今天郭水潭告知：他和張文環洽商的結果，以《臺灣文學》編輯長的資格，接受了《臺灣文學》的編務。		
1944	36	・參加「以臺陽展為主及美術討論座談會」。 ・2.26 戰時思想文化委員會公布五十四位委員名單，張文環列名其中。 ・5月，臺灣文學奉公會發行《臺灣文藝》，張文環為編輯委員會中唯一的臺籍人士。 ・6月，臺灣總督府情報課訂立派遣作家的計劃，由臺灣文學奉公會選派張文環、呂赫若等十三名臺、日作家分別到臺灣各地的生產工廠或工作場所，以當地的見聞為素材撰寫戰地文學報導。	1.1〈征向戰野〉，《臺灣藝術》5卷1號。 3.2〈高級娛樂的停止—追求不自覺的人們〉，《興南新聞》。 4.14〈生活隨想—養女的躍進〉，《臺灣新報》。 5.1〈編輯後記〉，《臺灣文藝》創刊號。 6.13〈戰爭〉，《臺灣新報》。	・3.3「以臺陽展為主及美術討論座談會」會議紀錄，《臺灣美術》4、5合併號。 ・4月，總督府統合臺灣報界發行《臺灣新報》。 ・6月，「跟伊藤金次郎氏論要塞臺灣的文化座談會」會議紀錄，《臺灣藝術》5卷6號。 ・7.22「從軍作家座談會」會議紀錄，《臺灣新報》。 ・9月，「責任生產制與增產座談會」會議紀錄，《臺灣時報》9月號。

・參加「跟伊藤金次郎氏論要塞臺灣的文化座談會」。

・7月,長子孝宗出生。

・7.6出任皇民奉公會臺中州支部大屯郡支會霧峰分會主事。他先行赴任而將家人留在臺北。

・7.13參加情報課召開的「從軍作家座談會」。

・7月底,因戰事日趨熾烈,加上物資缺乏,張文環乃接日籍妻子疏開到霧峰,陳群則攜子與公婆返回故鄉梅山大坪。

・8.14張文環以作家身分受邀參加在臺中州教化會館舉辦的「臺中州農村關係指導者座談會」(「責任生產制與增產座談會」)。

林獻堂日記記載:

・6.16張文環者、臺北人也、皇民奉公會大屯郡支會長任命其為霧峰分會主事、十一時張星建等到霧峰分會、近二時乃去。

・7.4張文環四時來訪、雜談約一時間。

・7.5張文環八時同余往北屯庄、內子亦同乘至臺中。余等到北屯國民學校、庄長竹林傳造(林傳旺)、主事林文濱、賴天生、張玉廉、守岡等出迎。九時半開講演會,文濱述開會辭、竹田挨拶,余講演

6.14〈臨戰決意〉,《臺灣文藝》1卷2號。

7.1〈土地的香味〉,《臺灣文藝》1卷3號。

7.29〈年輕的指導者〉,《臺灣新報》。

8.13〈增產戰線〉,《臺灣文藝》1卷4號。

11.1〈任雲中〉,《臺灣文藝》1卷5號。

11.8〈早晨〉,《臺灣新報》。

總趕起旨言趣五十分間，守岡述閉會辭。乃返，至臺中載內子同歸。

・7.6 張文環來就霧峰分會主事之任，五時為之開歡迎會，出席者慶龍、元吉、鶴田、森、武政、春懷、純鋩、戌己、平進及余外二十餘名。

・7.9 張文環五時餘來訪、雜談奉公運動，遂留之晚餐，並招磐石、垂方、坤山為陪，七時餘降雨。

・7.22 臺銀頭取上山英三、知事清水七郎、文書課長中村保、臺銀秘書下村利雄、臺中支店長神岡營代司四時半來訪、導之往遊萊園及大花廳。六時半設宴以饗之，以慶龍、根生、張文環為陪。

・7.29 《朝日新聞》記者泉義夫、西野清助三時餘來，請余到栗場與張文環共寫員，蓋為九月一日徵兵實施，兩人感想之談話也。次到細埔仔看耕田之寫員，內子與桔田樂部女子十名在庭中寫員，適吳天賞、張文環庄長亦來，張星建後至，皆留之同晚餐，九時乃各歸去。

・8.8 霧峰供出粟尚次百八萬斤、不足五百斤以上之人數六百三十餘名、役場主催召集在霧峰座，請示講演督促三小田庶務課長、張文環主事亦參加講演。

・8.9 五弟五時餘來、謂甲甫告張文環，言

庭聞之子卿，子卿聞之吾兄云云。余未曾疑文環，水未曾對人言，何以未有此事之發現，況垂方、磐石、金荃俱言昨夜亦同席，所間略有不同，乃喚子卿來問，子卿言並無言此事，待明日欲問劉庭，然後同之申甫也。

・8.11 申甫八日夜受夔龍招待，席間言余疑張文環爲採偵，故喚之來問事實。他言聞文環佑訥聞之劉庭，劉庭聞之子卿，子卿聞之三伯也。余甚怪世人好誣人何其多也，余昨日已問子卿矣，擬再問劉庭。

・10.5 醫師會主催爲楊坤海壯行會、阿部教員送別會，天辰巡查歡迎會，出席者水來、西庚、純錠、春懷、鶴田、天辰、吉永、來傳、森、根生、戊己、夔龍、文環、竹園，賓主合計二十餘名。

・10.8 張棟梁十時來訪；夔龍、文環引黃啟端、楊佐三郎、李超然、井田周作、蕭再興來訪；以德持海蝦來贈，魏來傳與之同來，計十名，留之午餐後乃去。

・10.9 晚稻因埤頭時被溪水崩壞，以致缺水，發育不佳，又兼虫害，本期定必減收，而當局施行公出栗之斤量責任制度，以前三年收穫平均之額爲本期標準，諸耕作者頗爲憂慮，因前三年肥料充足，收成亦好，而以此爲標準，勞工較足，

佃人皆無米可食矣。山下郡守將來見役場，則將此事囑張文環告庄長，增產助役，對郡守陳情考慮情減少方法。午後四時山下郡守來訪，余將前記之事實告知。他言待至無力納地相時方得減少，此為當局方針也。所言如是，令人寒心。

• 10.12 三時牛忽聞空襲警報，使用人皆起，急開大門靜待。七時乃出散步，經文環之寓，招之同到來園，在夕佳亭少愒，然後返。

• 10.16 十二、二十四、二日間之空襲，警防團、庄役場皆力畫力警衛，今朝警報解除，十時磐石同余往派出所，會巡查部長武政、巡查天辰，作懇問並表謝意。次到庄役場，庄長不在、助役元吉、主事文環召集職員十餘名，請余激勵。余略述數語，並表謝意。次到防空本部，無一人在焉，乃還。

• 10.21 張文環同余往洪鑑別墅，由中心崙而登。黃坤榮隨後而至，言他與紹江各建茅屋一棟於別墅之南，本欲往參觀，因距離頗遠，又非順途，遂不果往。

• 10.31 楊子標、現為臺南高工助手，因此回之空襲頗有恐懼，希望返臺中入工商經濟會社為社員，託余對本山會頭車歸薦、許之，晚飯後乘八時餘之機動車歸去彰化。月明如晝，招天佑步月往會下

弟，適土英將歸去，招之返，文環、星建俱任，雜談數十分間。

・11.4 工藤好美者，臺北帝大助教授也，十時餘葉榮鐘、楊逵、呂赫若與之同來，攀、猶、雲、文環，磐石俱出相會，攀龍導之由萊園，觀大花園，午餐後乃去。

・11.5 奉公會支部主催十時臨時局懇談會，出席者遠山事務局長、山下郡守、田中參事、慶龍庄長、元吉助役、文環主事，井手口警部補，天辰巡查，部落會長，世話役及余，計五、六十名，各有陳述意見。

・11.20 (霧峰會館舉行長老座談會) 出席者荒謙助、助役元吉、主事文環、階堂、根生、賴遠輝、曾以、林容魁、林阿華、謝宗賢等，外百餘名。

・11.23 支部主催霧峰、大里、太平義勇報國隊幹部聯合會議，攀龍為支部代表。出席者神野、元煌、遠輝、戊己、磐石、亞勝、來傳、金荃、天辰、矢野、水枝、宗賢、慶龍、文環、大平林春源、王清標外一名、大里林善坦、中馬外一名。一時十五分在霧峰會館開會，攀龍述開會之主旨，神野說明組織，文環亦述意見，問中有二、三質問者。

・11.26 十時半女子報國救護隊講習會閉會式，開於一新會館。霧峰女子四十三名，

年代	歲	生平事略	文學活動	時代背景
		大里十七名，就中病者九名缺席。余與攀龍、校長鶴田、二宮，主事張文環為庄長代理述開會詞。 ・11.27 王金海五時來訪，張文環與之同來，雜談數十分間。 ・11.30 奉公會中央本部事務總長本真平及遠山、田中外一名，四時餘來訪，余與磐石、攀龍、文環導之任遊萊園，暢談奉公會運動之精神。 ・12.7 本日為余六十四歲之生日，來祝賀者：攀龍、猶龍、雲龍、文環……等，計五十八名。 ・12.21 賴慶、林坤、林四炮將來受五弟招待，遇於驛前，招之來宅少憩，乃與之同到五弟開宴。同受招待者：鄭傳對、賴維松、張文環……等，主賓計二十三名。		
1945	37	・7月，出任臺中州大屯郡大里庄庄長，任期為1945年7月9日至1946年1月31日。 ・8月，兼任農會會長。 ・冬，張文環把先前疏開到梅山的父母及二夫人與長子接回梅山團聚，此後張文環雖然搬過很多地方，但父母一直與他同住直到終老。	12.25〈林爽文與大里庄的土地問題〉（中文），《政經報》1卷5號。	1月，臺灣開始實施徵兵制。 8.15日本政府戰敗宣告無條件投降。 小梅庄改稱梅山。

| 1946 | 38 | 吳新榮日記記載：
・7.24 前天，張文環來信告知，他就任臺中州大里庄庄長。 | ・2月，在官方派任下，成為大里鄉首任鄉長兼戶籍主任，任期為1946年2月1日至1946年11月14日。
・3.29 當選臺中縣議會第一屆參議員。
・5月，末非找在臺北成立新劇團「里烽演劇研究會」，張文環與王井泉共同擔任劇團的顧問。
・7.2 張文環出席臺中縣參議會第二屆第二次會議，並提出三項動議。
・7.4 張文環出席臺中縣參議會第二屆第三次會議，起立演說並提出三項動議。 | 4.17〈臺灣新生報社論—給本省青年〉（中、日文均有），《臺灣新生報》。
5.21〈從農村看省參議會〉（中文），《臺灣新生報》。
5.21〈關於臺灣文學〉，《和平日報》。
8.19〈墾拓的土地問題〉（中文），《臺灣新生報》。 |
| 1947 | 39 | | ・228 事件爆發，張文環被迫逃亡。事件落幕後，張文環得林攀堂、羅萬俥等人之助，於6月代理能高區區長，全家遷居埔里。
・長女里美出生。
吳新榮日記記載：
・9.22 自昨日寫信給張文環等各地區的朋友，呼籲他們支持吳三連，援助他的競選。
・10.26 吳新榮從臺北乘快車回臺南，在車內遇到張文環及王乙全。 | |

1948	40	・8月，張文環轉任臺灣省通志館編纂。 ・次女玉園出生（小名阿桂）。	
1949	41	・改任臺灣省文獻委員會編纂兼總務組長，此間因工作緣故，又搬至臺北，而這份工作因與林獻堂被任命為通志館館長和改制後任文獻會主任委員有關。 吳新榮日記記載： ・3.9訪張文環於東郊通志館，約明日集些文化人開座談會。 ・3.10到東方出版社訪問周井田，是時張文環、郭水潭、楊三郎、張維賢、李君晰諸君已集齊一起。	
1950	42	・三女幸元出生（小名珠兒）。 吳新榮日記記載： ・3.18 下午到館前街訪問同學郭水泉，在這裡又會林江海同學，他打電通志館叫張文環來座。文環兄如普大探他的本領、連續創造色情、偵探、幽靈等三部曲給我們聽，我們連聽兩三時都不厭。	
1951	43	・經羅萬俥提攜為臺灣人壽保險公司嘉義分公司經理，復遷居嘉義（1947年，羅萬俥擔任臺灣人壽保險公司董事長）。 ・張拔軍因公務走訪至嘉義時與張文環會面，張文環帶我軍到公園散步，並告知已吩咐家人準備晚膳。	

年代	年齡	事件紀錄	著作
		吳新榮日記記載： ・5.31 吳新榮作〈謁鄭成功祠〉寄郭水泉轉張文環，請他給文獻委員會詩人節大會看。 ・7.28 赴蓬萊閣出席醫師公會理監事會。散後到東方印刷所訪問郭水潭，在那裡周井田正為張文環「都洛」（離開都會而居住鄉下）的送別開宴。	
1952	44	・次男惠陽出生（小名阿陽）。 吳新榮日記記載： ・6.15 到番子田乘普通火車到嘉義，欲找文環君而不在。	
1953	45		
1954	46		
1955	47	・3月，張文環再次換工作到臺中建和企業股份有限公司當經理，逐搬到臺中。 吳新榮日記記載： ・9.18 吳新榮言自己有高血壓，聽說紅柿葉對高血壓有效所以飲用紅柿葉湯，張文環聞訊也寄一籠紅柿葉給他。	12.1 《人魚的悲戀》序〉（中文），江燦琳譯《人魚的悲戀》，中央書局出版。
1956	48	張文環留下家人隻身北上臺北任職葷顏碧霞、葷嫌松母子投資的天一染織公司總經理。 吳新榮日記記載： ・12.5 到臺中建利公司訪張文環。	

1957	49	・因羅萬俥（按：一九五五年上任）到彰化銀行當當事董事長之故，遂聘張文環為彰化銀行臺中市北區分行專員，一年後再升副理，一年後之遷居臺中市正氣街彰銀宿舍，又在其提拔下，升至霧峰分行經理。 ・林博秋成立玉峰影業公司，並於鶯歌山區興建湖山製片廠籌拍臺語片，也在那訓練演員，辜顏碧霞亦有投資，張文環乃任其顧問，常從臺中前去指導演員演技。 ・張深切與劉啟光、何永、郭頂順等人於臺中合組林藝快電影公司，由張快青主持，張文環也在招募演員時被聘任為評審委員。	11.5〈談當前臺語片的問題〉（中文），《影劇內幕》2號（臺北市：藝苑畫報社，黃宗葵發行、黃鴻藤社長）。	漢興有限公司改編〈閹雞〉，拍成電影《恨命莫怨天》。
1958	50	・張文環父親過世。 吳新榮日記記載： ・9.15 張文環與郭水潭等在大稻埕一葉酒家歡迎吳新榮，眾人聲稱：這是光復以來未曾有的盛會，而且有如《臺灣文學》的再現，甚有意義。	6.30《鳳儀亭》序言〉（中文），林博秋：《鳳儀亭》（又名《貂蟬》），鶯歌：玉峰影業公司出版。	
1959	51			林博秋將〈藝妲之家〉改編成劇本《嘆煙花》上下集，由自己所主持的玉峰製片場拍成電影。
1960	52		12月，〈難忘的回憶〉（中文），《林獻堂先生紀念集》卷3《追思錄》。	

1961	53	・7.9 吳新榮偕同妻子吳林英良到臺中參加省醫師公會主辦的會議，隨後拜訪時任「彰化銀行臺中市北區分行」經理的張文環。 吳新榮日記記載： ・7.9 和英良往臺中，訪訪張文環，找了大久太遠才找到。文環很歡喜找我們的來訪，即招待我們的金蘭晚餐。餐後同訪張深切，他在一個巷中開一個茶店，名日「古典」。		
1962	54			
1963	55	・12.27 吳新榮到臺中參加全省文獻工作研究會：28 日藉參訪之便，和王詩琅、江燦琳到霧峰街的彰化銀行找張文環，時張文環已調任霧峰分行經理。不久李君晰、張深切、林培英、楊國喜也相繼來到，由張文環招待眾人往食堂午餐。 吳新榮日記記載： ・12.28 和王詩琅、江燦琳到霧峰街，於彰化銀行找張文環兄，不久由臺中來了李君晰、張深切、林培英、楊國喜諸兄，即由文環兄招待往食堂午餐。		
1964	56	吳新榮日記記載： ・9.3 吳濁流來信說臺灣文學社要設臺灣文學賞，舉十人爲委員，張文環名列臺中地區委員。		

西元	歲數	記事	發表作品・備註
1965	57	‧羅萬俥去世，張文環被迫從彰化銀行退休，結束九年的銀行生涯。 ‧2月，在辜濂松的介紹下，任職闢志社及菲律賓林姓華僑投資的日月潭觀光大飯店公共關係主任。繼而轉任會計主任。但由於飯店經營者乃外省籍僑，員工亦多外省人，因此張文環置身分受到飯店內部外省人士排擠，遂於1968年離職。 ‧夏，孝宗到臺北師大參加升學考試，剛好張文環有差事到臺北，住在長安西路一家旅館。中午兩人碰面。晚上，一起到國立藝術館看平劇「孔雀東南飛」。 吳新榮日記記載： ‧8.16 寫一篇〈井泉兄與山水亭〉給張燦燦，另一篇〈井泉兄與山水亭〉，因為他以《臺灣文藝》特輯號紀念井泉兄。 ‧8.22 由新莊回來臺北，欲在國賓大飯店找張文環兄，雖找不得，即在地下室的蘭亭吃了日本餐。	10月，〈難忘當年事〉(中文)，《臺灣文藝》第9期。 10月，王白淵去世。王白淵，曾是臺灣藝術研究會《福爾摩沙》的同仁蘇維熊、張文環、施學習、吳坤煌與巫永福等人因其治喪委員會而歡營30多年後能夠再聚首，又感人生無常，便約定自1966年起不定期聚會。除了以上成員外，參與者還有劉捷。後來又擴充至《臺灣文學》雜誌的同仁及其他文藝同好，有黃得時、王昶雄、王詩琅、郭水潭、龍瑛宗、楊逵、李君晰、施維堯、楊雲萍、鄭世璠、陳遜章、郭啓賢、陳宗福、黃本根、劉永立、吳松谷等人，形成一個老人銀談會。眾人為表示老當益壯，不輸於年輕人的精神，遂取名為「益壯會」。由王昶雄擔任召集人，於1972年起改為每個月第三個禮拜五為聚餐日。其後陸續有新血加入，如陳秀喜、杜潘芳格夫婦、李魁賢、李敏勇、趙天儀、鄭清文、廖清秀、楊青矗、鍾肇政、曹永祥、黃天橫、劉永村、黃正平、杜文靖、阮美珠、賴永松、陳火桐等年輕一代的作家，使益壯會後繼有人。而在王昶雄過世後，則由巫永福接任召集人。益壯會諸君都會請專家來演講，其宗旨在追求臺灣民族的尊嚴與文化的發展及人民的幸福。	
1966	58		
1967	59	張文環母親過世。	
1968	60	透過華南銀行林僑稻經理牽線赴臺北任職。	

西元	年	記事	備註
		工爭取權益以致影響公司利益，在位僅四個月又被迫離職；接著受南山人壽總經理林快青之邀，到南山保險公司擔任董事會主任秘書近一年；年底，由於先前張文環勸辛顏碧霞轉投資飯店股份，故中國信託公司承購辛霞松志社股份，買下了日月潭觀光大飯店，辛顏松復聘張文環，擔任飯店店總經理。自此，就在這個職位上走完了最後十年的人生。 張文環、陳逸草及陳垂映受邀到ｋ氏的北投別墅。	
1969	61		
1970	62	6月，中華民國筆會在臺北泰賓館召開亞洲作家會議，日本有川端康成、中河與一等十三位著名作家前來參加。會議結束後，由黃得時陪同川端等日人作家到日月潭遊覽，一行投宿於涵碧樓。過後由黃得時提議前往日月觀光大飯店拜訪張文環。川端與張文環兩人談得非常投機，使他得到對莫大的鼓勵，決定要寫光復前、光復、光復後的三部曲。	11.21 〈日月潭羅曼史〉，日文手稿，未發表。 〈日月潭羅曼史〉共有三份內容大致相同的手稿（A稿2種、B稿1種），其中編號「A稿之一」文末署有完稿日期為民國59年11月21日。
1971	63	夏，孝宗到日月潭任教，為期兩年，住在日月潭觀光大飯店地下室的員工宿舍，父子因此有了更多相處時間。	
1972	64	每天清晨三、四點左右起床，利用夜深人靜、萬籟俱寂時分，集中思考，全神貫注	

西元	年齡		
1973	65	地以日文寫作《爬在地上的人》，連續寫兩小時無日間斷，每天三至五張稿紙的進度；然後便到文武爾燒頭香，接著吃完早餐即上班處理事務，這就是他一日的生活作息。 ・陳群陪張文環到花蓮參加會議。會後繞到臺南拜訪蔡瑞洋先生，這是兩人第一次見面。 ・在張文環的主導下，日月潭觀光大飯店開始進行新館增建以及環境美化的工程。商請好友顏水龍建爲設計擴張展藍圖。	
1974	66	・11.20《爬在地上的人》完稿。	
1975	67	・9.15《爬在地上的人》由東京現代文化社出版，日本圖書出版協會推薦爲百種優良圖書之一。 ・張文環欲前往美國和日本考察觀光飯店事業，以作爲日月潭觀光大飯店擴建參考，立即有籌備總部人員把他找去問話。最後只有日本成行。抵達日本後，順便探訪了昔日籍友人池田啟雄、坂口襷子、工藤好美、西川滿。	
1976	68	・王詩琅向臺北鴻儒堂出版社推薦廖清秀將《爬在地上的人》譯成中文版，書名題爲《滾地郎》，並預告將發行英譯本。 ・冬，池田啟雄抵臺訪問，與東方書店的世...	12月，廖清秀中譯的《滾地郎》由臺北鴻儒堂出版社出版。

年	年齡	事略	出處
1977	69	・3月，張文環南下臺南佳里主持吳新榮逝世10週年及追思悲錄出版紀念會。 ・夏，陳群陪張文環到嶺子嶺別墅晉見蔡瑞洋。 ・8月，井東寰來臺北參加小學同學會的旅行，趁機去日月潭拜會張文環。兩人相隔35年再相見。 ・10.23黃得時訪張文環於日月潭觀光大飯店。張文環曾對他說：「《在地上爬的人們》，是我的三部作中之第一部，第二部正在寫著，第三部恐怕要等到後年才能完成，所以無論如何，我現在絕對不能生病，如果我現在倒下去的話，我的計畫，全部落空，死也不能瞑目了。」而第二部長篇小說的書名，按黃得時之言為《從山上望見的街燈》。 ・年底，張文環因胸痛經醫生診斷確定是心臟病。 ・年底，張文環與陳群從日月潭到臺北公幹，與巫永福等友人聚餐，由辜濂松做東，大家談得非常愉快。 ・12月，陳群去日月潭住二十幾天，就近照顧張文環。	6月，〈讀震瀛追思錄有感〉（中文），《臺灣文藝》第55期。 1978.4〈張文環先生書簡〉（中文），《夏潮》第4卷第4期。	〈張文環先生書簡〉係張文環回覆張良澤的書信，文末署有日期為民國66年9月16日。
1978	70	・春節前後，張文環打電話給鴻儒堂的老闆黃鴻藤告知《滾地郎》第二部已寫好初稿。	1979.8.30〈雜誌《臺灣文學》的誕生〉，《臺灣近現代史研究》第2號。	

・1.9 張文環病情轉劇，早上十一點半由日月潭返抵臺中，在次男張惠陽位於玫瑰二村的住處療養。 ・2.4 張文環帶著孩子搭乘前來探病的王水河伉儷的車子到大坑去參觀他所設計的別墅。 ・2.9 回到正氣街住所與定兼波子過新年，當晚再回玫瑰二村。 ・2.12 清晨 5 時，因心臟病在睡夢中與世長辭。 ・2.16 安葬於臺中市郊四張犁公墓。	〈荘稼漢〉，作者未發表之手稿，寫作時間不詳。